Christoph Türcke

VOM KAINSZEICHEN
ZUM GENETISCHEN CODE

Christoph Türcke

VOM KAINSZEICHEN ZUM GENETISCHEN CODE

Kritische Theorie der Schrift

Verlag C. H. Beck

Mit 10 Abbildungen im Text

Satz: Fotosatz Reinhard Amann, Aichstetten
Druck und Bindung: Pustet, Regensburg
Umschlagentwurf: Uwe Göbel, München
Umschlagbild: Bruchstück der XI. Tafel des Gilgamesch-Epos mit der Sintflut-Erzählung. Gipsabguß einer in Ninive gefundenen Tontafel, die sich heute im Britischen Museum zu London befindet (Inv. Nr. K 3357); Photo: Jeanette Fincke
Gedruckt auf säurefreiem, alterungsbeständigem Papier (hergestellt aus chlorfrei gebleichtem Zellstoff)
Printed in Germany
ISBN 3 406 53472 4

www.beck.de

INHALT

Vorwort

MIT SCHRIFT GESCHLAGEN

Der deutsche Bundestag ist technisch bestens ausgestattet, aber immer noch gilt § 116 seiner Geschäftsordnung: «Über jede Sitzung wird ein stenographischer Bericht angefertigt.» Direkt vor dem Rednerpult, sozusagen zu seinen Füßen, da sitzen sie zu viert, zwei hastig schreibend, zwei in gespannter Wartestellung. Alle fünf Minuten wechseln sie sich ab. Welch ein Aufwand. Seit es ein deutsches Zentralparlament gibt, also seit 1848, ist jede seiner Sitzungen stenographiert worden. Damals mag das ja sinnvoll gewesen sein. Aber im 21. Jahrhundert, wo nicht einmal mehr von Sekretärinnen Stenographie verlangt wird, wo Computer und Diktiergeräte zur Grundausstattung jedes Büros gehören, wo audiovisuelle Mitschnitte von Fußballspielen, Schulstunden und Theaterproben gang und gäbe sind und in den Parlamentssitzungen ohnehin ständig Kameras laufen, warum muß da immer noch jede Sitzung handschriftlich aufgezeichnet werden, mit der gleichen Anspannung, Konzentration und Hast wie einst in der Frankfurter Paulskirche – als hätte es die Medienrevolution des 19. und 20. Jahrhunderts nicht gegeben? Der deutsche Bundestag leistet sich einen stenographischen Dienst von nahezu dreißig Mitarbeitern, und nie hat eine Partei dessen Existenzberechtigung in Zweifel gezogen, nie eine parlamentarische Anfrage wissen wollen, wie er vor den Steuerzahlern zu verantworten sei. Es ist, als hätte sich in diesem Punkt das ganze Parlament gegen den rasanten Fortschritt der Aufzeichnungstechnik verschworen; doch warum?

Übertriebenes Sicherheitsbedürfnis, vermutet der Laie; wie wenn jemand Gürtel *und* Hosenträger anlegt. Sich lieber teure Stenographen leisten als riskieren, daß durch technische Ausfälle auch nur *ein* Wort verloren geht. Doch der Sprecher des stenographischen Dienstes erwähnt den Sicherheitsaspekt nicht einmal. Für ihn zählt vor allem eines: die nach wie vor unübertroffene Effizienz der Parlamentsstenographen. Gewiß, audiovisuelle Medien zeichnen Gesprochenes leichter, schneller, vollständiger, kontextueller auf, als eine Handschrift es je könnte. Aber die Verwandlung dieser Aufzeichnung in einen lesbaren Text ist um ein Vielfaches aufwendiger als die stenographische Arbeit. Die nämlich hat einen unschätzbaren Vorteil: Sie ist verständige Aufzeichnung. Der Stenograph denkt mit. Das befähigt ihn, Unebenheiten der Artikulation und Grammatik bereits beim Aufschreiben zu glätten; Zwischenrufe sogleich zu orten und der jeweiligen Fraktion oder gar Person zuzuordnen; Geräusche, die keine Sprachform gewinnen, als «Heiterkeit», «Unmut», «Tumult» zu interpretieren und so auch die Atmosphäre einer Debatte zu charakterisieren. Kurzum, er vereinigt Aufzeichnung und redaktionelle Bearbeitung in einem Arbeitsgang. Kein Gerät ist in Sicht, das ihm diese synthetische Leistung abnehmen könnte. Und erst nachdem er sie erbracht hat, eilt er mit seinem Text aus dem Saal zum nächsten Diktiergerät, damit spätestens am nächsten Tag der Abgeordnete die maschinenschriftliche Version seiner Rede zur Autorisierung auf dem Schreibtisch hat.

Vorsicht also mit Behauptungen wie diesen: «Es gibt mittlerweile Codes, die besser als die der Schriftzeichen Informationen übermitteln. Was bisher geschrieben wurde, kann besser auf Tonbänder, Schallplatten, Filme, Videobänder, Bildplatten oder Disketten übertragen werden. […] Künftig wird mit Hilfe der neuen Codes besser korrespondiert, Wissenschaft getrieben, politisiert, gedichtet und philosophiert werden können als im Alphabet oder in arabischen Zahlen.»[1] Wahrscheinlich hat Vilém Flusser das ernsthaft geglaubt. Zum Charme seiner Medientheorie gehört allerdings, euphorisch ein neues, nachschriftliches Zeitalter anzukündigen, wo «alle bisher von Texten übermittelten Botschaften, alle Verhaltens-, Erkenntnis- und Erlebnismodelle wirksamer und schöpferischer durch die neuen informatischen Medien ersetzt werden»[2] und der «Sprung aus dem historischen, wertenden, politischen Bewußtsein in ein kybernetisches, sinngebendes, spielerisches Bewußtsein»[3] gelingt – um dann einen kleinen Vorbehalt zu machen. «Es gibt Leute (und ich zähle mich zu

1 V. Flusser, *Die Schrift*, Frankfurt am Main 1992, S. 7.

2 Op. cit., S. 56.

3 Op. cit., S. 77.

ihnen), die glauben, ohne Schreiben nicht leben zu können», «weil sich ihr Dasein in der Geste des Schreibens und nur darin äußert. Darin können sie sich freilich irren. Aber selbst angenommen, daß sie recht haben, [...] wäre dies nicht der Beweis, daß ihre Form des Daseins überholt ist, daß solche Leute Saurier sind?»[4]

Nun, die Stenographen etwa *sind* Saurier. In ganz Deutschland gibt es maximal hundertfünfzig. Dafür lohnt sich keine Ausbildungsstätte mehr. Vorbei die Zeiten, wo Stenographie ein ebenso selbstverständliches Unterrichtsfach war wie Schreibmaschine. Die Parlamente müssen ihren Stenographennachwuchs selbst ausbilden. Aber damit wachen sie auch darüber, daß diese Saurier nicht aussterben. Es sind Nobel-Saurier. Sie werden nicht im Zoo gehalten, vegetieren nicht am verslumten Rand der Gesellschaft, sondern agieren in enger Tuchfühlung mit modernster Technologie im Zentrum der politischen Macht. Ihr Berufsstand ist nahezu verschwunden, aber was davon übrigblieb, konzentriert sich im Rampenlicht gesamtgesellschaftlicher Aufmerksamkeit.

Die paradoxe Lage der Stenographie ist zwar nur eine Marginalie der Schrift. Dennoch gibt sie einen Fingerzeig. Schrift ist mehr als eine Gewohnheit, die alte Leute nicht mehr loswerden. Die ganze Menschheit kommt davon nicht los. Sie ist mit Schrift geschlagen. Schrift ist mehr als ein Medium, das man kurzerhand gegen ein neues auswechseln könnte, wie eine Schallplatte gegen eine CD. Schrift ist ein Anthropologicum. Um zu ermessen, wie tief sie in der Menschheit steckt und die Menschheit in ihr, ist eine Rückbesinnung auf ihren Ursprung unerläßlich. Dabei kann man durchaus klaren Kopf behalten. Man muß nicht in die trübe Tiefe einer unvordenklichen «Ur-Schrift» hinabtauchen, die sich als «Ur-Spur»[5] angeblich immer schon selbst gezogen und zugleich verborgen haben soll, ohne daß man je erfährt, wer sie wie und worin hinterlassen hat. So kryptisch ist der reale Ursprung der Schrift nicht. Er läßt sich zwar nicht historisch datieren, aber er hat gewissermaßen Namen und Adresse. Er wird dort greifbar, wo sich die Menschheit auf spezifische Weise gegen den Natur-

4 Op. cit., S. 7 f.

5 J. Derrida, *Grammatologie*, 1967, dt. Frankfurt am Main 1983, S. 92 und 109. Ausführlich hierzu siehe Kapitel 5.

schrecken zusammengenommen hat: im archaischen Kult. Zu dessen unveräußerlichen Elementen gehört der Ritus einer blutig-heiligen Schrift. Ihr biblischer Name: Kainszeichen. An ihm haben sich menschliches Empfinden und Vorstellen wahrscheinlich lange Phasen der Altsteinzeit entlanggerankt, ehe sie kräftig genug wurden, sich davon loszumachen. Was *wir* Schrift nennen, eingeritzt in Stein, Ton, Holz, oder aufgetragen auf Papier, ist schon profane Schrift, Resultat einer dreißig- bis vierzigtausendjährigen Emanzipationsgeschichte der Schrift von ihren sakralen Anfängen. Wer diese Geschichte ignoriert und profane Schrift mit Schrift überhaupt verwechselt, bekommt die physiologische Elementarleistung der Schrift, ihren konstitutiven Beitrag zur Formung des menschlichen Nervensystems bei der Bewältigung traumatischer Erfahrung, erst gar nicht ins Visier.

Von der Physio-Logik der Schrift fehlt bisher denn auch jedes angemessene Verständnis. Die ersten beiden Kapitel dieses Buches versuchen es zu entwickeln. Ohne es entbehrt alle Rede von Krisen der Schrift einer seriösen Basis. Auch schärft sich von der Physio-Logik der Schrift aus der Blick dafür, was die mikroelektronische Revolution vermag und was nicht. Sie wird nämlich – oft von denselben Leuten – gleichzeitig über- und unterschätzt. Sie ist viel zu schwach, um die Schrift verschwinden zu lassen, aber stark genug, um sie essentiell anzugreifen: ihr das Rückgrat zu brechen. Es knackt schon. Und niemand ist ausgenommen. Auch die entschiedensten Parteigänger neuer Medien haben Lesen und Schreiben gelernt; auch sie haben jenen gewissen Halt einstudiert, den ein bestimmter Satz von Schriftzeichen dem menschlichen Nervensystem seit Jahrtausenden gewährt. Es bereitet keine körperlichen Schmerzen, wenn dieser Halt brüchig wird. Er gibt vielmehr auf komfortabel einlullende Weise nach; ist es doch viel bequemer, bewegten Bildern als starren Buchstaben zu folgen. Dennoch muß an dieser Bequemlichkeit auch etwas Unheimliches sein: eine diffuse Verlustempfindung, die nach Ausgleich verlangt. Es fällt nämlich auf, daß ausgerechnet die High-Tech-Kultur, die das Schriftgebälk fröhlich knirschen und knacken und im Kraftfeld von Fernsehen und Videospielen einen neuen Analphabetismus entstehen läßt, zur gleichen Zeit etwas Gegenläufiges entfacht: einen regelrechten Schriftkult. Ihm gelten die Kapitel 4 bis 6. Da ist die große Vision des Hypertexts, die schon die dritte Generation von Computerexperten anspornt, an die Stelle der beschränkten traditionellen Schriftkultur ein lebendiges menschheitsvereinendes Textgewebe zu setzen. Das archaische Logogramm ist als «Logo» zum hochmodernen, massenwirksamen Orientierungs- und Identitätsstifter geworden. Gesellschaftsstrukturen gelten als «Einschreibungen». Das menschliche Genom firmiert als die nahezu entschlüsselte Geheimschrift der Natur. Und ein ganzer dekonstruktivistischer Diskurs suggeriert, daß die Schrift, ehe Menschen sie übten, sich längst schon selbst geschrieben habe – und umschreibt sie in Wendungen und mit einem Gestus wie die Theologie einst das Mysterium.

Schrift ist zu einem der aufschlußreichsten Gradmesser für den Stand menschlicher Entwicklung geworden. Der Schriftkult avanciert indessen zum Opium der Gebildeten. Anlaß genug, in Anlehnung an Horkheimer und Adorno zu sagen: Schrift ist dem Kult entsprungen und schlägt in Schriftkult zurück.[6] Daher nennt sich die folgende Abhandlung «Kritische Theorie der Schrift».

6 M. Horkheimer/Th. W. Adorno, *Dialektik der Aufklärung*, Frankfurt am Main 1969, S. 6: «schon der Mythos ist Aufklärung, und: Aufklärung schlägt in Mythologie zurück.»

1

DAS KAINSZEICHEN

Biblisch

Schrift hat roh begonnen, wurde anfangs nicht auf eine Oberfläche aufgetragen, sondern in ein Material eingeritzt oder eingedrückt – mit spitzem, scharfem Gegenstand. Warum man das tat? Ganz einfach, sagt sich der moderne Mensch. Was bloß aufgetragen wird, verschwimmt, verbleicht, verwittert. Und so ist wohl irgendwann jemand darauf gekommen, Mitteilungen, die haltbar sein sollten, einzukerben. Das ist erfrischend praktisch gedacht, aber völlig anachronistisch, nämlich von einem funktionierenden Arbeits- und Informationssystem samt intakter Handwerkermentalität aus, als hätten das Bedürfnis nach schriftlicher Aufzeichnung, der Begriff von Haltbarkeit und Dauer sowie das Wohlgefallen an solider Wertarbeit immer schon zur menschlichen Naturausstattung gehört. Sie mußten jedoch in einem langen kulturellen Prozeß mühselig erworben werden. Man stelle sich für einen Augenblick Verhältnisse vor, wo es dies alles noch nicht gab, und schon verliert die Schrift jegliche Selbstverständlichkeit. Zehntausende von Jahren sind menschenähnliche Wesen ohne sie ausgekommen. Was in aller Welt trieb Menschen zu der ungeheuren Anstrengung, in ein widerspenstiges Material regelmäßige Einschnitte zu machen? Was es an Disziplinierung kostet, schreiben zu lernen, ist heute noch an Kindern zu sehen. Sie brauchen allein schon Jahre, um ihre Motorik darauf einzustellen. Und nun denke man sich einen solchen Lernprozeß ohne vorhandene Schreibwerkzeuge, ohne schon existierendes Schriftsystem, ohne vormachende und gut zuredende Erzieher.

Unter hochentwickelten Kulturbedingungen ist kaum mehr nachfühlbar, wie sehr sich triebgesteuerte, umherschweifende Hominiden haben in Zucht nehmen müssen, um erste Steinwerkzeuge zustande zu bringen – etwa jene sogenannten *chopper*, die in Koobi Fora im heutigen Kenia gefunden wurden und, wenn die Archäologen richtig gerechnet haben, ca. 2,4 Millionen Jahre alt sind.[1] Der allmähliche Übergang zur nachdrücklichen, planmäßigen Anwendung von Stein auf Stein, also zur *Stein*zeit, stellt eine in der Naturgeschichte einzigartige Selbstzähmung dar. Das immergleiche, Stunden und Tage beanspruchende Hämmern und Schleifen, bis ein Stück Stein so geschärft, gespitzt, zugerichtet ist, daß man damit Fleisch schneiden, Holz spalten, Löcher bohren, Gruben ausheben kann, ist etwas qualitativ anderes, als wenn Affen sich mit einem Stock die Banane angeln, an die sie mit bloßem Arm nicht heranreichen, oder mit einem harten Stück Holz Nüsse aufschlagen: nicht mehr sporadischer Werkzeuggebrauch, sondern geregelte Arbeit – eine Disziplinierung des eigenen Körpers und Nervensystems zu einem Ausmaß an Geduld, Ausdauer und Triebaufschub, wie es sie in der Natur nirgends zuvor gegeben hat. So etwas tut sich kein Naturwesen aus Lust und Laune an. Nicht von ungefähr hat die biblische Sündenfallgeschichte Arbeit als Fluch begriffen. Eine Spezies, die zu arbeiten beginnt, kann offenbar nicht anders. Ein ungeheurer Druck lastet auf ihr. Und was für Arbeit im allgemeinen gilt, gilt für die des Schreibens im besonderen. Es ist Schwerstarbeit von vielen Generationen gewesen, die Motorik, die Triebstruktur, die Aufmerksamkeit auf eine Tätigkeit zu trimmen, die darin besteht, mit großer Regelmäßigkeit immer wieder, Tag für Tag, Jahr für Jahr gleiche oder ähnliche Formen in ein Material einzudrücken. Ohne heftigen Zwang zu solcher Wiederholung hätte es schwerlich zur Schrift kommen können.

Die Worte in den alten Sprachen, die wir gewöhnlich mit «schreiben» übersetzen, erinnern noch an die anfängliche Schreibanstrengung. «Einritzen, einkerben, einstechen»: das ist der ursprüngliche Bedeutungsradius sowohl des lateinischen Verbs *scribere* als auch des griechischen *graphein* oder des hebräischen *katab*. Darin drückt sich

1 W. Henke/H. Rothe, *Der Ursprung des Menschen*, Stuttgart ^{5}1980, S. 24. Auf annähernd 2,9 Millionen Jahre wird «Lucy» geschätzt, das älteste erhaltene Hominidenskelett, gefunden im äthiopischen Hadar, und bei Laetoli in Tansania entdeckte man Fußabdrücke, die offenbar nur von einem aufrechten Gang stammen können und 3,4 Millionen Jahre alt sein sollen. Viel spricht inzwischen dafür, daß im östlichen Afrika die Ursprünge der Menschheit zu suchen sind; cf. F. Schrenk, *Afrika – Wiege der Menschheit?*, in: N. Bolz/A. Münkel (Hg.), *Was ist der Mensch?*, München 2003, S. 26 ff.

gewiß ein Bedürfnis nach Haltbarkeit und Dauer aus. Nur was bedeutet das? Das Wohlgefallen an gut gearbeiteten, haltbaren Dingen ist ja nicht bloß pragmatisch oder ästhetisch. Es hat einen existentiellen Untergrund. Etwas als haltbar erfahren heißt erfahren, daß man *sich* daran halten kann. Was Bestand hat, gibt auch *mir* Bestand, Sicherheit – seien es beständige Behausungen, Werkzeuge, Kleidungsstücke oder soziale Beziehungen. Wird also auch jedesmal, wenn Schriftzeichen tief in ein festes Material eingedrückt werden, ein kleiner Sicherheitstriumph gefeiert?

Die ältesten überkommenen Schriftstücke, die man halbwegs lesen kann, lassen sich jedenfalls so verstehen. Es sind Zeugnisse der hochentwickelten sumerischen Kultur, hergestellt ca. 3100 v. Chr. in der Reichshauptstadt Uruk am Euphrat: kleine Tontafeln mit eingeritzten und eingekerbten Zeichen. Die Vorderseite des gewählten Beispiels (Abb. 1a) erschließt sich fast auf den ersten Blick. Zwei stilisierte Rindsköpfe, einer mit, einer ohne Hörner, stehen für Stier und Kuh. Darüber befinden sich zwei Reihen mit lochartigen Eindrücken, wovon die fünf tieferen wahrscheinlich als Zehner zu deuten sind, die vier flacheren darunter als Einer, so daß zu lesen ist: 54 Stiere und Kühe.[2] Auf der Rückseite (Abb. 1b) sind Kästchen eingeritzt. Jedes von ihnen enthält ein Zeichen für ein Gebrauchsgut und ein Zahlzeichen, steht für ein bestimmtes Quantum von Vieh, Getreide, Krügen etc., und auch wenn sich nicht jedes Kästchen klar erschließt: Daß es eine Anzahl von Dingen anzeigt, die zu den 54 Rindern noch hinzukommen, ist unzweifelhaft. Vorder- und Rückseite bilden zusammen eine «Buchungstafel», auf der geleisteter oder zu leistender Tribut verzeichnet ist. Vieles läßt sich kaum mehr rekonstruieren. Wer war der Lieferant, wer der Empfänger? Wann und wie war der Transfer fällig? War die Tafel «Schuldschein» oder «Quittung»? Wo und wie wurde sie aufbewahrt? Gewiß aber ist: Die Tafel stellte eine punktuelle Vereinbarung auf Dauer. Hier und jetzt Abgesprochenes hält sie in Schriftzeichen fest. Das gibt beiden Seiten Sicherheit; der einen, daß der Tri-

2 Das bedeutet freilich nicht, daß hier schon ein entwickeltes Dezimalsystem bestanden hätte. Die Zahlzeichen konnten je nach Kontext ganz Verschiedenes bedeuten (cf. H. J. Nissen/P. Damerow/R. K. Englund, *Frühe Schrift und Techniken der Wirtschaftsverwaltung im alten Vorderen Orient*, Berlin 1990, S. 61 ff.).

a)

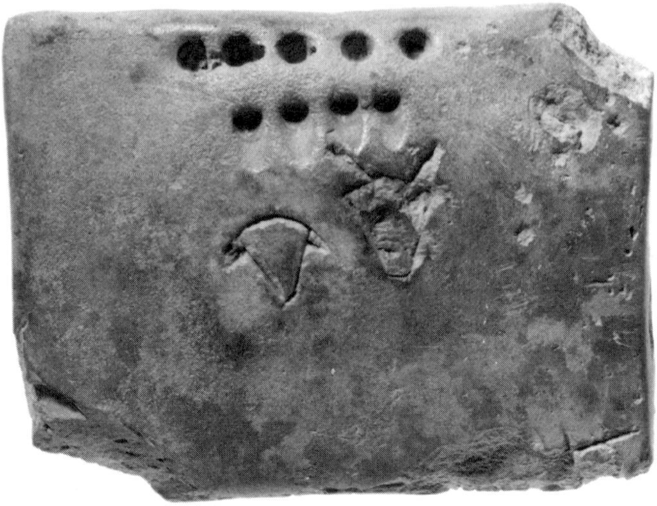

b)

Abb. 1: Sumerische Buchungstafel aus der Zeit um 3100 v. Chr.
a) Vorderseite; b) Rückseite der Tafel

but tatsächlich geleistet, der anderen, daß nicht mehr als vereinbart gefordert wird. Wenn heute Politikerreden, noch ehe sie gehalten sind, als Typoskript an Journalisten ausgegeben werden, tragen sie gewöhnlich den Vermerk «Es gilt das gesprochene Wort». Buchungstafeln markieren die historische Bruchstelle, an der das bloß gesprochene Wort seine unverbrüchliche Gültigkeit verliert, weil die Gesellschaft zu komplex geworden ist, als daß sie noch der kollektive Resonanzboden und das lebendige Gedächtnis jedes einzelnen Vertragsschlusses sein könnte. Zwar waren Vereinbarungen zwischen menschlichen Clans immer schon mehr als gesprochenes Wort. Es wurde durch feierlichen Bundesschluß, durch gemeinsame Opferzeremonien und den Austausch von Pfändern bekräftigt. Nun aber wird es aufgezeichnet. Damit tritt die sakrale Zeremonie zurück. Ins Zentrum rückt objektivierende Buchung. Sie ist ein ernüchterter Bundesschluß.

Das Sicherheitsbedürfnis, das sich in Buchungstafeln artikuliert, ist schon hochgradig kultiviert. Da gibt es längst eine stabile Gesellschaft mit geregelten Abgabe- und Tauschverhältnissen und entwickelter Zukunftsplanung. Das menschliche Bedürfnis nach Sicherheit hat aber viel elementarer angefangen: ohne soziale Stabilität, ohne Langzeitperspektive, sozusagen von Schreck zu Schreck, Gefahr zu Gefahr. Unter solchen Bedingungen ist es von einem Fluchtimpuls noch gar nicht scharf geschieden. Sicherheit bedeutet zunächst: hier und jetzt entrinnen, verschont werden, Zuflucht finden. Vielleicht nur für eine Atempause. Was morgen sein wird, ist dabei noch gar nicht im Blick, geschweige denn Sicherheit als Wert an sich. Wenn aber tatsächlich Sicherheit und Schrift vital zusammengehören, dann muß sich das gerade am physiologischen Extremfall zeigen, dann muß Einritzen, Einschneiden, Einkerben auf eine sehr elementare Weise mit Schutz und Verschonung zu tun haben.

Das klingt absurd. In kein Material kann man schneiden oder ritzen, ohne es zu verletzen. Schrift aber soll verschonen, während sie doch gewaltsam eindringt? Ja, gerade darin besteht ihr Kunstgriff. Natürlich liegt er nicht offen zutage, so daß man ihn von irgendeiner gemeißelten oder geritzten Inschrift lediglich ablesen müßte. Aber es gibt Texte, die besonders geeignet sind, ihn zu verraten, wenn man sie nur genau anschaut. Allerdings sind einige dieser Texte so bekannt, gehören so sehr zum Grundbestand abendländischer Kultur, daß man leicht über ihre interessantesten Geständnisse hinwegliest. Sie stehen im Alten Testament, der gewaltigsten Schriftensammlung der Antike, zustande gekommen in jenem fruchtbaren Migrationsraum zwischen Nildelta und Euphrat, wo sich die Errungenschaften der sumerisch-akkadischen und der ägyptischen Schrift aufs produktivste zu einer Lautschrift vereinigt haben, in der keineswegs nur die Geschichte des Volkes Israel verzeichnet, sondern zugleich das umfassendste Gedächtnisarsenal des Vorderen Orients angelegt wurde.

Die Geschichte von Kain und Abel kennt im jüdisch-christlichen Kulturraum auch heute noch fast jedes Kind. Man liest sie gewöhnlich als Archetypus des Brudermords, als Erschrecken davor, wozu Menschen von Anfang an fähig waren, gleichsam als biblische Variante zu Sophokles' «Vieles ist ungeheuer, nichts ungeheurer als der Mensch».[3] Das erste Menschenpaar ist aus dem Garten Eden vertrieben, die Söhne Kain und Abel sind gezeugt, geboren und benannt worden, und schon bahnt sich das Äußerste an. «Nach einiger Zeit brachte Kain dem Herrn ein Opfer von den Früchten des Feldes dar; auch Abel brachte eines dar von den Erstlingen seiner Herde und von ihrem Fett. Der Herr schaute auf Abel und sein Opfer, aber auf Kain und sein Opfer schaute er nicht. Da ergrimmte Kain gar sehr und blickte finster. [...] Und Kain sprach zu seinem Bruder Abel: Laß uns aufs Feld gehen. Und als sie auf dem Felde waren, erhob sich Kain wider seinen Bruder Abel und schlug ihn tot. Da sprach der Herr zu Kain: Wo ist dein Bruder Abel? [...] Das Blut deines Bruders schreit zu mir vom Ackerboden. So bist du verflucht, verbannt vom Ackerboden [...] Unstet und flüchtig wirst du auf der Erde sein.» Und der Verfluchte, der den Fluch wiederholt, fügt noch hinzu: «Und wer mich findet, wird mich erschlagen.» Dann kommt unversehens die Wende: «Aber der Herr sprach zu Kain: Nein, sondern wer Kain erschlägt, das soll siebenfach gerächt werden. Und der Herr machte dem Kain ein Zeichen, daß ihn keiner erschlage, der ihn fände.»[4]

Unter den vielen Ungereimtheiten dieser Geschichte ist die am Schluß die stärkste. Wer soll Kain denn erschlagen? Es gibt außer ihm ja nur noch seine Eltern, und die bedürfen keines «Zeichens» an

3 Sophokles, *Antigone*, V. 332 f.

4 Genesis 4, 1–16.

ihrem einzig verbliebenen Sohn, damit sie ihn verschonen. Wo nur drei Urmenschen sind, macht ein Kainszeichen keinen Sinn. Es setzt ein größeres menschliches Kollektiv voraus. Man sollte allerdings die Schriftgelehrten, die diesem Text seine jetzige Gestalt gegeben und ihn in die fünf Bücher Mose eingewoben haben, nicht für so unbedarft halten, daß sie das nicht gemerkt hätten. Es zeugt eher von ihrem skrupulösen Verhältnis zur Tradition, daß ihnen die Aufbewahrung bestimmter Erinnerungsstücke wichtiger war als ein glatter Erzählfluß. So auch hier. Sie standen unter dem Eindruck einer archaischen Assoziation, die wie ein Wackerstein im Kollektivgedächtnis lag, so tief und schwer, daß sie sich durch zahllose Erzählschichten hindurch erhalten hatte und auch ihnen noch auf die Seele drückte: Wo Menschengeschichte beginnt, da sind Mord und ein «Zeichen» am Mörder, «daß ihn keiner erschlage». Auch wenn man nicht mehr verstand, was das bedeutete – man wußte, es war von höchster Bedeutung. Es drängte sich ebenso gebieterisch auf wie eine zweite Assoziation: Wo Menschengeschichte beginnt, da sind Opfer. Aus diesen beiden atavistischen Erinnerungsstücken ist eine Geschichte zusammengewachsen, die erzählt, wie es zum Kainszeichen kam – auf denkbar unplausible Weise, aber so, daß deutlich wird: Es steckt etwas dahinter.

Was ist das für ein Zeichen? «Der Herr», also Jahwe, der Gott Israels, soll es angebracht haben; wo und wie, wird nicht gesagt. Aber daß es sich um ein bleibendes Zeichen handelt, versteht sich von selbst. «Unveränderliche Kennzeichen», wie sie der Personalausweis verzeichnet, sind gewöhnlich Narben, und wenn ein Mörder, anstatt getötet zu werden, wie er es verdient, ein Zeichen bekommt, dann kann das schwerlich etwas anderes sein als ein Einschnitt, den er sein Lebtag nicht wieder los wird. Darauf deutet auch der Name «Kain» hin. Die Deutung, die Eva ihm bei der Geburt ihres ersten Sohnes gegeben haben soll – «Ich habe einen Mann vom Herrn erworben»[5] –, hat alle Anzeichen einer nachträglichen Gelehrtenetymologie. Sie leitet *qajin* (Kain) vom Verb *qana* (erwerben) her. Ebenso gekünstelt ist die Assoziation von Kain mit den Kenitern, als sei er deren Stammvater.[6] Aber es gibt eine Stelle, wo *qajin* «Spieß, Lanze» bedeu-

5 Genesis 4, 1.

6 Numeri 24, 22.

tet,[7] und es wäre nach der Logik archaischer Namensgebung geradezu folgerichtig, wenn Kain nach dem Gerät hieße, das ihm sein Zeichen macht, ihn als diesen Unverwechselbaren identifiziert. Wie aber verhält sich das zum Brudermord? Laut Text geht er aus spezifischen Opferhandlungen hervor. Die beiden Brüder sind dabei eher Allegorien als konkrete Personen. Sie repräsentieren verschiedene Kulturstufen. Der eine betreibt Ackerbau, der andere Viehzucht. Einen dritten «Bruder», der für die lange, beschwerliche Elementarstufe des Jagens und Sammelns stünde, läßt der Text vermissen. Statt dessen vertauscht er die historische Reihenfolge der beiden anderen Kulturstufen. Kain, der ältere, ist Ackermann, Abel, der jüngere, Hirte. Und zuerst bringt der Ältere «von den Früchten des Feldes» dar, dann der Jüngere «von den Erstlingen seiner Herde und von ihrem Fett». Historisch ist es gerade umgekehrt. Die Darbringung von Feldfrüchten ist später als das Tieropfer: Tierersatz. In dem Maße, wie sich Gottheiten mit Wurzeln, Knollen und Kräutern zufriedengeben, muß man ihnen keine lebendigen Wesen mehr schlachten. «Der Herr» aber «schaut» auf das Opfer Abels, das Tieropfer, Blutopfer. Es ist das frühere, echtere. Aber ist es schon das ganz echte?

Nun, der Text läßt dem Tieropfer den Tod eines Menschen folgen. Sollte etwa auch hier der historische Verlauf auf den Kopf gestellt sein, das zuletzt Erzählte von Frühestem handeln? Dagegen sträubt sich die Geschichte. Sie legt es darauf an, daß die Tötung des Bruders aus Opferhandlungen folgt, aber selbst keine solche Handlung ist, sondern Mord: Resultat spontaner Zornesaufwallung, nicht etwa ein Ritus. Und doch läuft der ganze Duktus geradewegs auf das hinaus, was die Erzählung bestreitet. Zuerst Pflanzenopfer, dann Tieropfer und dann stirbt ein Mensch – genau an der Stelle, wo bei rückwärts erzähltem Geschichtsverlauf die Elementarstufe des Jagens und Sammelns an der Reihe wäre und mit ihr ein noch früheres, echteres Blutopfer, für das das Tieropfer bereits ein Ersatz ist wie später die Pflanze fürs Tier.[8] Der

7 2. Samuel 21, 16.

8 Ein schöner Beleg für eine späte, subkutane Erinnerung daran findet sich, wenn auch ohne Nachweis, bei René Girard. «Nach einer islamischen Überlieferung ist es der gleiche, bereits von Abel geopferte Widder, den Gott dem Abraham schickt, um ihn anstelle seines Sohnes Isaak zu opfern» (R. Girard, *Das Heilige und die Gewalt*, 1972, dt. Zürich 1987, S. 14).

Text drängt geradezu aufs Menschenopfer hin, aber dort, wo es kommen müßte, geschieht «nur» ein Mord. Die Reihe der Opferdarbringungen bricht ab. Brudermord ist zwar schlimm genug und bisher durch kein Gesetz aus der Welt geschafft worden. Dennoch, von der Warte entwickelter Kultur aus gibt es etwas, was als noch haarsträubender empfunden werden muß: wenn die Tötung von Angehörigen nicht als verbrecherisches Ausrasten, sondern als feierlicher ritueller Vollzug eines ganzen Kollektivs geschieht. Daß «der Herr» daran noch mehr Gefallen finden könnte als an Abels Blutopfer, ist eine Vorstellung, die in Israel um keinen Preis aufkommen darf. Sie steht unter striktem Bilderverbot. Und so wird das Menschenopfer in der Episode von Kain und Abel gleich dreimal verleugnet: durch Umkehrung der historischen Abfolge der Kulturstufen, durch Aussparung der frühesten Stufe (des «dritten Bruders») und durch Moralisierung des Opfers zum Mord, den die Gottheit mit todbringendem Fluch quittiert. Und vom urbanen Kulturniveau israelitischer Schriftgelehrter aus gesehen, *ist* ja das rituelle Töten eines Stammesgenossen nichts anderes als gemeiner Brudermord. Nur daß die Erzählung sich nicht damit begnügt, das Menschenopfer als Brudermord zu verurteilen. Sie stellt es von vornherein als Brudermord dar. Was nicht geschehen sein darf, wird erzählt, als wäre es nie geschehen. Die Verurteilung fälscht das Verurteilte. Sie wird zur Freudschen Verneinung.[9] Um so rätselhafter die Schlußwendung. Warum bekommt der Todgeweihte ein schützendes Zeichen?

Der Text selbst bleibt darauf die Antwort schuldig. Andere alttestamentarische Stellen helfen sie geben. In der großen Gesetzessammlung Leviticus (3. Mose) findet sich, in 19, 28, eine bemerkenswerte Vorschrift: «Ihr sollt euch am Körper nicht Einschnitte machen um eines Toten willen, auch sollt ihr euch nicht Zeichen einritzen.» (Luther übersetzt: «Ihr sollt kein Mal um eines Toten willen an eurem Leibe reißen, noch Buchstaben an euch pfetzen.») Ein solches Verbot wäre nicht nötig gewesen, hätte es im Volk Israel nicht Leute gegeben, die von einem bestimmten Trauerritus nicht lassen wollten. Sich «um eines Toten willen» Einschnitte machen heißt dem seelischen Schmerz

9 S. Freud, *Die Verneinung*, Studienausgabe, Bd. III, Frankfurt am Main 1975, S. 371 ff.

um einen Verstorbenen körperlich Nachdruck verleihen. Man fügt sich selbst etwas von dem Geschick zu, das ihn ereilt hat. Das ist ein Akt hingebungsvoller Anteilnahme, aber auch eine Schutzmaßnahme. Die Wunde, die man sich beibringt, *bedeutet* zwar den Tod, aber sie bringt ihn nicht. Indem man sich *etwas* vom Geschick des Toten zufügt, will man zugleich verhindern, ganz in sein Geschick hineingezogen zu werden. Die höheren Mächte sollen dieses Etwas für das Ganze nehmen, *pars pro toto*, wie ja jedes Opfer darin besteht, etwas Kostbares zu geben, um das Kostbarste zu erhalten. So ist das blutige Zeichen der Verbundenheit mit dem Toten zugleich ein Zeichen ersehnter Verschonung.

Was aber soll verwerflich an solcher Zeichengebung sein? Warum darf man sich bei der Totenklage, wo man sich das Haar schert und in Sack und Asche geht, nicht auch ein paar Wunden einritzen? Offenbar weil hier die Anteilnahme zu weit geht und daran zu erinnern droht, was «an etwas teilnehmen, beteiligt sein» ursprünglich bedeutete. Es heißt nämlich erst in übertragenem Sinne «mitfühlen, mitleiden», zunächst einmal aber: es selbst mit verursacht haben. Anteil am Geschick eines Toten hat man dort am intensivsten, wo man zu seinem Tod beigetragen hat. Und wie, wenn die Totenklage genau dort ihren Ursprung hätte, wo die Anteilnahme am größten war, wo man nicht nur einen Toten zu beklagen hatte, sondern auch, daß man bei seiner Tötung mitgemacht hatte, selbst also diesen Tod verdient hatte? Dann würde auch der Drang danach plausibel, sich einen blutigen Einschnitt zu machen, der den eigenen Tod ebenso zeichenhaft vorwegnehmen wie vor ihm verschonen sollte. Wie zufällig wird in Leviticus 20, 2, also wenige Verse nach dem oben zitierten Verbot, ein Brauch geschmäht, der in der Umgebung Israels immer noch derart praktiziert wurde, daß gelegentlich sogar Israeliten dafür anfällig waren. «Wer von den Israeliten oder von den Fremden, die in Israel wohnen, eines seiner Kinder dem Moloch hingibt, der soll getötet werden; das Volk des Landes soll ihn steinigen.»

Hier wird das Menschenopfer explizit genannt – natürlich nur als das Verbotene schlechthin, woran also bei der rituellen Anteilnahme am Geschick der Toten auf keinen Fall gedacht werden darf. Und doch ist das Kainszeichen wie ein Zeiger dorthin. Es besteht in einem Einschnitt am eigenen Körper, bedeutet Teilnahme am Geschick von

Toten, stellt selbst die Miniatur eines Opfers dar und ist im Opferkult verankert. Der rituelle Charakter solcher Einschnitte zeigt sich besonders drastisch in 1. Könige 18, 21–40, wo Elia allein gegen 450 Baalspropheten das Gottesurteil herausfordert: zwei Holzstöße mit je einem geschlachteten Stier darauf, einen für Baal, einen für Jahwe, «und welcher Gott mit Feuer antwortet, der ist Gott». Zuerst die Baalspropheten. Sie «nahmen den Stier, richteten ihn zu und riefen den Namen Baals an vom Morgen bis zum Mittag [...] Und sie hinkten um den Altar, den sie gemacht hatten. [...] Und sie riefen laut und machten sich nach ihrem Brauch Einschnitte mit Schwertern und Spießen, bis das Blut an ihnen herabrann. Als der Mittag vorbei war, gerieten sie ins Rasen, bis um die Zeit, wo man das Speisopfer darzubringen pflegt. Aber kein Laut, keine Antwort, keine Erhörung. Da sprach Elia zu allem Volke: Kommet her zu mir!» Er präpariert seinen Altar, Stier und Holzstoß, läßt noch kübelweise Wasser darübergießen und ruft Jahwe an. «Da fiel das Feuer des Herrn herab und verzehrte das Brandopfer und den Holzstoß, die Steine und den Erdboden, auch das Wasser im Graben leckte es auf. Als das Volk dies sah, fielen sie alle auf ihr Angesicht und riefen: Der Herr [d. h. Jahwe] ist Gott! Der Herr ist Gott! Elia aber sprach zu ihnen: Greift die Baalspropheten! Keiner von ihnen soll entrinnen! Man ergriff sie, und Elia führte sie hinab an den Bach Kison und schlachtete sie daselbst.»

Zugegeben, es ist ein Stier, um den die Baalspropheten «hinken» (oder «hüpfen»). Aber das beweist nicht, daß der Ritus, den sie vollführen – tanzen, sich schneiden und ritzen, bis sie in ekstatischen Taumel geraten –, sich auch am Stieropfer gebildet hat. Fest eingeprägte Verhaltensweisen überdauern ihren Anlaß oft beträchtlich, laufen als eingespielte Rituale noch eine ganze Zeit fort, während man allmählich vergißt, wodurch sie sich einst konstituierten und was sie bedeuteten. Rituale ohne ersichtlichen Sinn sind, wie versprengte Erinnerungsstücke, ein Indiz für hohes Alter. Und die Riten, mit denen die Baalspropheten die Offenbarung ihres Gottes beschwören, lassen jeden Sinn vermissen. Sich blutige Wunden beibringen und bis zur Raserei tanzen, um zu bewirken, daß ein Stier in Flammen aufgeht? Der Erzähler von 1. Könige 18 macht sich geradezu lustig darüber. Um so schärfer hebt er Elias Handeln davon ab, wobei die Erzählung eine eigenartige Schwerkraft bekommt. Es bleibt nicht beim erfolgreichen

Stieropfer. Elia läßt die Baalspropheten greifen und schlachtet sie eigenhändig: 450 Mann. Jahwe hat nichts dagegen. Jegliches Menschenopfer verabscheut er zutiefst. Aber wenn es sich um besiegte Feinde handelt, gilt: Alle Beute, Mensch und Tier, gehört der Gottheit, die den Sieg geschenkt hat.

Dieser sogenannte Kriegsbann hat auch in Israel lange gewirkt. Noch das 1. Samuelbuch, ein Zeugnis hoher Schriftkultur, läßt «den Herrn» zu Israels erstem König Saul an zentraler Stelle, 15, 3, sprechen: «So ziehe nun hin, schlage Amalek und vollstrecke den Bann an ihm und allem, was es hat; schone seiner nicht, sondern töte Männer und Frauen, Kinder und Säuglinge, Rinder und Schafe, Kamele und Esel.» Das Fachwort dafür heißt Genozid, und die Pointe ist, daß Saul sein Königtum verliert, weil er diese Anweisung nicht konsequent befolgt, den Bann zwar an «allem Volk» vollstreckt, hingegen «die besten Schafe und Rinder, die fetten Tiere und Lämmer und alles, was wertvoll war», verschont. Kriegsbann ist Fortdauer des Menschenopfers im Zeitalter seiner Verbotenheit. Zum triumphalen Dankopfer an den überirdischen Kriegsherrn gehört die Darbringung der besiegten Feinde. 1. Könige 18 macht diesen «Brauch» denn auch zur Krönung einer sakralen Veranstaltung. Das Stieropfer wird überboten durch Menschenschlachtung. Und dabei scheint an den Wunden, die sich die Baalspropheten mit Schwert und Spieß beigebracht hatten und die so sinnlos anmuteten, solange sie den Stier umtanzten, erneut der alte Sinn auf. Sie werden wieder als Zeichen des Todes kenntlich, aber anders als intendiert. Die Propheten hatten sie sich gemacht, um selbst verschont zu bleiben, wenn Baal das dargebrachte Opfer nimmt. Statt dessen nimmt Jahwe durch die Hand Elias die Baalspropheten. Ihre Einschnitte sollten den Tod bedeuten, dem sie entrinnen. Nun bedeuten sie den Tod, der sie ereilt.

Eine gewaltige Stelle fehlt noch in dieser Bibelanthologie: die große Prophetenvision Ezechiel 9, 1–9 von der Vernichtung Jerusalems. «Dann hörte ich's mit lauter Stimme rufen: Kommet heran, die ihr das Gericht an der Stadt zu vollstrecken habt, ein jeder sein Zerstörungsgerät in der Hand! Und siehe, sechs Männer kamen vom obern Tor her, das gegen Norden gewandt ist, ein jeder sein Zerschmetterungsgerät in der Hand, und mitten unter ihnen ein Mann in Linnen gekleidet, das Schreibzeug an der Seite; die kamen und stellten sich neben den ehernen Altar. [...] Und er [Gott] rief dem Manne, der in Linnen gekleidet war und das Schreibzeug an der Seite hatte, und sprach zu ihm: Gehe mitten durch die Stadt, mitten durch Jerusalem, und zeichne ein T auf die Stirne derer, die seufzen und stöhnen ob all der Greuel, die in der Stadt geschehen. Zu den andern aber hörte ich ihn sagen: Gehet diesem nach durch die Stadt und schlaget drein! Euer Auge soll nicht gütig blicken, und ihr sollt euch nicht erbarmen. Greis und Jüngling und Jungfrau, Kind und Weib, sie alle tötet! vernichtet! Doch keinen, der das T trägt, dürft ihr anrühren. Bei meinem Heiligtum sollt ihr anfangen. Und sie fingen bei den Ältesten an, die vor dem Tempel standen. Und er sprach zu ihnen: Verunreinigt den Tempel und füllet die Vorhöfe mit Erschlagenen! Dann gehet hinaus und schlaget drein in der Stadt! Als sie nun so dreinschlugen und ich allein zurückblieb, fiel ich auf mein Angesicht, schrie auf und sprach: Ach Herr, mein Gott, willst du den ganzen Rest Israels verderben, daß du deinen Zorn über Jerusalem ausgießest? Da antwortete er mir: Die Schuld des Hauses Israel und Juda ist über alle Maßen groß. Das Land ist voll Blutschuld und die Stadt voll Rechtsbruch.»

Nie zuvor ist die Siebenzahl so erschütternd dahergekommen wie hier in sechs Verderbern und einem Verschoner, sechs Zerschmetterungswerkzeugen und einem Schreibwerkzeug. Ungewiß, ob letzteres als Griffel zum Einritzen oder als Binse zum Farbauftrag vorgestellt ist, ebenso wie die Zerschmetterungswerkzeuge unbeschrieben bleiben und die Phantasie des Lesers um so mehr entzünden. Unzweifelhaft aber suggeriert Ezechiel, daß nur noch eines die Bevölkerung Jerusalems retten kann: die heilige Schrift, und zwar nicht als Buch, sondern als Zeichen, das direkt auf und unter die Haut geht. Das «T», das der Schreiber denen auf die Stirn machen soll, die verschont zu werden verdienen, ist der hebräische Buchstabe Tau, der sich gewöhnlich ת schreibt, in althebräischer Schreibweise aber, ähnlich wie das lateinische T, eher wie ein Kreuz ausgesehen haben soll, weswegen das Christentum nicht verfehlte, das Tau auf der Stirn als Vorzeichen des Kreuzes Jesu zu lesen. So war es natürlich nicht gemeint. Die Übersetzung «Kreuzeszeichen», die sich in christlichen Bibeln findet, ist irreführend. Gleichwohl gibt es eine frappierende strukturelle Gemeinsamkeit. Tau ist der letzte Buchstabe des hebräischen Alphabets, sozusagen das Endzeichen, und was die Verschonten auf die Stirn bekommen, ist das Zeichen des grauenhaften Endes, das Jerusalem ereilt und mit dem auch die noch gezeichnet werden, die es überleben, für die es also ein gutes Ende bedeutet. Ganz ähnlich hat später das Christentum das Marterwerkzeug Kreuz in ein Zeichen der Rettung umgewertet.

Davon weiß Ezechiel freilich noch nichts. Dafür innerviert er Entscheidendes zum Ursprung der Schrift. Kein Zweifel, das Tau auf der Stirn ist ein sublimiertes Kainszeichen[10] – angebracht vom vorzüglichsten Repräsentanten der Hochkultur, dem Schreiber, der allerdings durch sein «Linnen», das weiße Gewand des Priesters, anzeigt, wo Schrift herkommt: aus dem sakralen Raum. Und er verrät noch mehr: Sein Schreibgerät, das kultivierte Gegenstück zu den sechs «Zerstörungsgeräten», ist auch deren Abkömmling: der Griffel eine sublime Form von Messer oder Spieß, die Binse ein verfeinerter Griffel. Damit läßt sich das Zeichen der Verschonung auf vergleichsweise schonende Art anbringen. Der rohe Einschnitt, wie ihn die Baalspropheten machten, weicht einem kunstvoll geschwungenen Buchstaben, der als der letzte im Alphabet gleichsam das Siegel auf alle anderen, das Zeichen schlechthin ist: Tau. Nur daß in Ezechiels Vision niemand dieses Zeichen bekommt. Keine Stirn ist seiner würdig, der Prophet allein bleibt übrig. Er verschwindet nahezu in seiner eigenen, enthemmt um sich schlagenden Vernichtungsphantasie, die beim Heiligtum des Herrn selbst ansetzt, ausdrücklich die Verunreinigung des Tempels mit Leichen verlangt und damit die Grundbedeutung von Profanierung aufwühlt: Entweihung. Sie gibt sich als gnadenloser Moralismus, tritt demonstrativ aus jeglichem kultischen Zusammenhang heraus, aber auf durch und durch priesterliche Weise. Die sechs mit den Zerschmetterungsgeräten schreiten durch die Stadt und schlagen jung und alt nieder wie Priester wehrlose Opfer, der eine mit dem Schreibgerät führt ihre Prozession an, um ein rituelles Zeichen zu setzen, für das er keine Schreibfläche findet. Das Ganze ist eine gigantische, sich selbst verleugnende Opferphantasie, die kategorisch

10 Die Zusammenschau beider ist in Judentum und Christentum so selbstverständlich geworden, daß auch in Genesis 4 zum Kainszeichen gewöhnlich «Stirn» assoziiert wird, obwohl der Text nicht sagt, wo es angebracht wurde. Das Zeichen macht allerdings nur Sinn, wenn es sichtbar ist – weder durch Haar noch durch Kleidung verdeckt.

nahelegt, daß Schrift ihren Ursprung dort hat, wo Menschen rituell hingeschlachtet werden. Sollte das stimmen, dann wäre das Kainszeichen nicht nur in metaphorischem, sondern in buchstäblichem Sinne Inschrift, ja Urschrift – und seine Botschaft denkbar dramatisch: Wer nicht beschriftet ist, muß sterben.

Psychosomatisch

Die Wurzeln des Alten Testaments reichen bis ins alte Sumer und Ägypten hinein. Es hat sein Material aus dem ganzen Vorderen Orient gesogen. Der ist zwar ein zentraler Kulturraum, aber gleichwohl nur einer von mehreren. Was sich in ihm findet, muß nicht umstandslos für die ganze Menschheit gelten. Doch das Thema Schrift rührt an den Menschheitsnerv. Hier weist der alttestamentarische Befund weit über seinen eigenen Kulturkreis hinaus. Daß zum Menschen das Opfer gehört, sagt nicht nur die Geschichte von Kain und Abel. Die Ethnologie stößt überall darauf. Es gibt keine opferlosen Kulturen. Konsens ist ferner, daß Opfer ursprünglich stets Blutopfer waren und dazu da, höhere Mächte zu besänftigen. Man vergißt oft, wie widersinnig das ist. Damit die Naturgewalten nicht schrecklich über ein menschliches Kollektiv herfallen, begeht es selbst Schreckliches: schlachtet lebendige Wesen hin, wiederholt das Grausige, statt es zu fliehen, wendet seinen natürlichen Fluchtimpuls um zur Flucht nach vorn. So etwas mutet sich nur zu, wer keinen anderen Ausweg weiß. Es ist pervers, aber in dem elementaren Sinne, daß alle Triebumwendung eine Perversion der Natur ist; und es ist Notwehr. Sie hat sich zu einem psychischen Mechanismus verfestigt, mit dem man in einer hochentwickelten Kultur nur noch in Extremfällen ungepolstert Bekanntschaft macht.

Freud, den es sonst mit furchtloser Wißbegier in alle Abgründe des Seelenlebens zog, hat sich nur zögernd und relativ spät auf diesen Mechanismus eingelassen, als die Zahl der Fälle überhandnahm: im Ersten Weltkrieg. Kriegsteilnehmer, die von einem Geschoß oder vom Schrecken seines nahen Einschlags getroffen waren, mußten erleben, wie ihr nächtlicher Traum sie immer wieder in die erschütternde Situation zurückführte, aus der sie «mit neuem Schrecken» erwachten. «Darüber wundert man sich viel zuwenig», meinte Freud, schien es doch dem zu widersprechen, was für ihn «die Natur des Traumes» war: halluzinierte Wunscherfüllung. «Dieser würde es eher entsprechen, dem Kranken Bilder aus der Zeit der Gesundheit oder der erhofften Genesung vorzuführen.» Sollte die Psychoanalyse «durch die Träume der Unfallsneurotiker nicht an der wunscherfüllenden Tendenz des Traumes irre werden»,[11] so mußte der Triebbegriff vertieft werden, denn das Traumleben der Unfallopfer war aus verdrängten, unbewältigt weitergärenden frühkindlichen Lustregungen, die sich in so vielen anderen Träumen aufspüren ließen, nicht zu erklären. Gewiß, auch solche Lustregungen standen unter einem gewissen Zwang zur Wiederholung, drängten immer wieder nach Abfuhr, aber der Wiederholungszwang, den Schock und Schreck in Gang setzten, war von anderem Kaliber: «ursprünglicher, elementarer, triebhafter als das von ihm zur Seite geschobene Lustprinzip».[12] Dessen «Vorzeit»[13] tat sich hier auf: eine archaische, präerotische Triebdimension.

Freud hat den traumatischen Wiederholungszwang nie ernstlich an sich herangelassen.[14] Aber er hat den Weg zu seinem Verständnis geöffnet. Menschen, die derart traumatisiert sind, daß sie, sei es im Traum, sei es in wacher Phantasie, immer wieder zwanghaft in die Situation des Schreckens zurückgebracht werden, bedürfen selbstverständlich therapeutischer Hilfe. Aber das ändert nichts daran, daß der traumatische Wiederholungszwang selbst schon ein erstes, verzweifeltes Selbstheilungsmittel ist. Er tritt die Flucht nach vorn an, versucht dem Schrecken durch permanente Wiederholung seine Schrecklichkeit zu nehmen, ihn durch ein unablässiges *da capo* allmählich zu vergewöhnlichen und so das Unerträgliche erträglich, das unfaßlich Quälende faßlich zu machen. Für Freud ist das ein Vorgang zwischen Schreck und Angst. Schreck definiert er als «den Zustand, in

11 S. Freud, *Jenseits des Lustprinzips*, l. c., Bd. III, S. 223.

12 Op. cit., S. 233.

13 Op. cit., S. 242.

14 Schon der Titel *Jenseits des Lustprinzips* enthält eine geheime Aufforderung: Der traumatische Wiederholungszwang möge jenseits des eigentlichen Arbeitsfeldes der Psychoanalyse bleiben: der Behandlung des unbewältigten Eros. Der Todestrieb, den Freud in dieser Schrift erstmals entwickelt, ist nicht nur Widerpart des Eros, sondern auch dessen «Hüter»: dazu da, den traumatischen Wiederholungszwang so zu «binden», daß er das «Lustprinzip» nicht stört. Ausführlich hierzu C. Türcke, *Erregte Gesellschaft. Philosophie der Sensation*, München 2002, S. 121 ff.

den man gerät, wenn man in Gefahr kommt, ohne auf sie vorbereitet zu sein», Angst hingegen als «einen gewissen Zustand wie Erwartung der Gefahr und Vorbereitung auf dieselbe» – und fährt dann fort: «Ich glaube nicht, daß die Angst eine traumatische Neurose erzeugen kann; an der Angst ist etwas, was gegen den Schreck und also auch gegen die Schreckneurose schützt.»[15] Traumatischer Wiederholungszwang setzt genau dort ein, wo dieser Schutz ausfällt und der Schreck unvorbereitet trifft. Der Organismus versucht, das Ausgefallene «nachzuholen».[16] Er entwickelt nachträglich, in quälenden Wiederholungsschüben, Angst. Sie ist furchtbar, aber bekämpft den noch furchtbareren Schrecken, den sie verzweifelt «nachzubereiten» versucht, nachdem sie bei seiner Vorbereitung gefehlt hat. Was man selbst veranstaltet, und sei es aus Angst, schreckt weniger, als wenn es jäh zustößt. So beginnt Wiederholung den Schrecken in eigene Regie zu nehmen.

Wo es eine Kultur, die Schocks abfedert und psychotherapeutische Verfahren entwickelt, noch nicht gibt, da bleibt nur der traumatische Wiederholungszwang selbst, um die Schreckgewalt der Natur zu lindern. Das aber ist die Situation beginnender Menschheit. Während neuzeitliche Kriegs- und Unfallopfer auf eine vergleichsweise kultivierte Weise, nämlich in Traum oder Phantasie, in die Situation des Schreckens zurückversetzt werden, was schon schlimm genug ist, dürfte zunächst auch diese Sublimierung gefehlt haben. Den Schrecken imaginär wiederholen, um ihn loszuwerden, reichte nicht aus; man mußte das Schreckliche selbst tun. Davon zeugen die Opfer, die die Menschwerdung begleiten wie der Schatten das Licht. Sie sind ohne traumatischen Wiederholungszwang nicht vernünftig zu denken. Einmal opfern genügt bekanntlich nicht. Ein Kollektiv muß immer wieder lebendige Wesen hinschlachten, wobei der peinigende Zwang allmählich zu festen Handlungsstereotypen gerinnt: Ritualen. Wo Opferrituale sind, da ist der Wiederholungszwang allerdings schon in seiner zweiten großen Phase. Er weist über sich hinaus, gibt nicht nur in dem Sinne eine Vorstellung, daß er immer wieder nach gleichem Muster abläuft, sondern auch in dem, daß er eine höhere Macht vor-

15 S. Freud, *Jenseits des Lustprinzips*, l. c., S. 222 f.

16 Op. cit., S. 241.

stellt, um deren Besänftigung willen er stattfindet. Er hat sich einen Adressaten, will sagen, ein Wozu, einen Sinn gegeben. Dadurch ist er schon etwas erträglicher als der ganz rohe, nackte, der einfach bloß darin besteht, den Schrecken, der ein menschliches Kollektiv heimsuchte, sei es, daß wilde Tiere es überfielen, sei es, daß Unwetter oder Erdstöße es bis ins Mark erschütterten, noch einmal und immer wieder zu veranstalten: anzugreifen, wo angegriffen, zu töten, wo getötet, zu lärmen, wo Lärm erzeugt wurde, und das zunächst wahrscheinlich auf so diffuse Weise, wie verletzte Wesen hilflos um sich schlagen. Die Koordinierung diffuser Wiederholungsimpulse zu einem halbwegs konstanten Wiederholungsverhalten, und zwar ohne jede Anleitung oder Supervision, dürfte allerdings unerhört mühselig und langwierig gewesen sein, erst recht die Ausbildung erster vager Vorstellungen von einer höheren Instanz, um derentwillen die Wiederholung geschah. Und erst wo solche Vorstellungen sich derart im Nervensystem eines ganzen Kollektivs sedimentieren, daß der Wiederholungszwang sich auf sie hin zusammennehmen und das Ansehen einer geregelten Darbringung an eine höhere Macht um des lieben Friedens willen bekommen kann, wird aus einem Naturzwang eine kulturelle Leistung, aus einer traumatischen Reaktionsbildung das sakrale Ritual *par excellence*: das Opfer.

Man übertreibt wohl nicht, wenn man die Zeit, die diese Entwicklung gekostet hat, eher in Zehntausenden als in Tausenden von Jahren rechnet. Wann das angefangen hat, wie es zunächst vor sich ging, wer welche Lebewesen wie auswählte, ergriff und tötete, hüllt sich ins Dunkel der Frühgeschichte, aus dem nur wenige Hinweise hervortreten. Aus dem Mittelpaläolithikum (ca. 60 000–35 000 v. Chr.) haben sich in Osteuropa Anhäufungen von Tierknochen, meist Schädeln von Hirschen, Wisenten, Bären, erhalten, deren Konstellation offensichtlich etwas bedeutet, vielleicht einen Ritus des Triumphs über erlegte Tiere, der ihren noch lebenden Artgenossen zugleich die Kraft und Gefährlichkeit rauben soll. Aber ob es sich hier schon um Opfer handelt, steht dahin. In Europa und im Vorderen Orient, von Frankreich bis zum Irak, sind hingegen menschliche Überreste so angeordnet gefunden worden, daß man daraus auf Bestattungen schließen kann. Schädel und Unterkiefer gehören zu den Hauptfunden, wohl weniger, weil sie so gut haltbar und leicht zu finden wären, sondern weil ihnen «bereits in dieser Zeit eine besondere Behandlung und Aufbewahrung zuteil geworden» ist.[17] Schon an der ältesten chinesischen Fundstelle, Chou-k'ou-tien, die von mehr als drei Dutzend Menschen fast ausschließlich Schädeldächer und Unterkiefer enthält, fällt auf, daß «die Umgebung des Hinterhauptloches bei allen einigermaßen rekonstruierbaren Schädeln [...] zertrümmert ist».[18] In der Höhle Guattari im Monte Circeo südlich von Rom wurde «ein einzelner Schädel inmitten einer ovalen Steinsetzung angetroffen». Er «weist eine alte Hiebverletzung auf», das «Hinterhauptloch ist künstlich erweitert». Auch das «verhältnismäßig vollständig» erhaltene Exemplar einer Schädelansammlung bei Weimar-Ehringsdorf zeigt «kräftige Hiebspuren auf der Stirn». Den «Kinderschädel von Le Pech-de-l'Azé» umgaben «Steingeräte sowie Zähne von Wisent, Hirsch, Ren, Wildpferd und Wildziege».[19]

Dies alles sind starke Anzeichen dafür, daß die Sonderbehandlung des Schädels in gewaltsamer ritueller Zurichtung bestand. Und noch etwas macht stutzig: das regelmäßige demonstrative Nebeneinander von Schädeln und Steinwerkzeugen. Was sollte es bedeuten, wenn nicht das buchstäblich Nächstliegende: daß die Schädel mit ebendiesen Werkzeugen zugerichtet wurden? Man erinnere sich nur des hebräischen Wortes «Kain», das sowohl Eigenname sein als auch «Spieß» heißen kann. Wie, wenn dieses Wort lediglich zusammenfaßt, was die ältesten Begräbnisarrangements sichtbar als zusammengehörig erweisen: den besonderen Menschen, den das Kollektiv zum Opfer erwählt hat, und die besondere Waffe, die ihn tötete – und durch diese Tat ihm ähnlich wurde, ihm geweiht, ein Stück von ihm, sakral wie er selbst, für nichts anderes mehr verwendbar? So gesehen, wäre «Kain» eine uralte rituelle Chiffre von unerwarteter archäologischer Relevanz, die Steingeräte neben den Schädeln wären selber in einem bestimmten Sinne «Kainszeichen», und andere einschlägige Grabstellen, wie die von La Ferrassie, wo gewaltsame Schädelbehandlung nicht nachweisbar ist, die menschlichen Skelette jedoch nicht nur «auffallend zahlreiche Tierknochen» um sich hatten, sondern mit

17 H. Müller-Karpe, *Handbuch der Vorgeschichte*, Bd. I, München 1966, S. 230.
18 Ibid.
19 Op. cit., S. 233.

«ganz besonders sorgfältig gearbeiteten Steingeräten ausgestattet waren», unter denen eine «hervorragend gearbeitete Spitze»[20] besonders hervorstach, drängen die Vermutung auf, daß auch hier rituelle Tötung stattfand. Die Steinspitze kann ja auch ins Herz getrieben werden, ohne den Schädel zu beschädigen. Manche Grabanordnungen lassen ohnehin Durchbohrung und Weihung als denselben feierlichen Akt erscheinen, der wie ein Band durch alles Lebendige geht. In der Höhle von Cro-Magnon etwa «wurden im hinteren Teil fünf Skelette entdeckt: ein Greis, in der Mitte liegend, zwei Männer, eine Frau und ein Fötus. Die Erwachsenen zeigen an der Stirn Hiebverletzungen. Zwischen den Skeletten finden sich außer Ockerspuren etwa 300 durchlochte Litorina litorea, einige gleichfalls durchlochte Purpura lapillus, Turritella communis und Fusus jeffreysianus, durchlochte Tierzähne und ein flacher, doppelt durchlochter Elfenbeinanhänger. In der Nähe der Skelette lagen bearbeitete Rengeweihe, Steingeräte von Aurignacien-Art, ein durchbohrtes Stück einer Auster, ein Elfenbeinstück und Elfenbeinanhänger.»[21]

Daß man den Verstorbenen von Anfang an Waffen ins Grab gelegt habe, um sie im Jenseits wehrhaft zu machen, ist jedenfalls eine nachträgliche Rationalisierung eines Brauchs, dessen ursprünglichen Sinn man nicht mehr verstand, ganz hilf- und arglos aber der Vorschlag, in den beigegebenen Waffen «einfach Abschiedsgeschenke zu sehen».[22] Als ob «Jenseits» und «Abschied» menschliche Primärvorstellungen gewesen wären, eine Art natürlicher mentaler Mitgift, und nicht hoch sublime Resultate eines langen Bildungsprozesses. Solche Anachronismen nehmen den rituellen Zwangszusammenhang nicht ernst, in den die mittelpaläolithischen Bestattungen gehören. Der aber nährt den Verdacht, daß auch die Bestattung selbst keineswegs zum menschlichen Naturverhalten gehört, sondern über einen langen Zeitraum hinweg erst gelernt werden mußte – und keineswegs sogleich allen zuteil wurde, sondern zunächst nur den «Erwählten», will sagen, den Geopferten, dergestalt, daß deren Bettung zur Ruhe sich zum beruhigenden Abschluß des Opferrituals entwickelte. Kadaver wird man

20 Op. cit., S. 231.
21 Op. cit., S. 263.
22 Ibid.

auch vorher verscharrt haben, doch das ist noch keine Bestattung. Auf die aber ist man gewiß nicht so gekommen, daß sich eines Tages in zarten Gemütern ein Bedürfnis nach Hygiene oder Pietät regte und sie begannen, sich ein würdiges Ritual für ihre lieben Verstorbenen auszudenken. Vielmehr spricht alles dafür, daß die Totenklage, dieses Kernstück jedes Bestattungsrituals, ihren Ursprung dort hat, wo die Anteilnahme des Kollektivs am Verstorbenen am größten ist, wo man selbst das Mitmachen bei seiner Tötung zu beklagen und allen Anlaß hat, das Blut des Geopferten zu besänftigen und seine Überreste demonstrativ in jenen Zustand des Friedens und der Unantastbarkeit zu versetzen, die seine Darbringung dem ganzen Kollektiv bescheren soll. Wo sich an den Knochenfunden frühester Bestattungen keine Male gewaltsamer Tötung zeigen, so muß das noch nicht heißen, daß sie nicht stattfand, während das Nebeneinander von menschlichen Skelettresten und Waffen in ältesten Grabstellen geradezu danach ruft, durch den Doppelsinn des Wortes «Kain» interpretiert zu werden.

Der archäologische Befund legt nahe, daß Menschenopfer in die Frühphase des Opferns gehören, aber er reicht nicht hin für den Nachweis, daß sie die frühesten sind. Vielleicht sind sie zunächst auch gar nicht exklusiv dargebracht worden, sondern mit «Zubehör», das heißt zusammen mit charakteristischen Tieren, Pflanzen, Gebrauchsdingen, durch die sie als Angehörige eines bestimmten Kollektivs definiert waren. Vielleicht haben sie sich erst in dem Maße, wie der Wiederholungszwang die feste sakrale Form des Opferkults annahm, als dessen Nervenzentrum herausgebildet. Aber daß sie dieses Zentrum sind, wird durch die Logik des Wiederholungszwangs nahezu unabweisbar. Wo Schrecken traumatisch und tödlich über Menschenleben hereinbricht, da muß er sich auch an Menschenleben wiederholen, um sich Abfuhr zu verschaffen. Solche Abfuhr erleichtert, aber ist selbst noch vom Grauen durchdrungen. Jeder kann der nächste sein, und jeder, der für diesmal verschont bleibt, ist mitschuldig am Tod dessen, der stellvertretend für die andern dahingeht. Das ist auch dann, wenn man höhere Mächte imaginiert, die das Opfer verlangen, ihm einen Sinn geben, noch grausig genug. Geradezu eine Erlösung, wenn sich die Möglichkeit bietet, andere zahme Wesen als Menschen darzubringen. Mit der Hirtenkultur, also dem Beginn des Neolithikums (ca. 10 000 v. Chr.), wurde das Menschenopfer durch Rinder, später durch Schafe oder Ziegen ersetzbar. Es eröffnete sich die historische Chance, von einer grausigen Praxis loszukommen und sie allmählich ins Vergessen zu tauchen. Wo sieben bis acht Jahrtausende später, auf der Kulturstufe von entwickelter Viehzucht, von Ackerbau und Städtebildung, überhaupt noch etwas vom Menschenopfer überliefert wird und ins Medium der Schrift gerät, da gewöhnlich in Form eines Dementis: gebrandmarkt als widerwärtiges Verbrechen oder verleugnet durch Verwischung seiner Spuren. Nur noch in wenigen, gleichsam unbewachten Augenblicken schimmert es durch eine Zensur hindurch, die zu einem der zentralen Kulturstandards des *homo sapiens* geworden ist.

Freud lag nicht falsch mit seiner Vermutung, am Menschheitsanfang habe sich das Kollektiv zu einer «denkwürdigen, verbrecherischen Tat» zusammengerottet, «mit der so vieles seinen Anfang nahm, die sozialen Organisationen, die sittlichen Einschränkungen und die Religion».[23] Nur ist diese Tat gewiß nicht aus sexuellen Motiven geschehen, als Mord an einem mächtigen Urvater, der sämtliche Frauen seiner Horde allein für sich beanspruchte und so die Söhne gegen sich aufbrachte. Es ist ferner keine einmalige oder sporadische Tat gewesen, sondern eine notorische, und sie hat zum Verbrechen erst *werden* müssen. Zunächst einmal war sie einvernehmliche Praxis, gemeinsame Notwehr gegen den Naturschrecken, ein verzweifelter kollektiver Bewältigungsversuch traumatischer Erfahrung. Niemand durfte sich dabei ausnehmen. Nur wenn alle sich gegen das Opfer verschworen und an seiner Tötung beteiligt waren, konnte der Clan es über sich bringen, seine eigenen Angehörigen hinzuschlachten.[24] Der Tempelfriede, das Gebot, sich am sakralen Ort aller Feindseligkeiten außer gegen das Opfer strikt zu enthalten, ist ein humanes Nachgrol-

23 S. Freud, *Totem und Tabu*, l. c., Bd. IX, S. 426.

24 Für Girard ist «einmütige Gewalt» die Signatur des Opfers schlechthin. «Bereits eine oberflächliche Überprüfung ergibt, daß in allem religiösen Leben, in jedem praktizierten Ritual, in jeder Mythenbildung das Thema der *Einmütigkeit* mit auffälliger Häufigkeit in räumlich weit voneinander entfernten Kulturen in so unterschiedlichen Formen und so verschieden gearteten Texten auftaucht, daß unmöglich eine Verbreitung durch Einflußnahme angenommen werden kann.» (R. Girard, l. c., S. 146 und 149).

len jenes uralten, mythischen Zwangs zur Einmütigkeit, das moderne Kirchenasyl sein letzter Ausläufer. Doch erst als das Menschenopfer ersetzbar wurde, zunächst durch die kostbarsten Tiere, später auch durch geringere, schließlich zudem durch Pflanzen, Metall- und Tongebilde, konnte es vom Rettungsmittel zum Verbrechen umgewertet und allmählich verdrängt werden. Wo es am grausigsten ist, hat es noch nicht einmal den Status eines Verbrechens, wie auch der traumatische Wiederholungszwang dort, wo er am furchtbarsten, nämlich noch ganz roh und ungepolstert wütete, am meisten kulturstiftend wirkte. Seine elementare Triebgewalt, die Freud so treffsicher erfaßte, enthält nämlich auch etwas Gegenläufiges. Die unablässige Wiederholung geschieht, um Ruhe von allem Schreck und Schock zu bekommen. Sie will einmal aufhören, wie auch der Nahrungs- und Sexualtrieb gestillt sein wollen. Insofern steckt im traumatischen Wiederholungszwang der Drang zur Linderung, Verfeinerung, Kultivierung seiner selbst.[25]

Semiotisch

Schrift ist tief in diesen Wiederholungsmechanismus verwickelt. Wo er sich zu einem sakralen Vollzug kultiviert, da ist ihre Urform anzutreffen: der Einschnitt am eigenen Körper, biblisch gesprochen: das Kainszeichen. Es ist ein Kollektivzeichen. Ein zur Opfergemeinde verschworener Clan zeichnet sich damit und gibt so zu verstehen: Wir alle sind Todgeweihte. Jeden von uns hätte es genauso treffen können wie den Auserwählten, und jedem wäre dabei recht geschehen, weil

25 Die letzten Absätze knüpfen an mein Buch *Erregte Gesellschaft, Philosophie der Sensation*, l.c., S. 121 ff., 207 ff., an, wo der Verdacht engster Verbundenheit von traumatischem Wiederholungszwang, Menschenopfer und Kulturbeginn erstmals zusammenhängend vorgetragen wurde. Er war für viele Rezensenten das Hauptärgernis des Buches: pure Spekulation über etwas, was sich ohnehin nicht ergründen läßt. Nun bekommt der Verdacht vom Thema Schrift her neue Dringlichkeit. Natürlich kann daraus nie mehr werden als ein Indizienbeweis. Nur was ist dagegen einzuwenden? Keine Geschichtswissenschaft kommt ohne Indizien aus, kein Gericht kann sich leisten, einen Mordfall *ad acta* zu legen, nur weil es keinen Geständigen gibt, zumal selbst Geständnisse nicht immer die Wahrheit sagen. Behutsam geführte Indizienbeweise sind vollkommen seriöse Verfahren.

wir alle an seinem Tod mitschuldig sind.[26] Aber indem das Zeichen den Tod bedeutet, ihm ähnlich macht, an seinen Rand bringt, soll es gerade vor ihm erretten, die Gezeichneten als die Verschonten ausweisen. Im Kainszeichen sind Schrift und «heilige» Schrift noch eins. Das deutsche Wort «heilig», assoziiert mit heil, rettend, gut, fromm, ist allerdings schon stark moralisiert und gibt nur noch entfernt eine Ahnung davon, was seine Vorformen in alten Sprachen, etwa das griechische *hagios*, vor allem aber das hebräische *qados*, alles mitschwingen, mitzittern ließen. Es ist das Verdienst Rudolf Ottos, das in Erinnerung gerufen zu haben. *Qados*, wörtlich: das Abgetrennte, Unvergleichliche, Singuläre, Inkommensurable, ist dasjenige, was sich mit unvergleichlicher Gewalt erschütternd, durchschaudernd mitteilt, etwa «der ‹Gottes-schrecken›, den Jahveh ausströmen, ja senden kann, wie einen Dämon der den Menschen lähmend in die Glieder fährt und der ganz verwandt ist dem deîma panikón (dem panischen Schrecken) der Griechen».[27] Die Grundschicht des Heiligen wäre somit die «des *mysterium tremendum*, des schauerlichen Geheimnisses»,[28] «das durch Art und Wesen meinem Wesen inkommensurabel ist und vor dem ich deshalb in erstarrendem Staunen zurückpralle».[29] Nur daß damit um so rätselhafter wird, daß das Heilige zugleich auch noch das Gegenteil sein soll: «etwas eigentümlich *Anziehendes*, Bestrickendes, *Faszinierendes*, das nun mit dem abdrängenden Momente des tremendum in eine seltsame Kontrastharmonie tritt». Vom Schauervollen zum Wundervollen, vom *tremendum* zum *fascinans* ist für Otto jedoch «kein Übergang möglich»,[30] die «Kontrastharmonie»

26 Viel spricht dafür, daß die Steinigung, anerkanntermaßen eine uralte Praxis, möglicherweise sogar die älteste rituelle Tötungsart war. Man brauchte keine geformten Werkzeuge dafür, und alle konnten mitmachen. Leviticus 20, 2 («Wer [...] eines seiner Kinder dem Moloch hingibt, der soll getötet werden; das Volk des Landes soll ihn steinigen») könnte dann als Musterfall unwillkürlicher Erinnerung gelesen werden: Gegen den, der das anachronistisch gewordene Menschenopfer noch zu vollziehen wagt, wird dessen älteste Praxis heraufbeschworen.

27 R. Otto, *Das Heilige*, Erstausgabe 1917, München 1963, S. 15.

28 Op. cit., S. 13.

29 Op. cit., S. 32 f.

30 Op. cit., S. 42 f.

zwischen beiden erscheint ihm als etwas, was sich aller menschlichen Logik entzieht und das eigentliche Mysterium des Heiligen ausmacht.

Und tatsächlich, sie ist unerklärlich, solange man nicht die Logik des Wiederholungszwangs zu Rate zieht. Deren Raffinement, um nicht zu sagen: Dialektik, besteht ja gerade darin, immer wieder eigens das zu tun, wovon man loskommen will. Indem man es aber tut, bekräftigt, bejaht man es. Wiederholungszwang ist Gutheißen des Schrecklichen, dessen Abbau durch seine Bekräftigung, dessen Verneinung durch seine Bejahung – eine derart drastische «Umwertung der Werte», wie nicht einmal Nietzsche sie konzipiert hat. «Mysterium» ist sie allenfalls in dem Sinne, daß sich nicht zureichend erklären läßt, warum gerade das menschliche Nervensystem zu dieser ungeheuren Umkehrungsleistung fähig war, weshalb niemand, der die Tragweite dieser Leistung ermißt, ganz aus dem Staunen über sie herauskommt. Mysterium ist sie aber nicht, weil, wie Otto glauben machen wollte, eine übernatürliche Macht, «das Heilige», «Gott» sich in ihr bekundete. Der Schrecken, der jäh in ein Nervensystem einbricht, ist nicht das Heilige, das sogenannte Heilige vielmehr geheiligter Schrecken, will sagen, gewendeter, gutgeheißener, gestalteter Schrecken: imaginiert als göttliche Macht, die zwar furchtbar daherkommt, aber diejenigen, die sich ihr weihen, verschont – ganz wie es Ezechiels große Vision in Aussicht stellt. Mit anderen Worten: Das Heilige ist Interpretationsleistung eines gepeinigten Nervensystems, sein knappstes Kürzel das Kainszeichen. In ihm zieht sich der große historische Prozeß der Umwendung des Schreckens auf einen blutigen Einschnitt zusammen. Man kann darin «lesen», was das Heilige ist: das zum *fascinans* gewendete *tremendum.*

Ansatzweise mag es auch schon im Tierreich Interpretation von Zeichen geben. Dem menschlichen Beobachter, der unablässig seine Umgebung auslegt, erscheint es jedenfalls so, als deute die Maus die Präsenz der Katze als Gefahr, die Katze die forthuschende Maus als Beute, das Küken die Bewegungen der Glucke als Schutz, der Hund den Geruch der Hündin als Aufforderung zur Kopulation. Allerdings besteht solche «Deutung» lediglich in einem Naturreflex, der auf einen bestimmten Reiz reagiert. Der reagierende Organismus denkt sich nichts dabei; gleichwohl verhält er sich, wenn er flieht, sich auf

Beute stürzt oder dem Sexualobjekt annähert, jeweils gegenüber gewissen Reizen «adäquat». Unter dem Gesichtspunkt elementarer Selbst- und Arterhaltung gibt es durchaus eine Angemessenheit von Reiz und Reaktion, sozusagen eine Naturbasis für die berühmte Denkfigur der «Angemessenheit von Sache und Intellekt», *adaequatio rei et intellectus*, die in der mittelalterlichen Scholastik zum Inbegriff von Wahrheit aufstieg[31] – um den Preis, daß sie von ihrer Naturbasis absah und an die Stelle von Naturgewalt und Überlebensdrang, die in einem langen Evolutionsprozeß Reiz und Reaktion zusammengezwungen und «adäquat» gemacht haben, die metaphysische Fügung eines höchsten Sinns treten ließ: Gott selbst habe bei der Erschaffung der Welt den menschlichen Geist und das Wesen der natürlichen Dinge kongenial aufeinander bezogen. Freilich wurde dieser höchste Sinn das Mal seiner niederen Herkunft nicht los. Zu deutlich war die metaphysische *adaequatio* der physischen Mimikry nachgebildet. Auch dem erleuchtetsten menschlichen Intellekt ermöglichte sie, wenn er zur Erkenntnis der Wahrheit gelangte, auf seinem Niveau nichts Sinnvolleres als dem Chamäleon auf dem seinen, wenn es die Farbe wechselt: sich seiner Umgebung optimal anzupassen.

Wo Zeichen jedoch spezifisch menschlich werden, besteht ihr Witz gerade darin, daß sie mehr leisten als bloß *adaequatio*. Jedes Zeichen ist zwar ein Reiz, aber nicht jeder Reiz ein Zeichen. Naturereignisse und -dinge können gar nicht anders als auf ihre organische Umgebung Reize auszuüben. Nur so sind sie für andere präsent. Der Reiz «Katze» ist für jede Maus ein eindrückliches Erlebnis: strenggenommen nicht ein Zeichen der Gefahr, sondern diese Gefahr selbst. Wenn die Maus davor flieht, hat sie den Reiz lediglich als das genommen, was er ist. Zum Zeichen hingegen gehört, daß es für etwas steht, was es selbst gerade *nicht* ist, worauf es lediglich hindeutet. Auch Deutung ist zwar Reaktion auf Reize, aber keine mehr nur reflexartige. Der Reflex hat sich hier vielmehr gespalten: in eine unmittelbare Reaktion und eine verzögerte, verschobene. Er nimmt den Reiz nicht mehr nur als Reiz, sondern zugleich als Zeiger auf etwas davon Unterschiedenes. Erst wo diese zweite Dimension ins Spiel kommt, findet Deutung im

31 Thomas von Aquin, *Summa theologica* I, q. 16 a. 1.

strengen Sinne statt. Zeichen und Bezeichnetes sind darin auseinandergetreten.

Den Prozeß dieses Auseinandertretens aber kann man sich kaum langwierig und anstrengend genug vorstellen. Er enthält die ganze Schwerarbeit der Menschwerdung, ist sozusagen deren semiotische Seite. Und auch die ist im traumatischen Wiederholungszwang enthalten. Schreckliches wiederholen, um es loszuwerden, heißt es doppelt nehmen: als das Schreckliche selbst sowie als das, was davon errettet. Erst dadurch wird das Schreckliche zum Zeichen. Es beginnt, für etwas anderes zu stehen, allerdings nicht für irgendein beliebiges anderes, sondern für das «ganz Andere», das strikte Gegenteil seiner selbst. Nur durch äußerste Entgegensetzung haben sich Zeichen und Bezeichnetes anfangs voneinander trennen lassen. Der traumatische Wiederholungszwang hat beide förmlich voneinander losgerissen, indem er dem Schrecklichen die Bedeutung seines Gegenteils abgewann. Erst dieses Gutheißen des Schrecklichen hat die Sphäre der Bedeutung aufgehen lassen. Wo sie sich auftut, geht es denn auch um das Bedeutende schlechthin, dasjenige, was die Theologie «die letzten Dinge» nennt: Tod und Rettung. Dies alles wird am Kainszeichen manifest. An ihm offenbart sich nicht nur «das Heilige» als gewendeter Schrecken. Es verrät auch einiges darüber, wie Zeichen und Bezeichnetes voneinander losgekommen sind, nämlich gewiß nicht so, daß sie irgendwann einmal aus einer Laune heraus angefangen hätten, voneinander abzuweichen, und dann allmählich in immer mehr Differenz hineingeschlittert wären. Vielmehr war offenbar nur der Kraftakt ihrer äußersten Entgegensetzung in der Lage, den Unterschied zwischen ihnen in die Welt zu bringen. Auch davon zeugt der blutige Einschnitt.

Das Kainszeichen ist der Signifikant *par excellence* – etwas, was es nach moderner Zeichentheorie eigentlich gar nicht geben kann. Dort hat sich die Auffassung Ferdinand de Saussures, des Bahnbrechers moderner Sprachwissenschaft, durchgesetzt: Das Zeichen ist «*unmotiviert*», «d. h. beliebig im Verhältnis zum Bezeichneten, mit welchem es in Wirklichkeit keinerlei natürliche Zusammengehörigkeit hat».[32] Diese These gilt als ein Markstein der Entmythologisierung. Nur

32 F. de Saussure, *Grundfragen der allgemeinen Sprachwissenschaft*, 1916, dt. Berlin ²1967, S. 80.

nicht mehr länger von Begriff und Sache reden, als wären beide durch einen inneren oder höheren Sinn, eine *adaequatio*, aufeinander abgestimmt. Vielmehr nüchtern eingestehen, daß die sogenannten Begriffe bloß Worte, Worte aber bloß eine Abfolge von Lauten oder Buchstaben sind, die von sich aus mit «Sinn» nichts zu tun haben. Sie bekommen ihn lediglich zugewiesen, wenn sie als ein Bezeichnendes (Signifikant) auf ein Bezeichnetes (Signifikat) bezogen werden. Das scheint sehr plausibel. Die Buchstabenfolge HUND, die im Deutschen ein bestimmtes Tier bezeichnet, sieht im Englischen ganz anders aus: DOG. Welche ist dem Bezeichneten angemessener? Eine sinnlose Frage. «Angemessen» kann ein Zeichen nur dem ganzen Zeichensystem sein, dem es angehört, und das ist der Fall, wenn es von den anderen Zeichen darin deutlich genug geschieden ist. Wenn sich HUND, MUND, RUND, HAND gut auseinanderhalten lassen, kann jede dieser Zusammensetzungen eine klare Bezeichnungsfunktion ausüben.

So weit die klassische strukturalistische Grundposition, die sich freilich längst poststrukturalistisch modifiziert hat. Man hat gemerkt, daß die Bedeutung, die ein Zeichen hat, sobald es zur Bezeichnung von etwas Bestimmtem eingesetzt wird, keine homogene, stabile Einheit bildet, und zwar nicht nur, weil Sprachen sich im Laufe der Zeit ändern, sondern weil in jedem Satz, Text oder Bild die einzelnen Zeichen ständig von den vielen anderen ihrer Umgebung mit- und umdefiniert, modifiziert, differenziert, affirmiert, dementiert werden. Zeichen können gar nicht bezeichnen, ohne daß ihre Bedeutung in dem Moment, wo sie aufscheint, auch schon diffundiert. *Dissémination* hat Derrida dieses unstete Bedeutungsflackern genannt.[33] Und wo Zeichen so unsichere Kandidaten sind, will er natürlich noch weniger als der Strukturalismus etwas von einem Zeichen *par excellence* wissen. Nur keinem Ursprungsmythos verfallen, nur kein Urzeichen fixieren wollen, von dem aus dann dem Ensemble der lautlichen, bildlichen, schriftlichen Zeichensysteme Sinn und Bedeutung zugewachsen sein sollen. Nie wird man an ein erstes sinnstiftendes

33 «Mannigfaltigkeit eines Ereignisses, das kein Ereignis mehr ist, da seit Eintritt ins Spiel seine Singularität sich verdoppelt, sich vervielfältigt, sich aufteilt und sich in Abzug bringt» (J. Derrida, *Dissemination*, 1972, dt. Wien 1995, S. 328).

Zeichen oder gar noch dahinter gelangen, immer findet man sich schon in einem Zeichensystem wieder.

Das stimmt; aber es gab nicht immer schon Zeichensysteme. Sie sind späte Resultate der Naturgeschichte. Wer die Frage nach ihrem Zustandekommen abschneidet, nimmt sie als unhinterfragbar und versetzt sie unversehens in den Rang eines Unbedingten. Genau das geschieht, wenn man Signifikanten für «unmotiviert» erklärt. Ihre Rolle ist dann, grundlos Bedeutung zu setzen. Bedeutung tritt durch sie spontan, jäh, unableitbar in die Welt ein wie ein *deus ex machina.* Analysiert wird aber nur, was danach kommt: wie sich Bedeutung, nachdem sie unmotiviert ins Dasein getreten ist, im großen Konzert der Signifikanten verzweigt und weiterentwickelt hat. Läßt man Bedeutung gleich schon im Plural eintreten, so ist nichts gewonnen. Man hat ihren mysteriösen Eintritt lediglich auf viele kleine *dei ex machina* verteilt. Nicht einmal die *dissémination* hilft hier. Mag Bedeutung, sobald sie gesetzt ist, auch schon diffundieren: Gesetzt sein muß sie erst einmal, um überhaupt diffundieren zu können, und um dieses «Setzen» drückt sich der ganze strukturalistisch-poststrukturalistische Diskurs. Es ist sein höflich verschwiegenes Mysterium: jene kleine *creatio ex nihilo,* Schöpfung aus dem Nichts, über die er nicht spricht. Er gibt vor, um keinen Preis ursprungsmythologisch werden zu wollen, aber daß er selbst mit einer schöpfungstheologischen Hypothek schwer bepackt ist, legt er nicht offen.

Wer hier nicht mogeln will, muß zweierlei klarstellen. Zum einen kommt um das Ursprungsproblem niemand herum. Zum andern kann man sehr wohl von Ursprung reden, ohne ursprungsmythologisch zu werden: indem man genealogisch davon spricht und sich mit dem Gedanken anfreundet, daß Bedeutung selbst noch einmal auf etwas verweist, was ihr vorausliegt. Freilich, über dieses Vorausliegende kann man sich nur durch Signifikanten verständigen – und dennoch wissen, daß sie eine Vorgeschichte haben, von der übrigens jedes Kind noch einmal etwas im Zeitraffer erfährt, verspürt es doch längst Reize und Erregung, ehe es zu Signifikanten dafür gelangt. Was den Signifikanten vorausliegt, muß keineswegs ein erster Sinn, Logos, Gott sein, schon gar nicht jener allem Sinn angeblich noch vorgelagerte, unbezeichenbare und gleichwohl permanent besprochene, mit Schöpfer- und Stifteraura umnebelte Urspalt, aus dem alle Bedeutung immer schon hervorgekrochen sein soll und der unter dem Namen *différance*[34] ganzen Hundertschaften von Intellektuellen den Kopf verdreht hat. Vielmehr geht es um etwas ganz Simples: daß Bedeutung nicht frei umherschwebt, sondern Naturbedingungen hat. Wie ein Zeigefinger nicht nur das zeigt, worauf er hindeutet, sondern auch Haut, Schwielen, Rötungen, Geäder, so geht es jedem Signifikanten. Jeder hat einen stofflichen Träger und schleppt unweigerlich etwas von dessen Naturgeschichte mit. Er zeigt immer mehr als nur das, worauf er zeigt.

Das Kainszeichen ist denn auch kein Urzeichen im wörtlichen historischen Sinn, vergebene Liebesmüh, es irgendwo im Mittelpaläolithikum bei einem bestimmten Kollektiv als erstem ausfindig machen zu wollen. Es wird Vorläufer gehabt und zahlloser Wiederholungsprozesse bedurft haben, bis es als Kollektivzeichen seinen festen Platz im Stammesritus gewann. Aber es ist Signifikant *par excellence* nicht nur in dem Sinne, daß es das Höchste bedeutet, was Naturwesen ersehnen können, nämlich Verschonung und Rettung. Auch seine eigene Vorgeschichte kristallisiert sich in ihm auf unüberbietbar signifikante Weise. Beides hängt miteinander zusammen. Der Signifikant *par excellence* hat höchste Bedeutung, weil er aus höchster Not stammt. Unerträgliche nervliche Erregung ist darin ausgebrochen – in ein nervliches Neuland, für das sich erst viel später der Name «Geist» einbürgerte. An diesem Ausbruch zeigt sich übrigens schlagartig die volle Tragweite von Nietzsches Diktum: «Der reine Geist ist die reine Lüge.»[35] Bedeutung ist Geist, Geist aber bloß transfigurierte Erregung. Nur für erregbare Nervensysteme kann es Bedeutung geben, und deren unstetes Flackern zeigt an, daß Geist durch und durch nervös ist: nervliche Erregung in anderer Gestalt.

Höchste Erregung ist leider stets traumatische. Lust braucht keinen Ausweg. Sie ist sich selbst genug, «will Ewigkeit», wie Nietzsche sagt.[36] Von Natur aus ringt sie nicht nach Worten, drängt es sie nicht, in Signifikanten auszubrechen. Das Bedürfnis, sich in ihnen auszudrücken, regt sich erst auf hoher Kulturstufe: wo Wort und Schrift dafür schon

34 Cf. J. Derrida, *Grammatologie*, l. c., S. 44 ff. Ausführlich hierzu Kapitel 5.

35 F. Nietzsche, *Der Antichrist*, Kritische Studienausgabe (KSA), ed. Colli/Montinari, Bd. 6, München 1988, S. 175.

36 F. Nietzsche, *Also sprach Zarathustra*, KSA 4, S. 404.

zu Gebote stehen. Lust verblaßt jedoch auf der Stelle, wo Schmerz oder Schreck eintreten, während traumatische Erfahrung nicht gemacht werden kann, ohne selbst schon ein Fliehen vor sich zu sein. «Weh spricht: Vergeh!»[37] Diese «Sprache» könnte man «vorbedeutend» nennen. Sie bedeutet noch nichts und weist gleichwohl auf Bedeutung voraus.[38] Die ganze Tierwelt spricht sie. Ihr Ausbruch in Schreien, Klagen und Seufzen ist ein fortgesetztes Ansetzen zur Bedeutung. Aber erst im Signifikanten hat sie sich aufgetan. Man erfaßt ihn nur oberflächlich, wenn man ihn nicht auch als Symptom versteht, sozusagen als ein erhöhtes Nervenfieber, dessen Ausbruch physisches Leiden ebenso anzeigt wie bekämpft und ins Schreckliche so lange dessen Gegenteil hineinhalluziniert, hineingedeutet hat, bis daraus Bedeutung, Geist, Vernunft geworden sind.[39]

Kurzum, der Signifikant ist alles andere als «unmotiviert». Er ist das Motivierte schlechthin. Nur daß seine ganze Motivation nicht ausreicht, sein Entstehen zu erklären. Warum es ausgerechnet der Spezies Mensch gelang, ihren Fluchtimpuls so gegen sich zu kehren, daß sie

37 Ibid.

38 Darin hat sie etwas mit Musik gemeinsam. «Musik ist sprachähnlich. [...] Aber Musik ist nicht Sprache. Ihre Sprachähnlichkeit weist den Weg ins Innere, doch auch ins Vage. Wer Musik wörtlich als Sprache nimmt, den führt sie irre.» Allerdings ist Musik nicht nur ein Vorfahre von Sprache, sondern schießt auch über sie hinaus: kann sich über alle Einzelsprachen hinweg verständlich machen und realisiert ihrerseits etwas davon, wonach Sprache sich drängt (Th. W. Adorno, *Fragment über Musik und Sprache*, Ges. Schriften, Bd. 16, Frankfurt am Main 1978, S. 251 ff.).

39 Selbst Hilary Putnams sprachanalytische Abhandlung *Die Bedeutung von «Bedeutung»* (1975, dt. Frankfurt am Main ³2004) kommt nicht umhin, als Möglichkeitsbedingung jeglicher Bedeutung gewisse «psychische Zustände» zu veranschlagen. Das geschieht beiläufig und ahistorisch. «Schmerzen zu haben» oder «das Alphabet zu beherrschen» (S. 27) sind die bevorzugten Beispiele. Man braucht diese Zustände freilich nur ein wenig genauer anzuschauen als Putnam, und schon zeigt sich: Es sind Nervenzustände. Mehr noch: Bedeutung selbst ist Nervensache, und zwar in ihren historischen Anfängen, die der sprachanalytische Ansatz ausblendet, die Sache äußerst strapazierter Nerven. Die gesamte körperliche Motorik und Gestik sind darin einbezogen. Wer «psychische Zustände» als bedeutungsrelevant zugibt, kann sich der Physio-Logik von Bedeutung nur noch durch Anlegen von Scheuklappen entziehen.

zum Signifikanten durchstieß, wird sich schwerlich je zureichend aufhellen lassen. Es bleibt darin etwas unableitbar Spontanes, ein Überschuß der Natur. Den will die Genealogie des Signifikanten nicht leugnen, nur entmystifizieren. Sie ist gleichsam das «Eingedenken der Natur im Signifikanten».[40] Vor allem weiß sie zwischen «spontan» und «absolut» zu unterscheiden. Der Signifikant ist spontan. Aber er «setzt» nicht Bedeutung wie Fichtes Ich das Nicht-Ich, wie Kants praktische Vernunft ganze Kausalketten, wie der biblische Gott die Welt – losgelöst von jedem Motiv, aus vollkommen freien Stücken, souverän. Seine Spontaneität ist durchdrungen von Naturbedingungen – nicht mehr als ein winziges Hinausschießen über sie. Genau das aber macht Freiheit aus. Sie entsteht nur unter Zwang, und dessen Maximum, der traumatische Wiederholungszwang, ist selbst ihre Wiege. Die Distanz zum Schrecklichen, die dessen permanente Wiederholung verschafft, ist ein allererster Hauch von Freiheit...

Auch davon zeugt das Kainszeichen. Es setzt aktiv Bedeutung, ist aber ebenso Passionszeichen: Symptom. Auch tritt der Signifikant im Plural auf: als Kollektivzeichen. Seine Bedeutung streut von Anfang an. Nie hat der blutige Einschnitt bei allen Mitgliedern des Kollektivs die gleiche Form, Stärke und Tiefe. Aber sein Streuen ist andrerseits ein Oszillieren um die «höchste» Bedeutung. Sie ist anfangs Bedeutung überhaupt. Es gibt keine andere, wie es eben Schrift nur als «heilige» Schrift gibt. Wie aber konnte dann das höchst Bedeutende so tief sinken und in jene alltägliche, banale, verwirrende Bedeutungsvielfalt zerlaufen, die sich in den Zeichensystemen menschlicher Kultur objektiviert? Das kann hier selbstverständlich nicht detailliert nachgezeichnet werden. Dennoch läßt sich eine Entwicklungslogik in diesem Prozeß ausmachen. Es ist die der Wiederholung selbst. Bedeutung ist durch Wiederholung nicht nur in die Welt gekommen; sie verliert auf die Dauer durch Wiederholung auch an Zudringlichkeit und Intensität. Wiederholung aber verläuft nie genau gleich. Die Abweichung gehört ihr ebenso an wie die Konstanz. Bedeutung laugt durch beharrliche Wiederholung nicht nur aus; sie wird auch unscharf, diffundiert, differenziert sich, tritt in den Zustand der *dissémination*, die nur

40 Cf. M. Horkheimer / Th. W. Adorno, *Dialektik der Aufklärung*, l. c., S. 47. «Eingedenken der Natur im Subjekt» heißt es dort.

stattfinden kann, wo es sowohl ein «Immer wieder» als auch ein «Immer wieder etwas anders» gibt.

Von der Mikrologie der *dissémination*, die bis in die kleinsten, scheinbar eindeutigen Sätze hineinreicht, war schon die Rede. Es gibt aber auch eine Makrologie: das allmähliche jahrtausendelange Diffundieren von maximaler Bedeutung in eine Vielzahl von Bedeutungssystemen und -nuancen. Die biblische Geschichte von der babylonischen Sprachverwirrung hat diesen langwierigen Prozeß auf ein einziges Ereignis zusammengedrängt – nicht ohne den Anfangszustand zu idealisieren. Die Menschen, so heißt es dort, «hatten einerlei Sprache und einerlei Worte».[41] Doch gerade diese Einmütigkeit bewegt sie, sich am gemeinsamen Turmbau zu überheben, als ob in der Einheit der Sprache selbst schon ein Fluch rumorte, als ob sie nicht nur das Medium reibungsfreier Verständigung sei, sondern auch Chiffre für eine unerledigte Erinnerung. Und tatsächlich hatten ja mittelpaläolithische Kollektive insofern «einerlei Sprache», als sie bis ins letzte Glied die Botschaft des Menschenopfers verstanden. Durch seinen Alpdruck wurden sie zur Gemeinschaft verschworen. Wo sie durch höchste Bedeutung vereint waren, da ging ihnen einmütig das Grauen durch Mark und Bein. Das Heraustreten aus solcher Urverständigung, aus dem Bann höchster Bedeutung, war nicht, wie Genesis 11 suggeriert, ein einmaliges göttliches Strafgericht, sondern ein langwieriger, mühseliger Emanzipationsprozeß. Die lockernde, beruhigende, humanisierende Wirkung, die der Wiederholungszwang dabei im Laufe von Jahrtausenden entfaltete, ist kaum zu überschätzen. So traumatisch er auch begann, so war er doch von Anfang an auf den Abbau seiner selbst aus. Seine innere Dynamik diente dem Herunterspielen, dem Verblassen, dem Ausfransen höchster Bedeutung. Er minderte ihren Alpdruck. Er begann damit, die archaische Einheitssprache zu zerstreuen. Der Abbau von höchster, haarsträubender Bedeutung und ihr Ausbau zu weitverzweigten Bedeutungssystemen sind denn auch ein und derselbe Prozeß. Physiologisch stellt er sich als Temperierung, logisch als Differenzierung, soziologisch als Komplexitätssteigerung, theologisch als Profanierung dar. All diese Aspekte fallen in der Urschrift noch bis zur Ununterscheidbarkeit ineinander. Um so besser läßt sich ihre Zusammengehörigkeit schrifttheoretisch zeigen.

41 Genesis 11, 1.

2

VON DER SAKRALEN ZUR PROFANEN SCHRIFT

«Vorbildliche» Zeichen

Schrift kommt von Gott – im alten Ägypten von Thoth, in Israel von Jahwe, in Germanien von Odin, in Indien von Brahma, in China von Fuhi, von dem es heißt, er habe die Schriftzeichen aus Zähnen eines großen Drachens gemacht, und in Polynesien, wo das *Tattoo* zu Hause ist, ist nicht ein einzelner Gott für die Schrift zuständig, sondern alle; *tatau*, wörtlich: «Wunden schlagen», gilt als eine Kunst, die die Menschen von den Göttern gelernt haben. Selbstverständlich sind solche Vorstellungen nicht wörtlich zu nehmen, als ob tatsächlich irgendwelche Götter aus Erdhöhlen, Quellen, von den Bergen oder aus den Wolken gekommen wären und den Menschen die Schrift gebracht hätten. Dennoch handelt es sich um einen Niederschlag realer Natur- und Ritualerfahrung. Zwar «beschriften» sich die Menschen im Opferritus selbst, wobei schwer auszumachen ist, ob anfangs jeder einzelne sich selbst Wunden zufügte, wie später die Baalspropheten und noch später die christlichen Geißler, oder ob man sie sich wechselseitig beibrachte. Aber genauso wie der Stammesführer, Schamane oder Priester, wenn er das Opfer niederschlägt, sich zuvor in die Vorstellung hineingesteigert hat, es führe ihm die Gottheit die Hand, der wahre Täter sei sie, so wird auch bei der Urbeschriftung, der Anbringung des Kainszeichens, sie als die eigentlich handelnde Instanz suggeriert.

Ein Kollektiv aber, das die Beschriftung seiner selbst einer göttlichen Gewalt zuschreibt, schreibt zugleich *sich selbst* dieser Gewalt zu. Zuschreibung hat hier doppelte Bedeutung: nicht bloß *jemandem etwas* zuschreiben oder unterstellen, etwa eine bestimmte Tat, Schuld oder Verantwortung, sondern auch: *sich* jemandem zuschreiben, sich ihm unterstellen, Unterschlupf, Schutz bei ihm suchen. In logischer Terminologie könnte man auch sagen: sich ihm subsumieren, womit sich unversehens ein Blick in die Urgeschichte der Subsumtion eröffnet. Noch für Adorno stand fest: Subsumtion als solche ist herrschaftlich.[1] Und nun zeigt sich, daß selbst das nicht eindeutig ist. Subsumieren war zunächst vor allem der Tribut, den das Sich-Subsumieren kostete. Einzelne mußten dem Kollektivinteresse subsumiert, das heißt geschlachtet werden, damit das Kollektiv *sich* einer imaginären Schutzmacht subsumieren konnte. Das Kainszeichen zeigt beides an, jedoch nicht symmetrisch; es erzählt mehr von Ohnmacht und Schutzsuche, also von Sich-Subsumieren, als von herrschaftlicher Subsumtion. Die Klassifizierungsprozeduren aber, die die Menschheit allmählich entwickelte, um ihre Umwelt zu strukturieren, nehmen sich aus wie das Negativ dazu – als wollten die sprachlichen, maschinellen und institutionellen Systeme, in denen die konkrete Natur immer mehr entindividualisiert, zerlegt, geordnet, verfügbar gemacht wird, ihr dafür heimzahlen, wie der *homo sapiens* sich anfangs ihrer furchtbaren Gewalt subsumieren mußte, um zu überleben; als hätte sich in den hochentwickelten Subsumtionsverfahren Rache für eine archaische Schmach objektiviert: ein tiefes, zur Menschwerdung selber gehöriges Ressentiment, auch wo in bester Absicht subsumiert wird.[2]

Schriftzeichen sind zunächst Eigenzeichen. Ein Kollektiv, das sie sich zufügt, markiert sich als etwas Eigenes, etwas Besonderes – indem es sich als Eigentum einer Schutzmacht markiert, sich ihr zu eigen gibt. Eigentum werden ist anfangs nicht Horror pur wie später in der

1 Daß es kein neutraler Akt ist, Einzeldinge unter einen Begriff zu subsumieren, sondern immer auch ein Absehen von ihrer Singularität, ein gedankliches Schablonisieren und Zurechtstutzen, also nie ganz ohne Gewaltsamkeit, hat er in seiner *Negativen Dialektik* virtuos gezeigt – und nach Wegen gesucht, wie der Begriff, der seine identifizierende, klassifizierende, subsumierende Seite nun einmal nicht los wird, gleichwohl durch Reflexion seiner selbst sein Ungenügen spürbar machen, so ein Stück weit über sich selbst hinauswachsen und der «Utopie der Erkenntnis» näherkommen könnte, nämlich «das Begriffslose mit Begriffen aufzutun, ohne es ihnen gleichzumachen» (Th. W. Adorno, *Negative Dialektik*, Ges. Schriften, Bd. 6, Frankfurt am Main 1973, S. 21).

2 Nietzsche hat da etwas Entscheidendes bemerkt. Der Priestertypus, den er als das leibhaftige Ressentiment schmäht, erweist sich denn auch bei genauerer Betrachtung als Verkörperung jeglicher Abstraktion, Verstellung, Verallge-

Sklaverei. Es geschieht, um Horror loszuwerden. Kein Eigentum sein heißt nirgends hingehören – verloren sein. Nur als Eigentum einer höheren Macht wird man etwas Eigenes. Identität bekommt man nur, indem man von ihr identifiziert, markiert, in Schutz genommen wird. Und je gewaltiger, schrecklicher sie ist, desto mächtiger kann sie schützen. Sich ihr zuschreiben heißt zugleich: sich ihr verschreiben – ein Motiv, das die monotheistischen Hochreligionen aus der kollektiven Phantasie nie ganz auszuradieren vermochten. Wo in Mythen, Sagen, Märchen der Gedanke weiterlebt, daß Menschen sich einer furchtbaren Macht verschreiben, und zwar mit ihrem eigenen Blut, steigt unwillkürliche Erinnerung an die Urschrift auf. Selbstverständlich darf diese Macht nicht der biblische Gott sein, nur sein Widersacher. Er gewährt für ein ganzes Erdenleben Schutz, Macht und Lust, magische Fähigkeiten, Reichtum, alle Arten von Wunscherfüllung – und schlägt bei Ablauf der Frist mit der ganzen Wucht einer Schreckensmacht zu. Doktor Faustus kann ein Lied davon singen. Und doch hat alle christliche Färbung dem Teufel die beiden Grundattribute des Heiligen, *tremendum* und *fascinans*, die eigentlich doch nur seinem göttlichen Widerpart vorbehalten sein sollten, nicht nehmen können. Allerdings kommt im Teufelspakt die Verschreibung nur noch als verwerfliche individuelle Abweichung von der Norm vor. Im Kainszeichen war sie selber die Norm. Wohl waren es Individuen, die sie vollzogen, aber in einem kollektiven Ritual. Als Stamm oder

meinerung, kurz, der menschlichen Vernunft selbst (cf. C. Türcke, *Der tolle Mensch. Nietzsche und der Wahnsinn der Vernunft*, Lüneburg [4]2000, S. 90 ff.). Nur daß Nietzsche die Natur, die durch die Vernunft und ihre Begriffssysteme egalisiert, verdurchschnittlicht, geschwächt, heruntergekommen sei, zum kraftstrotzenden «Leben» heroisiert, als sei «die prachtvolle nach Beute und Sieg lüstern schweifende *blonde Bestie*» (F. Nietzsche, *Zur Genealogie der Moral*, KSA 5, S. 275) der menschliche Urtypus gewesen und nicht jenes durchaus gewalttätige, aber ebenso übernervöse, geängstigte, getriebene Hordenwesen, von dem der frühe Opferkult zeugt. Warum die Spezies Mensch bei so viel Urwüchsigkeit die Schwächesymptome Ressentiment, Kult, Priester je nötig bekam, bleibt bei Nietzsche schleierhaft und wird durch das abenteuerliche Verfallstheorem, eine «priesterliche Werthungsweise» habe sich irgendwann einmal «von der ritterlich-aristokratischen» abgezweigt «und dann zu deren Gegensatze» (op. cit., S. 266) fortentwickelt, keinen Deut plausibler.

Clan mußte man durch Schrift markiert sein, um verschont zu werden, und gezeichnet sein hieß zugleich beachtet sein, herausgehoben aus einer diffusen, undurchschaubaren, nicht identifizierten Natur: ein Identitätszeichen, einen Namenszug bekommen.

Das hat auch einen geographischen Aspekt. Den Gezeichneten gilt höhere Aufmerksamkeit, Sorgfalt, Sorge, sie stehen im Zentrum, um sie dreht sich, im Guten wie im Bösen, der Weltlauf. Kein Kollektiv hat denn auch, sobald es kosmologische Vorstellungen zu entwickeln anfing, sich selbst anders wahrnehmen können denn als Weltmittelpunkt; jedes war, sobald es eigene Gottheiten für sich reklamierte, ein «auserwähltes Volk». Das jüdische hat diesen Gedanken nur zu höchster Deutlichkeit und Bewußtheit kultiviert. Allerdings ist dieses Erwähltsein strenggenommen schon zweite Wahl. Verschonung gibt es nur, wo auch Auslieferung stattfindet. Der Primärvorgang der Erwählung ist das Auswahlverfahren, auch Los oder Gottesurteil genannt, welches die Opfer bestimmt. Individuell erwählt, ausgezeichnet, identifiziert zu werden ist tödlich, die verschonende Besonderung, Identifizierung der anderen nur die Kehrseite davon. Für diesmal sind sie davongekommen, aber sie bilden auch die Population, aus der demnächst wieder ausgewählt wird. Im polynesischen Wort *tabu*, wörtlich: das «Ausgezeichnete», hat sich diese Doppeldeutigkeit erhalten. Tabu ist alles, was sich in «ausgezeichnetem» Zustand befindet, sei es, daß es einem heiligen Ritus angehört, sei es, daß es besonders schonungsbedürftig ist, wie kleine Kinder oder menstruierende Frauen, oder sozial hervorsticht wie Häuptlinge oder Schamanen. Wer an Tabus rührt, wird selbst tabu: spricht sich das Todesurteil. «Tabu» und «Tattoo» aber klingen, als wären sie ursprünglich dasselbe Wort gewesen.

Wie Kainszeichen ursprünglich aussahen? Das wissen wir ebensowenig, wie wer sie wann und wo zuerst anbrachte. Aber alles spricht dafür, daß sie rohe, kunstlose Wundmale waren. Jede Archäologie der Zeichen wird davon ausgehen müssen. Wundmale sind hochbedeutende Zeichen, aber keine Bilder. Sie bilden nichts ab oder nach. Gleichwohl stellen sie etwas dar, etwas, was ihnen nicht figürlich ähnlich ist und dennoch aufs engste mit ihnen zusammenhängt. Sie erkennen heißt in ihnen das Opfermesser spüren, und zwar in doppeltem Sinn: sowohl nachspüren, wie es in Haut und Fleisch eindrang, als auch: es aufspüren. Der Einschnitt ist Spur einer Waffe. Eine Spur stellt etwas dar, aber in der Regel ist sie kein Bild, nur ausnahmsweise, etwa wenn sie als Fußspur die Form des Fußes aufbewahrt. Ein Wundmal hingegen bildet nicht die Waffe ab, Asche nicht das Feuer, ein Knochen nicht den Organismus, von dem er übriggeblieben ist. Spuren sind Überbleibsel, Rückstände von etwas, was ihnen gewöhnlich nicht ähnlich ist und worauf sie dennoch verweisen. Allerdings kann eine Erdvertiefung als Fährte des Mammuts nur lesen, wer mit Mammuts schon Bekanntschaft gemacht hat, Asche als Spur des Feuers nur, wer weiß, was Feuer ist, Knochen als Überbleibsel eines Tiers oder Menschen nur, wer eine Vorstellung von Schlachtung oder Verwesung hat.

Spuren liest man. Lesen heißt: etwas Sichtbares und Tastbares, einen Eindruck, einen Einschnitt, ein Überbleibsel, eine Absonderung als Verweis auf etwas Abwesendes nehmen, womit es gewöhnlich keine Ähnlichkeit hat, aber durch Erfahrung verbunden ist, und zwar zunächst durch die Art von Erfahrung, die am meisten prägt: traumatische. Spuren lesen beginnt zwanghaft; eine furchtbare Assoziation stellt sich reflexartig ein. Trotzdem ist in diesem Zwang etwas genuin Geistiges. Lesen ist Schließen: von etwas Sichtbarem auf etwas der Sichtbarkeit und Tastbarkeit Entzogenes, sei es, daß es gerade für den Moment entzogen ist, sei es, daß es überhaupt nicht sichtbar und tastbar ist. Wer liest, tut einen mentalen Sprung, läßt sich von etwas Sichtbarem-Tastbarem über dessen Sphäre hinausweisen. Das philosophische Fachwort dafür: *metabasis eis allo genos*, wörtlich: «Übergang in eine andere Art». Es gibt kein Lesen ohne solchen Übergang, und beim Kainszeichen findet er gleich zweimal statt. Einerseits verweist es alle Angehörigen des Clans gebieterisch auf die Opferwaffe – auch dann, wenn gerade kein Ritual stattfindet und die Waffe aus jeder Sichtweite ist. Andrerseits zeigt es, gleichsam durch die Waffe hindurch, die Gewalt des Schreckens an. Schrecken spürt man zwar wie nichts sonst, er geht durch Mark und Bein, aber nichts ist unfaßlicher als er. Man sieht ihn nicht direkt, man entnimmt, «liest» ihn aus körperlichen Anzeichen. Und eine Schrift für ihn entwickeln heißt ihn in Zeichen verkörpern, sichtbar, tastbar machen, ihn in eine Spur bannen, darin eindämmen. Die Spur des Schreckens ist bloß noch sein Echo, nicht mehr er selbst, und sie lesen heißt die Schreckgewalt als

Schutzmacht nehmen. In solcher Umwertung beginnt die Lektüre heiliger Schrift – und damit das Lesen überhaupt.[3]

Zeichen haben stets sinnliche Qualität. Aber sie können auf etwas zeigen, für etwas stehen, ohne es abzubilden. Die Zeichen der Urschrift sind kunstlose, gewalttätige Markierungen. Zu einem Bild hingegen bedarf es motorischer Geschicklichkeit: Kunstfertigkeit. Wo Schriftzeichen aus Bildern hervorgewachsen, herausabstrahiert sind, wie bei Hieroglyphen, handelt es sich um einen späten Kulturvorgang. Anfangs war es umgekehrt. Bilder gingen aus Zeichen hervor. Sie sind eine besondere Art von Zeichen, verweisen nicht nur auf etwas, sondern tun das auf bestimmte Weise: durch Ähnlichkeit der Form. Was durch Ähnlichkeit assoziiert ist, gehört weniger willkürlich zusammen, als was nur durch Gewalt assoziiert ist. Die Herstellung von Ähnlichem ist allerdings komplizierter. Sie bedarf ungleich größerer Distanz zu dem, was abgebildet werden soll, und einer Muße, die in Situationen unmittelbarer Bedrohung nicht aufkommen kann. Die Distanz und Beschaulichkeit, die zum Bildermachen notwendig ist, teilt sich aber der Bildgestalt selbst mit. Bilder sind weniger zudringlich als Zeichen. Sie wirken auch optisch weniger einschneidend als der Einschnitt der Schrift. Wenn Lesen Assoziation von Unähnlichem ist, das anfangs lediglich durch Gewalterfahrung verbunden war, so ist Bildererkennen Assoziation von Ähnlichem – vornehmlich von ähnlicher Gestalt. Dadurch versachlicht, rationalisiert sich der Assoziationsprozeß. Die mentale Leistung des Vergleichs tritt in ihn ein. Man beginnt, zwischen Bild und Abgebildetem Identisches und Unterschiedenes herauszumerken.

3 Hans Blumenberg hat unter dem Titel *Die Lesbarkeit der Welt* (Frankfurt am Main 1981) eine an Gelehrsamkeit und Reichhaltigkeit schwer zu überbietende Materialsammlung vorgelegt. Sie lotet aus, wie sich Naturphänomene darstellen, wenn sie weder als Fälle von Naturgesetzen noch als Erscheinungen eines Wesens oder Abbilder von Urbildern genommen werden, sondern als über sich hinausweisende Zeichen, aus denen man, wie aus Buchstaben (aber auch aus Scherben), einen nicht schon vorgegebenen Sinn überhaupt erst zusammenlesen muß. Allerdings ist Lesen für Blumenberg immer schon ein hochkultivierter Akt in einer Welt, in der es längst Bücher gibt, und daher die Möglichkeit, die Natur *wie* ein Buch anzusehen. Eine Archäologie des Lesens kommt hier nicht vor.

Zunächst aber waren Zeichen und Bild ungeschieden. Die ersten rohen Zeichen sind sowohl Keimform aller späteren kunstvollen Zeichen als auch aller Bilder. Rohe Zeichen sind «Vorbilder». Sie gehen dem Bild voraus, sowohl zeitlich als auch als Maßstab. Am Zeichen lernt man, daß Dinge für andere Dinge stehen können, und ohne das zu wissen, kann man keine Bilder machen. Kunstvolle Zeichen hingegen sind «Nachbilder» – Bildextrakte, die erst herzustellen vermag, wer in Bildgestaltung schon geübt ist. Und daß alle Lebewesen mit einigermaßen entwickelten Sehorganen längst Bilder auf der Netzhaut hatten, ehe es erste Zeichen gab, Menschen also nur dank solcher Bilder fähig waren, Zeichen zu machen? Das ist einzuräumen, ändert aber nichts am Befund. Kein Lebewesen kann unmittelbar wahrnehmen, daß seine Netzhautbilder bloß Bilder sind. Und so hält es diese Bilder zunächst auch nicht für Bilder, sondern für die die Netzhaut reizenden Dinge selbst. Das haben Maus, Katze und menschliches Kleinkind gemeinsam. Die Unterscheidung von Bildern und dem, wovon sie Bilder sind, ist eine Kulturleistung. Sie wird erst dort greifbar, wo eigens Bilder gemacht werden, die auch tatsächlich als Bilder gemeint sind – etwa in der frühen Höhlenmalerei oder den ersten Elfenbeinstatuetten. Der Bildcharakter von Netzhauteindrücken hingegen wurde erst auf der Schwelle zur Neuzeit nachgewiesen – von Naturforschern, die an Gemälden und Skulpturen längst gelernt hatten, was Bilder sind.

Ursprungsfragen sind wichtig, wie sich am Signifikanten gezeigt hat, aber man kann sie auch zu weit treiben. Wer einen Weltursinn sucht, wird ihn nicht finden. Auch ist es unergiebig, verschiedene Naturformen archaischer Signifikanten gegeneinander auszuspielen. War Geritztes früher als Gemaltes? Das historische Verhältnis von Zeichen und Bild spricht dafür, aber ob es wirklich so war, ist schwer herauszubekommen, zumal die Grenzen hier in einem sehr buchstäblichen Sinne fließend sind. Das Blut, das beim Ritzen fließt, ist «ein ganz besondrer Saft»,[4] auch seine Farbe teilt mit, daß es hier um Leben und Tod geht, und der Farbauftrag wiederum hat seinen ersten zentralen Ort nirgendwo anders als die Einritzungen: am menschlichen Körper. Dessen rituelle Bemalung diente dazu, sich schützen-

4 J. W. Goethe, *Faust*. Erster Teil, Vers 1741.

den oder siegenden Naturgewalten gleichzumachen, wobei Farben, Formen, Maskierung der jeweils amtierenden heiligen Gewalt ebenso «zugeschrieben» wurden wie die Einritzungen. Ebenso unentscheidbar ist die Rangfolge von Eigenzeichen und Eigennamen. Das Zeichen, das sich Angehörige eines Kollektivs am eigenen Körper machen, um sich so ihrer Gottheit zuzueignen, mutet an wie ein Namenszug, ist aber keiner, jedenfalls nicht in dem buchstäblichen Sinne, daß hier der Wortlaut eines Eigennamens in ein Schriftzeichen übersetzt würde. Dennoch steht der Eigenname in verblüffender Analogie zum Eigenzeichen. Den rohen Einschnitten entsprechen akustisch die Interjektionen: die ungestalteten Affekt- und Erregungslaute. Sie sind das stimmliche Rohmaterial der menschlichen Sprache. Bis daraus regelmäßig geformte, wiederholbare Worte werden, die ein «Lautbild»[5] haben, will sagen, eine akustische Schablone, die sich durch alle individuellen Stimmunterschiede hindurch als ein Identisches hören läßt, ist es ein weiter, beschwerlicher Weg, den freiwillig anzutreten nicht der geringste Anlaß bestand. Nur wo Zwang zu permanenter Wiederholung, permanentem Üben verspürt wurde, konnte er beschritten werden, und das war offenbar bei einer bestimmten Sorte von Erregungslauten in signifikanter Weise der Fall: bei Schmerz- und Schrecklauten. Sie ausstoßen heißt nämlich Schmerz und Schreck selber ausstoßen wollen. Sie sollen verschwinden. Hier gilt ganz elementar: «Weh spricht: Vergeh!» Aber die inständige Wiederholung solcher Laute, ihre allmähliche Formung zu Worten verschafft selbst schon eine erste Linderung. «Wofür wir Worte haben, darüber sind wir auch schon hinaus.»[6]

Worte fürs Schreckliche sind Worte dafür, daß es verschonen, daß seine Gewalt sich in eine Schutzmacht umwenden soll. Sie rufen es als heilige Gewalt an. In dieser Anrufung geht die Interjektion in den Namen über. Er nennt die Gewalt, der man zu eigen sein will, um nicht verloren zu sein. Insofern ist er in ursprünglichstem und höchstem Sinne Eigenname. Sein Aussprechen ist ein Anflehen. Benennung und Gebet sind darin ununterschieden. Wie die Urschrift heilige Schrift, so sind die Urworte heilige Worte: Götternamen. Sie sind zunächst

5 F. de Saussure, l. c., S. 77.

6 F. Nietzsche, *Götzen-Dämmerung*, l. c., S. 128.

Namen überhaupt, die einzigen, die es gibt, die Brennpunkte, um die herum sich Sprache entwickelt hat.[7] Wir wissen nicht, wie Urschrift ausgesehen, wie Ursprache geklungen hat, auch nicht, wie Eigenzeichen und Eigennamen anfangs aufeinander bezogen waren. Gewiß nicht so wohlgeordnet, daß das eine das Schriftzeichen, das andere der paßgenaue Wortlaut dafür war, sondern viel diffuser, dadurch vielleicht aber auch viel inniger, waren doch Lautartikulation, Mimik, Gestik, Praktik noch viel weniger auseinandergetreten. Erkennbar aber ist, daß in Eigenzeichen und Eigennamen die gleiche Logik waltet. Sie sind gleichwertige Exponenten eines gemeinsamen Konstitutionsprozesses; untriftig, einen von beiden für ursprünglicher zu erklären oder einen auf den andern zurückzuführen.[8]

Ablösung vom lebendigen Körper

Schlechterdings schriftlose Völker gibt es ebensowenig wie opferlose. Aber längst nicht allen ist die Profanierung der Schrift gelungen, nämlich der Schritt weg vom eigenen Körper, überhaupt von lebendigen Schreibflächen – hin zu Stein, Metall, Ton, Leder, Papyros, Pergament, Papier. Diesen Schritt denken moderne Menschen immer schon mit, wenn sie umgangssprachlich von «Schrift» reden, als verstünde er sich von selbst. Welche Überwindungsarbeit er einst gekostet hat, läßt sich an jener – schon erwähnten – alttestamentlichen Stelle noch erahnen, wo «der Herr der Heerscharen» König Saul beauftragt, die Amalektiker, ein Nachbarvolk Israels, zu vernichten:

7 Zur Genealogie der Sprache können hier nur Andeutungen gegeben werden. Eine ausführliche Studie dazu ist in Vorbereitung.

8 Wenn Aristoteles sagt: «Die Stimmlaute sind Zeichen von Seelenzuständen und die Buchstaben von Stimmlauten» (Aristoteles, *Lehre vom Satz*, 16 a), so ist das ein klassischer Fall der Unterordnung von Schrift unter die gesprochene Sprache – plausibel nur unter der Voraussetzung, daß Schrift einzig in Buchstaben bestehen kann, die jeweils bestimmten Lauten zugeordnet sind. Lautschrift aber ist nur ein – menschheitsgeschichtlich relativ später – Fall von Schrift, nicht Schrift überhaupt. Das Gegenstück zu Aristoteles' These bildet Derridas «Behauptung, der Begriff der Schrift gehe über den der Sprache hinaus und begreife ihn mit ein» (J. Derrida, *Grammatologie*, l. c., S. 20). Hier wird die Sprache der Schrift untergeordnet. Daß 500 Seiten *Grammatologie* nicht ausgereicht haben, diese Behauptung zu fundieren, dazu siehe unten, Kapitel 5.

«Schlage Amalek und vollstrecke den Bann an ihm und allem, was es hat; schone seiner nicht, sondern töte Männer und Frauen, Kinder und Säuglinge, Rinder und Schafe, Kamele und Esel. […] Da rückte Saul vor die Hauptstadt Amaleks und legte einen Hinterhalt im Tale» und «schlug Amalek». «Agag, den König von Amalek, nahm er lebendig gefangen, an allem Volk aber vollstreckte er den Bann mit der Schärfe des Schwertes. Doch schonten Saul und seine Leute den Agag und die besten Schafe und Rinder, die fetten Tiere und die Lämmer und alles, was wertvoll war.» «Da erging das Wort des Herrn an Samuel», jenen Richter und Propheten Israels, der auf dringlichen Wunsch des Volkes Saul zum König gesalbt hatte: «Es reut mich, daß ich Saul zum König gemacht habe; denn er hat sich von mir abgewandt und meine Befehle nicht vollzogen.» Worauf Samuel im Namen des Herrn vor den König tritt und fragt: «Was ist denn das für ein Blöken von Schafen, das zu meinen Ohren dringt, und ein Brüllen von Rindern, das ich höre?» «Warum hast du denn auf die Stimme des Herrn nicht gehört, sondern hast dich auf die Beute gestürzt und getan, was dem Herrn mißfiel?» «Weil du das Wort des Herrn verworfen hast, hat der Herr dich auch verworfen, daß du nicht mehr König seiest über Israel», lautet Samuels unerbittlicher Prophetenbescheid, und er vollzieht feierlich, was des Königs Pflicht gewesen wäre: «Da hieb Samuel den Agag in Stücke vor dem Herrn.»[9]

Bis in die frühe Königszeit Israels, also eine vergleichsweise hochkultivierte Epoche, läßt diese Geschichte den archaischen Kriegsbann reichen, welcher besagt, daß «der Herr der Heerscharen» der wahre *Warlord* seines Volkes ist. Israels Siege sind seine Siege. Ihm allein gehört die Beute. Zwar ist ihm das Menschenopfer «ein Greuel», aber wenn es sich um Kriegsgefangene handelt, so verlangt er kategorisch, daß sie ihm hingeschlachtet werden – wie auch ihr gesamtes Vieh. Jahwes Volk sein heißt auch, ihm alles zu eigen geben, «weihen», was in seinem Namen erbeutet wurde. Der Kriegsbann ist ein *Revival* ältesten Opfergrauens – aber gewendet in einen triumphalen Festexzeß. Man kann in der Darbringung schwelgen, wenn man die Opfer nicht aus den eigenen Reihen nehmen muß. Schrift kommt in dieser Geschichte zwar nicht vor, doch handelt sie von jenem mentalen Um-

9 1. Samuel 15 (Verse 2, 3, 5, 7, 8, 9, 10, 11, 14, 19, 26, 33).

schwung, ohne den es zur Profanierung der Schrift nicht hätte kommen können. Saul nämlich vollstreckt den Kriegsbann nicht ganz. Er verschont einige Lebewesen. Aus heutiger Sicht ein Anflug von Milde, Empathie, Erbarmen, nach der Logik des Textes ein ungeheures Sakrileg. Saul behält für sich, was allein der Gottheit zusteht. Exemplarisch vollzieht er jene erste große Umwertung des Eigentumsgedankens, die in der Hirtenkultur des Neolithikums zwar von Anfang an angelegt war, sich aber erst allmählich, mit Furcht und Zittern, durch Verstoß gegen die Übermacht des Opfer- und Kriegsbanns durchsetzte. Wo entdeckt wird, daß man Tiere nicht notwendig jagen muß, sondern einige zähmen, hegen, schonen, ihre Schlachtung aufschieben, auf diese Weise aber um so besser über sie verfügen kann, da eröffnet sich nicht nur die Perspektive, die rituelle Darbringung von Menschen auf die von Tieren abzuwälzen, sondern auch der Gedanke, daß die domestizierten Tiere zunächst einmal ihren Hirten zuzuschreiben sind. Auch ganz praktisch: Wer Tiere hält, muß sie als seine markieren. Es entsteht ein Brauch, der bis heute in Brandzeichen und Ohrmarken fortlebt: Rindern, Schafen, Pferden, Eseln, Kamelen ein bleibendes Zeichen ihrer Herkunft oder Zugehörigkeit einzudrücken.

Damit aber macht die Schrift den entscheidenden Schritt über das Kainszeichen hinaus. Vom Eigenzeichen, durch das man sich einer Gottheit zu eigen gibt, wird sie zum Eigenzeichen, durch das man selbst lebendige Wesen zu eigen nimmt. Und wahrscheinlich hat erst die Tierhaltung auf den Gedanken gebracht, daß man besiegte Feinde nicht unbedingt töten muß; man kann sie ähnlich wie Vieh für sich arbeiten lassen. Erst auf dem Boden der Hirtenkultur ist die Sklaverei erblüht. Indem man Sklaven und Tieren «ein Zeichen macht», drückt man aus: Sie sind verschont, haben Aufschub, aber sie gehören uns, sind uns ausgeliefert. Und «uns» nimmt dabei allmählich die Bedeutung des *pluralis maiestatis* an: steht für Priester, Stammesfürsten, Häuptlinge. Die Umwertung der Eigenzeichen geht einher mit der Ausbildung sozialer Hierarchien. Zwar sind auch die Zeichen, mit denen man seine Sklaven und Herden beschriftet, Tabuzeichen, Schutzzeichen, aber in anderem Sinne als Kainszeichen: Sie sollen den Besitzer vor Übergriffen auf sein Eigentum schützen. Sicherheit bedeuten sie in erster Linie für ihn. Seine Tiere und Sklaven versichern ihn seiner Nahrung und seines Wohlergehens.

Reichlich Nachkommen, Vieh und Sklaven: dafür gibt es im Alten Testament ein Sammelwort: *beraka* (Segen). Theologen halten sich gewöhnlich beim Staunen darüber auf, wie grob materiell dieser Segen gedacht war, und beeilen sich dann, ihm einen moralisch-spirituellen Überbau aufzusetzen. Aber erst einmal wäre das Bewußtsein dafür zu schärfen, daß besagter Segen noch ungleich viel gröber, nämlich als sein Gegenteil angefangen hat: als fluchwürdiges Sakrileg, als Diebstahl am Eigentum Gottes. Jahrhunderte, vielleicht Jahrtausende sind verstrichen, bis Israel sich seinen Gott so weit zurechtgedacht hatte, daß menschliches Eigentum an lebendigen Wesen nicht nur als von ihm geduldet erschien, sondern als Zeichen seiner besonderen Gewogenheit. Und wie auch heute noch Konventionen, Sitten, Gesetze sich nicht einfach von selbst lockern, sondern dadurch, daß einige Verwegene gegen sie verstoßen und andere ihrem Beispiel folgen, so erst recht beim archaischen Opfer- und Kriegsbann. Seine Brechung verlangte Menschen, die kühn und skrupellos genug waren, sich gegen ihn aufzulehnen, auf die Gefahr hin, ihm selbst zu verfallen. Saul ist Israels historischer Kronzeuge dafür, sein mythisches griechisches Pendant Prometheus, der Zeus zwei Opfergaben zur Auswahl unterbreitete. Hier «das Fleisch und die fetten Eingeweide in einer Haut [...], sie verhüllend mit dem Magen des Stiers», dort «die weißen Knochen des Rindes, in listiger Kunst geordnet, [...] sie verhüllend mit glänzendem Fett».[10] Prompt wählt Zeus die ansehnlich verpackten Knochen. Was ihm in höchstem Maße zusteht, nämlich «das Fleisch und die fetten Eingeweide», wird den Menschen zugeschlagen. Und während Saul zur Strafe die Königsherrschaft verliert, wird Prometheus gar an einen Felsen geschmiedet und bekommt täglich neu seine Leber von einem Adler zerhackt. Beide aber sind Bahnbrecher: frühe Märtyrer der Profanierung, ohne deren wagemutige Bereitschaft zum Sakrileg der Übergang vom Kainszeichen zur profanen Schrift nicht möglich gewesen wäre.[11]

10 Hesiod, *Theogonie*, V. 535 ff., übersetzt und herausgegeben von K. Albert, Sankt Augustin 1983, S. 89 f.

11 Nach einer anderen Tradition rühmt sich Prometheus gar, den Menschen, als sie noch «eingegraben hausten gleich leicht wimmelnden Ameisen in Erdhöhlen ohne Sonnenstrahl», nicht nur den Umgang «mit sonngebrannten Ziegeln» und des «Holzbaus Kunst» gebracht zu haben, nicht nur das Joch, um

Man muß sich diesen Übergang ähnlich mühselig vorstellen wie den Durchbruch der Natur zum Signifikanten. Es war ein Prozeß mit vielen Etappen, mit reichlich Schwankungen zwischen Kühnheit und Furcht, Vorpreschen und Zurückweichen. Der Bann der göttlichen Gewalt war ja nicht mit einem Schlag zu brechen. Immer mußte ihr für das Entwendete Ersatz geboten werden. Einst Tieropfer für Menschenopfer. Nun kam die Zeit, wo an Stelle von Opfertieren Opfergeräte dargebracht wurden, zunächst vornehmlich Spieße und Schalen. Die Götter statt mit lebendigem Fleisch und Blut mit dem leblosen Zubehör ihrer Darbringung abzuspeisen war allerdings eine derartige Unverschämtheit, daß man allen Anlaß hatte, den Ersatz dem Ersetzten so ähnlich wie möglich zu gestalten und die dargebrachten Geräte derart mit Schnitten zu versehen, als wären sie lebendige Wesen. Wo neolithische Weihegaben aus Stein, Ton oder Knochen signifikante Einkerbungen aufweisen, hat sich die Erinnerung daran eingegraben, daß sie bloß Ersatz für Lebendiges sind – und das schlechte Gewissen darüber: der Versuch, den Ersatz so zu präparieren, als wäre er so gut wie das Ersetzte. Zeugnisse – wahrscheinlich selbst schon späte, hochkultivierte – solcher Beschwichtigungspraxis dürften jene Vasen, Amulette, Statuetten der Donaukultur des sechsten Jahrtausends sein, die in Transsylvanien, Südungarn und Serbien gefunden wurden (Abb. 2). Sie sind mit regelmäßigen Ritzungen versehen und gewinnen in der Geschichtsforschung zunehmend das Ansehen, die ältesten Schriftdokumente zu sein: Beweise dafür, daß Schrift zum Zweck der Beschwörung göttlicher Mächte in sakralen Zusammenhängen erfunden wurde und nicht erst in Mesopotamien zu profanen ökonomischen Zwecken.[12]

Entziffern lassen sich diese Ritzungen nicht. Aber es fällt auf, wie ungelenk sie in den relativ kunstvoll gestalteten Objekten sitzen – als hätten diejenigen, die sie anbrachten, dabei ihre eigene Kunstfertigkeit absichtlich unterboten, eine primitive Gewohnheit befolgt, ein

«mächtige Tiere» einzuspannen, nicht nur «linnenbeflügelte Fahrzeuge für die Seeleute», sondern auch «das Zeichen», das Jahreszeiten unterscheiden und Sterne deuten läßt, und schließlich «die Zahl» und «der Buchstaben Synthesis» (Aischylos, *Der gefesselte Prometheus*, V. 450 ff.).

12 Cf. H. Haarmann, *Geschichte der Sintflut*, München 2003, S. 95 ff.

atavistisches Überlieferungsstück weitergetragen. Wenn es sich aber so verhält, wären gerade diese «ältesten» Schriftdokumente Archaismen, die auf eine noch viel ältere Schriftpraxis verweisen und Musterstücke für die Dialektik von sakral und profan darstellen. Gemessen an den zwei Jahrtausende jüngeren sumerischen Buchungstafeln, sind sie zweifellos hochgradig sakral. Sie veranstalten ein feierliches Gedächtnis des Kainszeichens und beschwören es samt seiner imaginierten Rettungskraft wieder herauf. Gemessen am Kainszeichen selbst, sind sie jedoch hochgradig profan. Sie entwenden es seiner authentischen Schreibfläche, graben nur noch in Ton oder Stein, was einst menschlichen Körpern zugedacht war, machen den Göttern gleichsam ein X für ein U vor, als sei eine mit heiligen Zeichen versehene leblose Weihegabe wie eine lebendige – und setzen den Betrug des Prometheus auf einem neuen Niveau von Dreistigkeit und Raffinement fort.

Solche Praxis gehört einer Epoche an, wo die erste große Umwertung des Kainszeichens längst stattgefunden hat, wo die kultische Erinnerung daran, daß es ursprünglich ein Zeichen ist, das zu eigen *gibt*, lediglich zu dementieren sucht, daß es nun dominiert als ein Zeichen, das zu eigen *nimmt*. Das heiligste Zeichen ist in eines der Profanierung umgeschlagen – ein Prozeß, der bei Vieh und Sklaven nicht haltgemacht hat. Speere, Schilde, Schalen sind ebenso in ihn hineingezogen worden, zunächst ebenfalls mit der Schwere eines Sakrilegs. Das Sakrileg mußte erst über Jahrhunderte hinweg durch zahllose Wiederholungen zur Routine geworden, sein Unrechtscharakter verblaßt sein, ehe Profanierung noch etwas anderes bedeuten konnte als Entweihung: Veralltäglichung. Etwa wenn es so selbstverständlich geworden war, nach dem Vorbild von Opferschalen Schalen für den eigenen alltäglichen Gebrauch zu formen, daß man darin keine Entwendung mehr wahrnahm, sondern ein Anrecht. Eine profane Alltagssphäre breitet sich dort aus, wo Menschen nicht mehr unmittelbar unter rituellem Alpdruck handeln und das Gefühl bekommen, über einen begrenzten Kreis von Dingen souverän zu verfügen, ohne die Rache des Heiligen fürchten zu müssen. Und erst unter solchen Bedingungen gedeihen die Muße, Sicherheit und Ausdauer, die unerläßlich sind, um mit leblosen Materialien virtuos umzugehen, sie kunstvoll zu formen, und das heißt auch: rohe Zeichen zu verfeinern, zu ver-

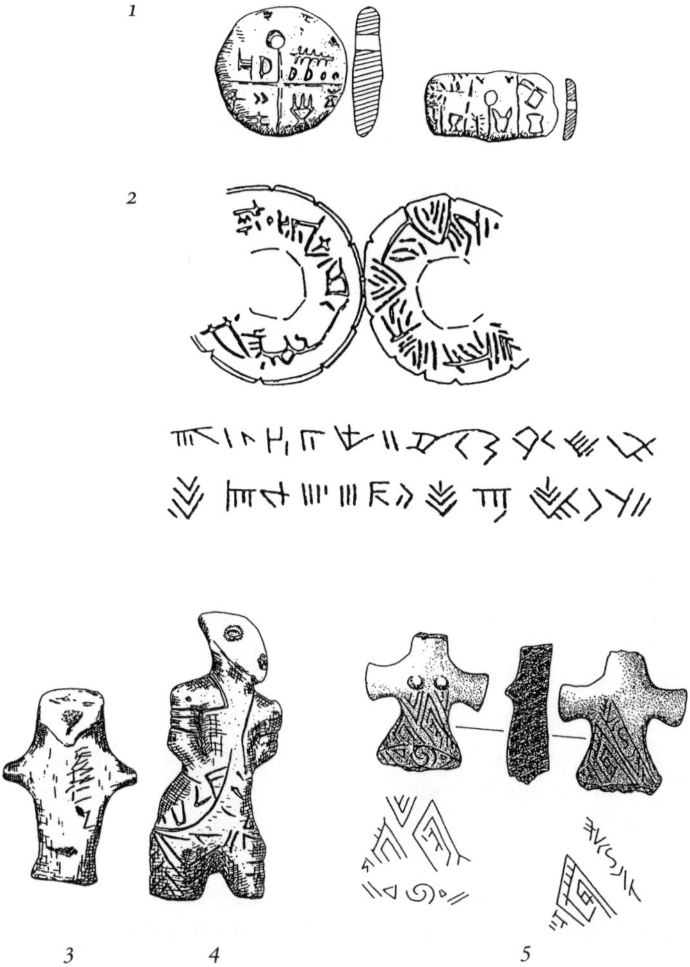

Abb. 2: Beschriftete Objekte aus Fundstätten der Donauzivilisation
1: Schrifttafeln von Tărtăria in Transsylvanien, ca. 5300 v. Chr.
2: Beschriftete anthropomorphe Vase aus Kökénydomb (nahe Szeged, Südungarn), ca. 5300–5000 v. Chr.
3–5: Beschriftete Statuetten aus den Kulturprovinzen der Donauzivilisation, ausgehendes 6. bis frühes 4. Jahrtausend v. Chr.

vielfältigen und durch Herstellung sinnlicher Ähnlichkeit zu Bildern auszugestalten.

Wie das angefangen hat, ist schwer zu sagen. Aber ein besonderer Kristallisationspunkt dürften Fußspuren gewesen sein – dank ihres Vorzugs, das, was sich in ihnen eindrückt, auch abzubilden. Hier exerziert die Natur gleichsam selbst vor, daß Spuren nicht nur Zeichen, sondern auch Bilder sein können. Und es ist gewiß nicht bedeutungslos, daß sich bei den ältesten erhaltenen Höhlenmalereien, etwa in der Grotte Chauvet, neben den Tierdarstellungen auch Abdrücke menschlicher Hände finden. Fußabdrücke ergeben sich gewöhnlich unbeabsichtigt, hier aber ist demonstrativ verfahren worden. Die mit Farbe bestrichene, gespreizt auf die Wandfläche gedrückte Hand stellt sich selbst dar als das Organ, welches nicht nur gemalt hat, sondern auch zur signifikanten, identifizierbaren Selbstabbildung fähig ist und dadurch überhaupt erst die Möglichkeit eröffnet hat, Zeichen zu machen, die nicht nur für etwas stehen, auf etwas verweisen, sondern ihm dabei auch noch ähnlich sind: Bilder. Die sich selbst auf einer Fläche abbildende Hand eröffnet dem *homo sapiens* den zweidimensionalen Bildraum, und in dessen Erprobung tut das Zeichen den qualitativen Sprung zum Bild. Zeichen verweisen bloß auf etwas. Bilder stellen es fest. Natürlich nicht irgend etwas, sondern zunächst einmal Gestalten, die an den Lebensnerv gehen, wenn sie nicht festgestellt werden. Man hat es bitter nötig, Mammuts, Wisente, Bären so «festzustellen», daß sie, statt über die Menschen herzufallen, von ihnen erlegt und in Lebensmittel verwandelt werden; oder Wildpferde, Hirsche, Antilopen, daß sie nicht fliehen, sondern sich erbeuten lassen. Womit schon die Hauptsujets der frühen Höhlenmalerei genannt sind. Keine Frage, daß eine jahrhundertelange Übung erforderlich war, um zu so eindrucksvollen Tierdarstellungen wie in den Höhlen von Chauvet oder Pech Merle zu gelangen. Und die Sujets haben dabei nicht Modell gesessen. Nur in ihrer Abwesenheit, einigermaßen unbehelligt von ihnen, konnten Erinnerungsbilder von ihnen, die sich traumatisch tief ins menschliche Nervensystem eingegraben hatten, zu jenen geballten Eindrücken verdichtet werden, die uns heute noch von den Höhlenwänden gleichsam anspringen. Dieses bildliche Verdichten, Feststellen, Faßbarmachen aber gehörte für altsteinzeitliche Kollektive nicht minder zu den Überlebenspraktiken als die Rituale und die

Jagd selbst. Ja, Bilder waren besonders «praktische» Zeichen. Die konkreten Gestalten, unter deren übermächtigem Eindruck das menschliche Leben stand, wurden durch den Kunstgriff der Abbildung, der ähnlichen Darstellung, ungleich direkter kenntlich als bloß verweisende Spuren, ungleich faßlicher als rohe, unähnliche Zeichen, und je faßlicher etwas ist, desto unschädlicher. Es versachlicht sich, verliert seine mysteriösen Qualitäten, wird verfügbar, alltäglich. Kurzum, die Ausgestaltung roher Zeichen zu ähnlichen Bildern ist ein fester Posten im Prozeß der Profanierung.

Dieser Prozeß ist allerdings nicht überall nach dem gleichen Schema abgelaufen, etwa so, daß rohe Zeichen zuerst vom Menschenkörper auf den Tierkörper übertragen werden mußten, ehe sie auf leblosen Körpern landen konnten. Die Umwertung des Eigenzeichens in 1. Samuel 15 setzt zum Beispiel schon eine entwickelte Hirtenkultur voraus, während die Höhlenmalerei des Aurignacien (etwa um 30 000 v. Chr.) von Jägern stammt, denen noch völlig fernlag, Viehherden mit Eigenzeichen zu markieren – und gleichwohl die bewunderungswürdigste Kultivierung des Zeichens zum Bild auf Stein gelang. Ferner vollzog sich der Übergang vom Zeichen zum Bild nicht so, daß das Zeichen im frühen Bild vollkommen aufgegangen wäre. Offenbar sind noch im frühen Neolithikum, in einer Zeit also, wo die Höhlenmalerei schon ihre große Blüte hinter sich hatte, Zeichen gepflegt worden, die von der Entfaltung der menschlichen Bildkräfte weitgehend unbeeinflußt geblieben sind – oder sich ihr widersetzt haben. Als 1887 in der Höhle von Mas d'Azil im Pyrenäenvorland Kieselsteine gefunden wurden, die, etwa im achten vorchristlichen Jahrtausend, mit rätselhaften, teils geometrisch, teils bildähnlich anmutenden Zeichen bemalt worden sind, glaubte der Entdecker auf ein hochentwickeltes System von Zahl-, Gestalt- und Lautzeichen gestoßen zu sein, das der Schrift der Phönizier Pate gestanden habe (Abb. 3). Wahrscheinlich sind diese Kiesel aber bloß sogenannte Seelensteine,[13] die durch ihre besondere Bemalung und Aufbewahrungsweise die Kraft, Würde, Autorität der Ahnen in sich aufnehmen sollten. Lesbar sind diese Zeichen nicht mehr. Aber da sie sich auf das Altehrwürdigste des

13 K. Földes-Papp, *Vom Felsbild zum Alphabet. Die Geschichte der Schrift*, Stuttgart/Zürich 1987, S. 36

Kollektivs beziehen, nämlich seinen in den Ahnen verkörperten Bestand, all die Sitten, Gebräuche und Überzeugungen, die es zusammenhalten, so haben sie wahrscheinlich auch eine demonstrativ archaische, gegen die Errungenschaften der Bildgestaltung weitgehend abstinente Bezeichnungsweise konserviert, sind also, obwohl Zeugnisse relativ hoher Kunstfertigkeit, «vorbildliche» Zeichen, nicht «nachbildliche», die aus konkreten Bildmotiven nachträglich herausdestilliert wären. Warum sie allerdings mit Farbe aufgetragen und nicht eingraviert wurden, wo die Ahnen doch das Haltbarste sein sollen, das Menschen mit sich führen, ist unbekannt.

Wie es einen ganzen Strang von Zeichen gibt, die insofern in der Spur der Urschrift geblieben sind, als sie sich zu Bildern erst gar nicht entwickelt haben, so gibt es ganze Völker, bei denen es nie zur Ablösung der Schrift vom menschlichen Körper gekommen ist. Es hat dort zwar eine Entwicklung von rohen Einschnitten zu artifiziellen Ritzungen und Bemalungen stattgefunden, aber am Körper selbst. Bis heute haben sich in Afrika, Südostasien, Australien und Südamerika umständliche Behandlungsweisen menschlicher Haut erhalten, die bei Europäern und Nordamerikanern unter dem Titel «Körperkunst» zunehmend Interesse und Entzücken hervorrufen. Als «Meister der Tatauierkunst» gelten von alters her die Polynesier; «zur höchsten Vollendung dieser Kunst brachten es die Bewohner der Marquesas-Inseln in Ostpolynesien. Bereits der spanische Seefahrer Alvaro de Mendaña de Neyra, der im Jahre 1595 als erster Europäer diese Inselgruppe anlief, erwähnte die kunstvollen, den ganzen Körper bedekkenden Verzierungen der Insulaner. Beim Tatauieren werden mit Hilfe einer Nadel oder eines deichselförmigen Geräts – des sogenannten Tatauierkamms – Muster in die Haut geschlagen. Vorher taucht man das Instrument in Farbe, die in das Unterhautgewebe eindringt und dort eine bleibende Verfärbung verursacht. Die Polynesier verwendeten als Farbstoff fettigen Ruß, der durch Verbrennen von Samenkernen gewonnen und mit Kokosöl zu einer feinen Paste angerührt wurde. Die auf diese Weise entstehende Stich- oder Farbtatauierung unterscheidet sich deutlich von der Narbentatauierung, wo «die Haut durch Einschnitte oder Brandwunden in Form bestimmter Muster verletzt» wird. «Polynesische Jungen erhielten ihre erste Tatauierung gewöhnlich zwischen zwölf und achtzehn Jahren. Der Zeitpunkt

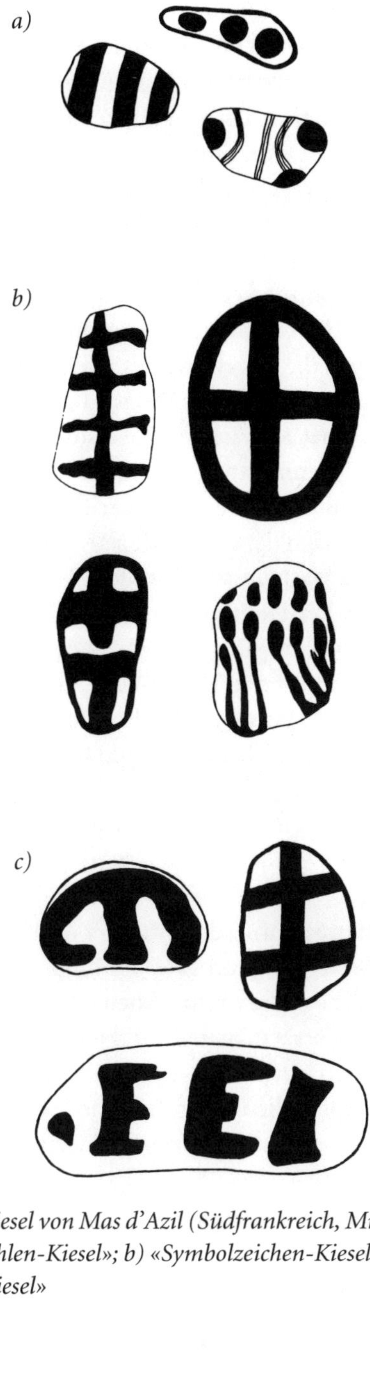

Abb. 3: Bemalte Kiesel von Mas d'Azil (Südfrankreich, Mittelsteinzeit)
a) angebliche «Zahlen-Kiesel»; b) «Symbolzeichen-Kiesel»;
c) «Buchstaben-Kiesel»

richtete sich nach der ersten Tatauierung des Häuptlingssohns, mit dem sich die gleichaltrigen Knaben seines Bezirks gemeinsam der Prozedur unterzogen. Mädchen wurden bei Eintritt der Geschlechtsreife das erste Mal tatauiert. Stets behandelte man nur kleine Hautbezirke auf einmal, weitere Operationen erfolgten nach Tagen oder Wochen. Oft vergingen Jahrzehnte, ehe der ganze Körper mit Mustern versehen war.»[14] «Bei vielen afrikanischen Gesellschaften verzieren sich die Menschen mit auffälligen Narben, die in variantenreichen Mustern den Körper schmücken. [...] die Narbenverzierungen sind häufig Kennzeichen bestimmter Altersgruppen, mancherorts verdeutlichen sie hingegen die Zugehörigkeit zu einer Wohngruppe oder einem Verwandtschaftsverband. Narben sind die ständigen Begleiter auf dem Lebensweg eines Menschen: Die ersten Einschnitte erhalten die Kinder häufig bereits unmittelbar nach der Geburt, dann folgen in bestimmter Regelmäßigkeit weitere Skarifizierungen – bei den Frauen beispielsweise nach der ersten Menstruation, nach der Geburt des ersten Kindes oder nach dessen Abstillen. Die schmerzhaften Verzierungen werden als Verschönerung des Körpers empfunden [...]. Zumeist sorgen Narben für Erfolg beim anderen Geschlecht, weil man erst dadurch zum ‹echten Mann› oder zur ‹echten Frau› wird. Menschen ohne sichtbare Einschnitte gelten dagegen in vielen Gesellschaften als asozial und werden als Feiglinge und Außenseiter verhöhnt.»[15]

Warum das so ist, wird sich schwerlich begreifen lassen, wenn nicht vom Kainszeichen aus. Verglichen mit den Altsteinzeitmenschen, die sich zuerst «ein Zeichen» machten, sind noch die primitivsten der heutigen afrikanischen Stämme, die entweder die ungeschützten Körperöffnungen des Gesichts, Augen, Nase, Mund und Ohren, mit gezielten Einstichen oder -schnitten umgeben oder allmählich den ganzen Körper damit übersäen, geradezu Hochkulturen. Sie wissen nichts mehr vom Menschenopfer, sind keine archaischen Priester mehr, deren Motorik lediglich auf rohe Einschnitte eingerichtet ist, verfügen vielmehr über ein differenziertes Arsenal von Zeichen und

14 K. Gröning (Hg.), *Geschmückte Haut. Eine Kulturgeschichte der Körperkunst*, München ²2001, S. 93.

15 Op. cit., S. 133.

Abb. 4: Ein Mann aus Zaire mit sogenannten Stammeszeichen, also Narbenverzierungen als Kennzeichen von Lokal- oder Verwandtschaftsgruppen

Ornamenten samt ausgeklügelten, an Flecht- und Webkunst geschulten Techniken, um Farben und Wunden präzise auf oder in die Haut zu bringen, gelten jenen westlichen Tattookünstlern, die in New York, London oder Berlin wohlgestylte Ateliers unterhalten, als Lehrmeister und Inspiratoren, praktizieren also eine Körperbehandlung, die sozusagen einen ganzen Kursus der Profanierung durchlaufen hat. Und doch steckt das Kainszeichen darin wie der Keim im Baum. Es wirkt überall dort weiter, wo die Obsession fortdauert, daß anders als durch signifikante Einschnitte am eigenen Körper niemand eine wahre Gruppen- oder Geschlechtszugehörigkeit hat, eine echte Frau oder ein echter Mann des Stammes X sein kann.

Abbildung 4 zeigt einen Mann aus Zaire mit «Stammeszeichen», die sich bis ins 20. Jahrhundert erhalten haben und auch seelisch so tief sitzen, daß sie zum Teil auch dann weiter zelebriert werden, wenn moderne afrikanische Regierungen sie verbieten – ähnlich wie die Klitorisbeschneidungen an kleinen Mädchen, die trotz ihrer traumatisierenden Schmerzhaftigkeit und hohen Infektionsgefahr kein Gesetz bisher ganz unterbinden konnte. Zweifellos sind sie eine Gewaltmaßnahme gegen das weibliche Geschlecht, der demonstrative Versuch, ihm die eigene Lust, das Wahrzeichen aller Eigenständigkeit, wegzuschneiden – und insofern ganz im Interesse einer herrschenden Männerclique. Doch das ist schon eine sekundäre, herrschaftsrationale Schicht dieses Brauchs, die sich über seine Primärform gebreitet hat: den Einschnitt als Schutz. Zur frühesten Erfahrung des menschlichen Körpers gehört, daß dessen natürliche Öffnungen besonders gefährdete Stellen sind. Wenn aber infolgedessen die Öffnungen des Kopfes, also Augen, Nase, Mund und Ohren, als vorzügliche Einfallstore aller bösen Kräfte, Einflüsse, Geister gelten, die mit schützenden Einstichen und -schnitten wie mit Wachposten umstellt werden müssen, dann nicht minder die geschlechtsspezifischen Öffnungen des Unterleibs. Penis- und Klitorisbeschneidung sind Disseminationen des Kainszeichens. Sie deuten darauf hin, daß Kastration eines der ältesten Substitute des Menschenopfers gewesen sein könnte, nimmt sie doch dem Opfer statt des Lebens «bloß» das Geschlecht. Aber Beschneidung bedeutet nur noch Kastration, vollzieht sie nicht wirklich, ist das Zeichen des Verschontwerdens von ihr[16] – ein negatives Fruchtbarkeitszeichen. Es zeigt an, wovon der Stamm nicht befallen werden soll, auf daß er sich von Generation zu Generation wachsend und blühend fortpflanze. Die hartnäckig fortdauernden barbarischen Beschneidungsbräuche werden sich nur unterbinden lassen, wenn es gelingt, ihren magischen Kern aufzulösen: die Obsession, daß der Schnitt ins eigene Fleisch tatsächlich schützende Kraft hat.

Diese Obsession hat überall dort nicht aufgehört, wo bis in die Gegenwart ausgiebige Tätowierung und Bemalung, aber auch Beschneidung zum festen Ritualbestand gehören. Die Kollektive, die sie praktizieren, sind ein wandelnder Beweis dafür, daß es keine schrift-

16 Der kurze Abschnitt im Alten Testament, der den Beschneidungsritus einführt und ihn mit Mose und seiner Frau Zippora assoziiert, ist dunkel genug – eines jener atavistischen Stücke, das die schriftgelehrten Überlieferer selbst nicht mehr verstanden und das sich vielleicht überhaupt nicht mehr ganz aufhellen lassen wird. Eines aber ist unzweifelhaft: Es handelt sich um eine Verschonungsgeschichte. «Unterwegs aber, da, wo er übernachtete, trat ihm der Herr entgegen und wollte ihn töten. Da nahm Zippora einen scharfen Stein, schnitt ihrem Sohne die Vorhaut ab und berührte damit Moses Lenden und sprach: Ein Blutbräutigam bist du mir. Da ließ er von ihm ab» (Exodus 4, 24f.).

losen Völker gibt. Nur sind eben manche nicht dahin gelangt, die Schrift vom eigenen Körper abzulösen und auf leblose Materialien zu übertragen. Zwar haben sie die Urschrift dem angestammten sakralen Kontext des Menschenopfers bis zum kollektiven Vergessen entrückt, haben eine überbordende Ornamentik aus dem rohen Kainszeichen gewonnen und es bis zur Unkenntlichkeit sublimiert, übermalt und dabei in beträchtlichem Maße profaniert – aber sozusagen auf unprofaner Schreibfläche. Und so ist es kein Zufall, daß Völker, die sich besonders der Beschriftung des eigenen Körpers widmeten, den Sprung zu dem, was *wir* «Schrift» nennen, nicht geschafft haben. Gemessen am allgemein gebräuchlichen Schriftbegriff sind sie schriftlos, gibt es geradezu eine statistisch signifikante Korrelation zwischen exzessiver ritueller «Körperkunst» und Schriftlosigkeit. Allerdings waltet hier ein Paradox. Der allgemein gebräuchliche Schriftbegriff bezeichnet etwas Besonderes. Wo immer in verschiedenen Epochen und Kulturen ein spezifisches Wort für «Schrift» auftauchte, war damit stets eine besondere kulturelle Errungenschaft gemeint: die profane Schrift, jene Art von Zeichengebung, zu der es zuerst die sumerische Hochkultur des vierten vorchristlichen Jahrtausends gebracht hat. Die kleinen Buchungstafeln aus Uruk, die davon übriggeblieben sind, staunt man heute an, als wären sie die ältesten erhaltenen Schriftdokumente. Aufs Ganze der Menschheitsgeschichte gerechnet, repräsentieren sie bereits eine Spätphase der Schrift. Da sind seit ihren altsteinzeitlichen Anfängen vielleicht schon 30 bis 40 Jahrtausende vergangen, da hat Schrift schon einen ersten großen Reflexionsprozeß durchlaufen: einen Zyklus vom Zeichen zum Bild und wieder zum Zeichen zurück. Angefangen hat er mit der rohen, blutigen «heiligen» Zeichenschrift auf Menschenleibern, die allmählich von der menschlichen Haut auf andere, leblose, haltbarere Schreibflächen übertragen und dabei verfeinert, differenziert, zu großen Bildgestalten entfaltet, konkretisiert, objektiviert wurde, bis schließlich gelernt wurde, diese Bilder wiederum zu kleinen, schematisierten, vergleichsweise schnell und unaufwendig herstellbaren Extrakten zu verflüchtigen: zu sogenannten Bildzeichen oder Piktogrammen. Wo diese zu systematischem Gebrauch hergerichtet werden, wie bei den Sumerern, da setzt man gewöhnlich den Anfang der Schrift an. Es ist aber bloß der der *profanen* Schrift, und wer deren sakrale Vorgeschichte und Tiefenschicht ignoriert, verfährt wie ein Psychoanalytiker, der nur die seelischen Sekundärprozesse in Betracht zieht, weil ihm die primären zuwenig greifbar erscheinen: Er tappt auf der Oberfläche herum.[17]

17 Das tun denn auch die Leitfiguren der Medientheorie von McLuhan bis Flusser. Sie kennen nur profane Schrift und lassen mit ihr die zweite von drei großen Menschheitsepochen beginnen. Die dritte ist die der elektronischen Medien, die erste die des «nichtalphabetischen Menschen» (H. Marshall McLuhan, *Die Gutenberg-Galaxis. Das Ende des Buchzeitalters*, 1962, dt. Bonn 1995, S. 21): ein vage umrissenes magisch-mythisches Milieu. Für McLuhan handelt es sich um einen archaischen «Stammesverband [...], der unter dem intensiven Druck einer auditiven Gestaltung aller Erfahrung steht»: eine «Welt des Ohres», wo «das Denken und Verhalten vom magischen Zwang der Wörter zum inneren Mitvollzug, von ihrer Macht, ihre Voraussetzungen unerbittlich aufzuzwingen, abhängen» (l. c., S. 30; 21; 22). Für Flusser hingegen ist die Epoche vor der Schrift eine Welt der Bilder, ihr Zentralorgan der «schweifende Blick»: «Er kann zu einem spezifischen Bildelement immer wieder zurückkehren und es so zu einem Träger der Bildbedeutung erheben. Dann entstehen Bedeutungskomplexe, in denen das eine Element dem anderen Bedeutung verleiht und von diesem seine eigene Bedeutung empfängt»; «aus ‹vorher› wird ‹nachher›». «Diese dem Bild eigene Raumzeit ist nichts anderes als die Welt der Magie, eine Welt, in der sich alles wiederholt und in der alles an einem bedeutungsvollen Kontext teilnimmt» (V. Flusser, *Für eine Philosophie der Fotografie*, Göttingen [7]1994, S. 8 f.). – Und wofür entscheidet man sich: die Welt des Ohrs oder die des schweifenden Blicks, die Magie der Wörter oder die der Bilder? Darauf kommt es nicht an. Beide Klischees sind gleich viel wert. Auf ihrem Sachhaltigkeitsniveau ließe sich die magische Welt ebensogut als eine des Geruchssinns oder des Magen-Darm-Trakts feilbieten. Die beiden gegensätzlichen Sichtweisen werden lediglich skizziert, um möglichst schnell und oberflächlich auf dasselbe hinauszulaufen: die Epoche der Schrift, das große Kulturkontinuum, das erst im 20. Jahrhundert durch die elektronischen Medien beendet wurde. Was zur Erfindung profaner Schriftzeichen gedrängt haben könnte, interessiert dabei wenig. Ihre Vorgeschichte dient einzig dem Nachweis, daß mit der Schrift alles anders wurde. McLuhan: «Das phonetische Alphabet reduzierte den Gebrauch aller Sinne, der sich bei der gesprochenen Sprache einstellt, auf einen rein visuellen Kode» (S. 56). Es «schafft eine Kluft zwischen dem Auge und dem Ohr, zwischen der semantischen Bedeutung und dem visuellen Kode; und so besitzt nur die phonetische Schrift die Macht, den Menschen aus dem Stammesdasein in die Zivilisation zu führen» (S. 33). «Homogenität, Uniformität, Wiederholbarkeit: dies sind die Hauptkomponenten einer visuellen Welt» sowie der «neue[n] Denkform der griechischen Logik und Geometrie» (S. 73 f.). Flusser:

«Nachbildliche» Zeichen

«Vorbildliche» Zeichen verweisen auf etwas, geben aber keinen Abzug davon. Strenggenommen sind sie noch nicht einmal abstrakt, sondern einfach nur roh und unförmig. Piktogramme hingegen sind Abzüge.

«Die Schrift, dieses zeilenförmige Aneinanderreihen von Zeichen, macht überhaupt erst das Geschichtsbewußtsein möglich. Erst wenn man Zeilen schreibt, kann man logisch denken, kalkulieren, kritisieren, Wissenschaft treiben, philosophieren – und entsprechend handeln. Vorher dreht man sich in Kreisen» (V. Flusser, *Die Schrift*, l. c., S. 11). «Der ritzende Stilus ist ein Reißzahn, und wer Inschriften schreibt, ist ein reißender Tiger: Er zerfetzt Bilder.» «Der schreibende Reißzahn wendet sich gegen die Bilder, die wir uns von der objektiven Welt gemacht haben.» «Er zerreißt unsere Vorstellungen von der Welt, um die derart auseinandergerissenen (‹explizierten›) Vorstellungen zu ausgerichteten Zeilen, zu zählbaren, erzählbaren, kritisierbaren Begriffen zu ordnen» (S. 17). Auch hier wieder gegensätzliche Konzepte. Der eine sagt: Mit der Schrift nahm das Visuelle überhand; der andere: Mit ihr begann der Bildersturm. Doch beides dient nur derselben Generalbehauptung: Schrift macht der magisch-mythischen Welt ein Ende und bewirkt gedankliche Stringenz, Kausalität, Logik, Wissenschaft. Als ob Mythen, deren genuine Leistung darin besteht zu erzählen, wie es zu den bestehenden Ritualen, Sitten, Gebräuchen, Umgebungen gekommen ist, bar jeder Logik und Kausalität wären; als ob umgekehrt das Alphabet Mythos und Magie kurzerhand verscheucht hätte. Nicht nur, daß hier über die Schriftentstehung nun selbst ein dürftiger Mythos verbreitet wird. Bemerkenswert vor allem, daß führende Medientheoretiker am entscheidenden Punkt nicht in der Lage sind, medial zu denken. Ein Medium ist ein Material, worin sich etwas manifestiert, verkörpert, mitteilt. Auch zu Schrift konnte es nur kommen, sofern sich darin einigermaßen gefestigte Empfindungs-, Vorstellungs- und Handlungskomplexe verkörperten. Dazu mußten sie aber schon da sein. Erst dann konnte das Medium als ihr Resonanzboden und Verstärker wirken. Im medientheoretischen Mythos ist Schrift aber kausalmechanisch gedacht. Sie bricht in eine magisch-mythische Welt wie ein *deus ex machina* ein und ist die Ursache dafür, daß sich das Auge vom Ohr abkoppelt, Bilder zerfetzt werden, Linearität, Homogenität, Logik und was nicht alles entstehen – nicht unähnlich dem strukturalistischen Ursprungsmythos, den Saussure erzählt: Am Anfang «setzte» ein gänzlich unmotivierter Signifikant das Signifikat. Bei Medientheoretikern fällt solche kausale Eingleisigkeit freilich besonders auf, wenn sie als Boten einer elektronischen Epoche daherkommen, wo die starr lineare Denkweise des Schriftzeitalters angeblich von der komplexeren und reicheren Logik neuer Medien auf- und abgelöst werde. Ausführlicher hierzu Kapitel 4.

Abb. 5: Einfache altsumerische Bildzeichen (Piktogramme)

Man sieht ihnen das konkrete Bild noch an, von dem sie die schematisierte, stilisierte, reduzierte, verflüchtigte Form bieten (Abb. 5). Warum ausgerechnet bei den alten Sumerern ein piktographischer Abstraktionsschub stattfand, ein exzessiver Drang nach Verflüchtigung und Vereinfachung um sich griff? Gewiß nicht einfach aus graphischer Experimentierfreude. Es galt, mit einem neuen Menschheitsphänomen fertig zu werden: der Stadt. Uruk war nicht die einzige, aber die bedeutendste in Mesopotamien. Aufgrund eines immens fruchtbaren Umlandes und ungewöhnlich günstiger Lage als Handelsplatz war sie bereits im vierten Jahrtausend zu einer Zusammenballung von mehreren tausend Menschen gediehen, die alle ernährt sein wollten, ihrerseits aber Priesterschaft und Königshof zu ernähren hatten. Die dazu erforderten Tribute begannen zu zahlreich und unübersichtlich zu werden, als daß das lebendige Gedächtnis der Stadtgemeinschaft noch erfolgreich über sie hätte wachen können. Aufseher mußten dafür her, modern gesprochen: Verwaltungsfachleute, und selbst die konnten sich nicht alle noch zu leistenden oder schon geleisteten Transaktionen merken. Wer bei welcher Instanz mit wie vielen Rindern, Schafen, wieviel Gerste etc. im Wort war oder sein Wort schon eingelöst hatte, dafür brauchten sie Dokumente: Wortstützen – und geschickte Gehilfen, die sie schnell und unaufwendig herzustellen wußten. Und so kamen jene kleinen Tontafeln auf, denen man die entscheidenden Worte bildlich eindrücken konnte. Dabei allerdings verflüchtigen sich ausgemalte Bilder zu angedeuteten: zu Zeichen. Für Rind steht bloß noch dessen Kopf, für Schilf ein Halm, für Frau deren Scham, für Berg eine dreifache Rundung. Solche Vereinfachungen zeugen von geschärftem graphischen Sinn für Wesentliches und Entbehrliches. Sie erschließen der bildlichen Abstraktion ein ganzes

Stück Neuland. Aber sie sind nur die sichtbare Außenseite eines epochalen geistigen Durchbruchs: zur Direktverbindung zwischen Gezeichnetem und Gesprochenem. Bezogen aufeinander waren Bild und Wort ja längst schon, aber relativ vage und unreglementiert. Nun rücken sie zu einer qualitativ neuen Verbindung, um nicht zu sagen, Verbindlichkeit von unabsehbarer historischer Tragweite zusammen.

Die Initiative dafür ging vom Wort aus. Im urbanen Kontext erlebte es seine erste große Inflationskrise. Hier wurde so viel gesprochen und versprochen, daß selbst das feierlich zelebrierte, rituell flankierte Wort von Bundes- und Vertragsschlüssen die Aura unverbrüchlicher Geltung einbüßte. Flüchtig war das gesprochene Wort immer schon gewesen. Nun aber wurde seine Flüchtigkeit zur sozialen Gefahr – wenn es keine Hilfestellung bekam. Da rief es gleichsam das Bild herbei: als Stütze, Träger, als sichtbare handgreifliche Objektivation seiner selbst zur Wiederherstellung seiner fest angestammten Bedeutung. Das Wort saugte das Bild förmlich an. Und es saugte ihm dabei zugleich seine Innereien aus, will sagen, den Reichtum seiner sinnlichen Details, bis von ihm nur eine schemenhafte Hülse übrigblieb. Die Ausdünnung des ausgemalten Bildes zum andeutenden Zeichen verdankt sich dem Sog des Wortes. Daher sind denn auch die routiniert schematisierten Zeichen für Rind, Frau, Berg etc. nicht für ein bestimmtes Rind, eine bestimmte Frau, einen bestimmten Berg reserviert, sondern meinen Rind, Frau, Berg überhaupt, ganz wie das entsprechende Wort. Kurzum, der Bildgehalt des Zeichens wird dem Bedeutungsumfang eines Wortes angemessen. Das Bildzeichen firmiert als sichtbar gemachtes Wort, und wo es das tut, nennt man es zu Recht Wortzeichen oder Logogramm. Irreführend hingegen ist diese Definition: «‹Logogramm› nennt man ein Zeichen, das zum konventionellen Ausdruck eines Wortes – oder eines Begriffs – benutzt wird.»[18] Hier wird der Eindruck erweckt, als könnten Logogramme, weil sie nach Maßgabe von Worten modelliert sind, sich auch auf gar nichts anderes beziehen als auf Worte. So mögen moderne Linguisten denken, wenn sie über den Worten dasjenige, wofür die Worte stehen, aus dem Blick verlieren. So dachten aber schwerlich die alten Sumerer. Sie

18 A. Loprieno, *Von der Stimme zur Schrift*, in: N. Bolz / A. Münkel (Hg.), *Was ist der Mensch?*, München 2003, S. 127.

waren handfeste Ontologen. Wohl entsprach jedes ihrer Bildzeichen einem Wort, aber es zeigte nicht auf das Wort, sondern *wie* das Wort auf die Sache selbst. Das Rindzeichen verwies also nicht auf das Wort «Rind», sondern gemeinsam mit dem Wort, als seine sichtbar gemachte Version und bildliche Stütze, auf «Rind überhaupt». Und daß ein solches «Überhaupt», etwas, was alle Rinder zu Rindern macht, tatsächlich existiert, stand für die Sumerer außer Frage, auch wenn ihre Abstraktionskraft noch längst nicht hinreichte, es sich wie einen Archetypus oder eine platonische Idee zu denken.[19]

Daß Bilder, wenn man sie geschickt schematisiert, wie Worte einsetzbar sind, war die epochale Entdeckung, die zur profanen Schrift führte. Solange es dabei um Grundbestandteile des eigenen Lebens ging, für die einfache Nomina wie Mann, Frau, Rind, Schaf, Gerste, Fluß, Berg, Sonne ausreichten, kam man auch mit den entsprechenden Logogrammen aus. Doch sobald erste Modifikationen, Spezifikationen, Prädikationen hinzutreten, hat die Logographie nur zwei Möglichkeiten. Entweder kombiniert sie aus einem überschaubaren Grundbestand von einfachen Zeichen neue, komplexe, die ihren spezifischen Sinn erst durch diese Zusammensetzung bekommen, oder

19 Logogramme (Wortzeichen) sind anfangs stets Piktogramme (Bildzeichen) – schematisierte Bilder zwar, aber immer noch bildhaft genug, um erkennbar Objekte abzubilden. Erst wenn sich ihr Bildgehalt bis zur Unkenntlichkeit verflüchtigt oder sie nicht mehr für einfache Objekte, sondern für komplexe Sachverhalte oder Tätigkeiten zu stehen beginnen, die sich nicht mehr unmittelbar abbilden lassen, werden sie zu sogenannten Ideogrammen. Das ist freilich ein Verlegenheitswort. Es operiert mit einer völlig unklaren Vorstellung von «Idee». Zudem läßt sich nie genau angeben, ab wann ein Logogramm Ideogramm und nicht mehr Piktogramm ist; denn ganz ohne Bildgehalt sind Ideogramme ebensowenig wie abstrakte Gemälde der Avantgardekunst. Dennoch sind Zeichen einigermaßen präzise als ideographisch identifizierbar, wo sie so viel Abbildungsqualität eingebüßt haben, daß sie in ihrer Funktion dem gesprochenen Wort ähnlicher geworden sind als dem Bild. So hat das Logogramm zwar als Piktogramm begonnen, aber erst im Ideogramm kommt es gleichsam zu sich selbst. Im Vergleich zum Lautzeichen (Phonogramm) hingegen ist jedes Wortzeichen, auch das ideographische, noch ein Bildzeichen. Entsprechend changiert im folgenden gelegentlich die Terminologie. In gewisser Hinsicht sind alle Wortzeichen Bildzeichen, in anderer nur die nicht-ideographischen.

Abb. 6:
Zusammengesetztes altsumerisches Bildzeichen für «Sklavin»

Abb. 7:
Zusammengesetzte altsumerische Bildzeichen für «essen» und «trinken»

sie bildet für jedes gebräuchliche Wort ein entsprechendes Zeichen. Die Sumerer neigten zunächst eher zur ersten Lösung. Wenn sie ihr Zeichen für Sklavin aus denen für Frau und Berg (Abb. 6) zusammensetzten, dann war das allerdings nur auf den Kredit einer gängigen sozialen Praxis verständlich. «Es war allgemeine Sitte, bei den Kämpfen gegen die kriegerische Bevölkerung des östlichen Berglandes junge Männer und Frauen gefangenzunehmen, die als Sklaven in den sumerischen Stadtstaaten gehalten wurden.»[20] Losgelöst von diesem Kontext kann «Bergfrau» alles mögliche bedeuten: ebenso Frau *auf* den wie *aus* den Bergen, Höhlenbewohnerin, Sammlerin von irgendwelchen besonderen Bergkräutern etc. Bildzeichen sollen einfach und klar sein, aber zusammengesetzte Bildzeichen sind ebenso aufwendig

20 H. Haarmann, *Universalgeschichte der Schrift*, Frankfurt am Main und New York [2]1991, S. 153.

wie erläuterungsbedürftig, und mit jeder weiter hinzutretenden Bestimmung, etwa «gesund», was für die Arbeitsfähigkeit von Sklaven ja entscheidend war, potenziert sich das Problem. Noch schwieriger ist die logographische Darstellung von Tätigkeiten. «Essen» und «trinken» läßt sich durch die Kombination von Mund mit Brot oder Wasser ja noch verständlich machen (Abb. 7), «gehen» vielleicht durch eine bestimmte graphische Pointierung des Fußes, aber wie soll man «befehlen, gehorchen, abliefern, aushandeln, vereinbaren» durch Logogramme trennscharf und unmißverständlich gegeneinander abgrenzen, nicht zu reden von so abstrakten Tätigkeiten wie «vorstellen, denken»?

So weit sind die alten Sumerer erst gar nicht gekommen. Es hat schon einige Jahrhunderte gedauert, bis sie darauf kamen, die Menge elementarer Zeichen überschaubar zu halten durch Einführung sogenannter Determinative. Das sind Zeichen für Zeichen, «Metazeichen» würde man in moderner Terminologie sagen. Sie zeigen nicht, wie einfache Logogramme, auf Dinge, sondern auf Logogramme: sind meistens kleiner als sie, dienen zu ihrer Erläuterung und geben eine Art Kategorie oder Klasse an, innerhalb deren das jeweilige Logogramm an dieser Stelle verstanden werden soll. Es gibt zum Beispiel «ein Determinativ für Waffen der verschiedensten Art», eines «tritt in Verbindung mit Götternamen auf», ein anderes «kennzeichnet Orte, Städte und deren Namen».[21] So sollten ein paar ordnende und klärende Hilfszeichen die einfachen Logogramme sowohl in ihrer Zahl als auch in ihrem jeweiligen Bedeutungsumfang beschränkt halten. Das war intelligent gedacht. Schrift versuchte sich hier erstmals durch Selbstbezüglichkeit in den Griff zu bekommen, aber nicht sehr erfolgreich. Die Determinative für Waffen, Götter und Orte waren noch viel zu unbeholfen und vage, um schon so etwas wie konsistente Kategorien oder Klassen herzugeben. Wollte man sie aber präzisieren, so bedurfte man dazu weiterer Metazeichen, vergrößerte dadurch deren Zahl und lief zudem Gefahr, daß ihre Ordnungsvorstellungen einander in die Quere kamen. Überdies sah man den Zeichen selbst keineswegs immer an, ob sie als Determinativ oder einfaches Logogramm gemeint waren.

21 Op. cit., S. 156.

Wenn Logographie sich nicht sehr schnell verheddern, vielmehr fähig werden sollte, ganze Sätze und sogar komplexe Prozesse und Gedanken wiederzugeben, dann gab es nur eine Möglichkeit: nicht nur für Dinge und Ereignisse, sondern für jede besondere Befindlichkeit, Lage, Perspektive, Abstraktion ein entsprechendes Zeichen zu prägen. Diesen Weg ist China gegangen. Es hat später als Mesopotamien und Ägypten zur Logographie gefunden, sie dann aber mit größter Beharrlichkeit ausgebaut und bis in die Gegenwart beibehalten, «obwohl die äußere Form der Schriftzeichen ihren ursprünglichen Bildcharakter im Lauf der Zeit weitgehend aufgegeben hat. Dies trifft in jedem Fall auf die allermeisten chinesischen Schriftzeichen zu, die durch Schreibgewohnheiten und Schriftreformen hochgradig stilisiert sind. Für einen Außenstehenden ist das Lernen chinesischer Schriftzeichen in der heutigen Zeit gleichbedeutend mit dem Sich-Gewöhnen an mehr oder weniger willkürliche Strichkombinationen, die für einzelne Wörter stehen. [...] In den meisten Fällen hat sich die Gestalt der Schriftzeichen sozusagen bis zur Unkenntlichkeit abstrahiert, so daß der moderne Betrachter auf Erklärungen angewiesen ist, aus welcher ursprünglichen Form die jetzige Strichkombination eines Zeichens entstanden ist.[...] Bereits seit der archaischen Zeit der Schriftkultur, d. h. seit der Periode der Verwendung von Bildsymbolen auf Orakelknochen und Schildkrötenplatten, wurden nicht nur Ausdrücke für konkrete Dinge bildlich dargestellt, sondern auch abstrakte Begriffe mit Hilfe von Bildzeichen wiedergegeben. [...] Während aber die altsumerische Piktographie unter dem Druck, eine große Zahl von abstrakten Ausdrücken bildlich fixieren zu müssen, in Richtung auf eine Phonetisierung auswich, wurde in China das konventionelle Schriftprinzip beibehalten, und man hat selbst für die komplexesten Abstraktionen Bildsymbole geschaffen»[22] (Abb. 8).

Ähnlich wie sich bei den Polynesiern eine hochsublime Ritz- und Malkunst entwickelte, aber auf archaischer Schreibfläche, der lebendigen Haut, so hat sich bei den Chinesen Schrift zu einem komplexen Geflecht von Tausenden von Zeichen verwoben, deren korrekte Abschrift und Aussprache Außenstehende zur Verzweiflung bringen kann, aber auf dem Niveau der ältesten profanen Schriftform: der Lo-

22 Op. cit., S. 172.

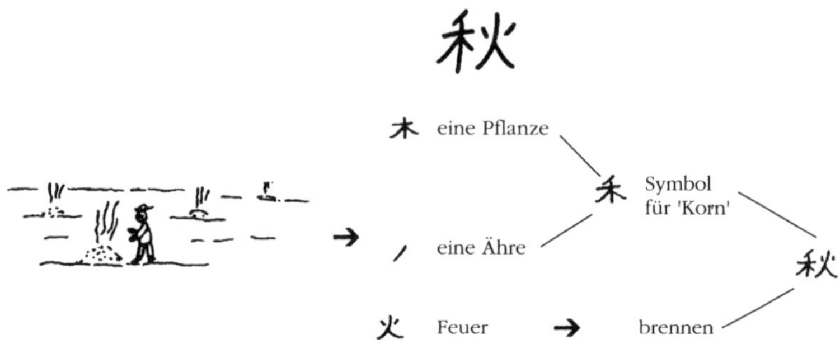

Abb. 8: Der Ausdruck «Herbst»

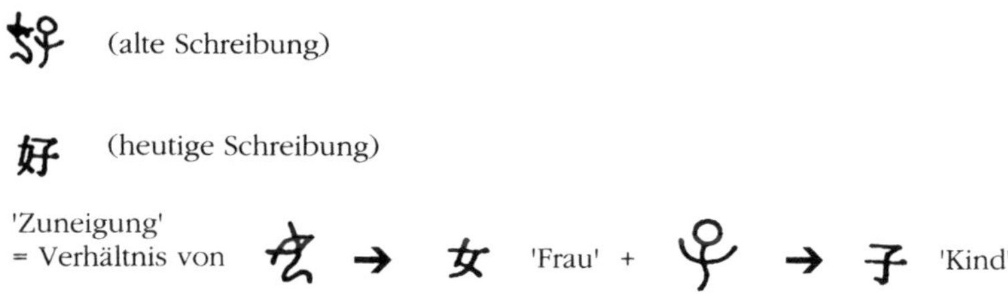

Abb. 9: Der Ausdruck «Zuneigung»

gographie. Die chinesische Schrift ist alles andere als primitiv; ihre Erlernung erfordert ungleich mehr Intelligenz und Anstrengung als das Einüben von 26 alphabetischen Zeichen. Aber sie hat ihre ganze Intelligenz und Fülle auf einem primitiven Schriftniveau entfaltet und den epochalen Ablösungsprozeß davon, der einigen Völkern schon in der Antike gelang, nicht vollzogen. Das macht sie heute erneut interessant. Sie erinnert die modernen Lautschriften daran, woher sie gekommen sind, ebenso wie die polynesische und afrikanische «Körperkunst» die moderne Kunst an die ersten Mal- und Schreibflächen erinnert – und entfaltet damit eine gewisse Bremswirkung gegen die rasante Verflüchtigung von sinnlichen Eindrücken und Gedanken unter dem Diktat einer global veranstalteten audiovisuellen Reizflut. Es haftet den chinesischen Logogrammen der sinnliche Boden ihrer Herkunft wie ein retardierendes, zur Selbstbesinnung aufforderndes Moment an, auch wenn die Mehrzahl moderner Chinesen gelernt hat, darüber hinwegzulesen. «In dem Zeichen für ‹lernen›» zum Beispiel «verbirgt sich ein Stück visualisierter Kulturgeschichte, denn im ursprünglichen Bildsymbol ist die Mutter dargestellt, die Dinge zwischen ihren Händen hält und auf diese Weise ihr Kind mit seiner Umwelt vertraut macht. Die Mutter-Kind-Beziehung steht auch im Mittelpunkt der Schreibung des Begriffs ‹Zuneigung›»[23] (Abb. 9). So gibt es eine Reihe von Fällen, wo der Bildgehalt solcher Logogramme ihre Wortbedeutung sinnlich-emotional unterfüttert. Er sorgt gleichsam für Bodenhaftung des Denkens, verweist die begrifflichen Abstraktionen immer wieder auf das zurück, wovon sie abstrahiert sind. Aber er zeigt auch die Grenzen aller Logographie an. Selbst ihren höchstentwickelten ideographischen Formen haftet noch so viel Bildvergangenheit an, daß sie mit der Abstraktionskapazität der Wörter nicht Schritt halten können. Zur Darstellung und Beförderung jener spezifischen Begriffsbildung und Gedankenführung etwa, die sich in der abendländischen Metaphysik verdichtete und den globalen Siegeszug Europas beflügelte, ist die Logographie einfach nicht gemacht.

Lautzeichen

Hierzu mußte eine andere Schreibweise her. Um so verblüffender, daß der erste Schritt zu ihr hin sich bereits bei den Erfindern der Logographie findet. Die Sumerer hatten nämlich nicht nur das Determinativ erfunden, um die Zahl ihrer Logogramme knapp zu halten; sie waren noch auf eine andere Einsparungsmöglichkeit gestoßen. Kam es nicht vor, daß Worte mit ganz verschiedener Bedeutung dennoch exakt oder annähernd gleich lauteten? Homophonie nennt man das. Elemente davon finden sich in jeder gesprochenen Sprache und sorgen für Verwechslungen und Mißverständnisse. Konnte man aber aus diesem Nachteil nicht einen grandiosen Vorteil für die Schrift ziehen und bestimmte Zeichen für mehrere Wörter einsetzen? «Man hat beispielsweise festgestellt, daß in manchen Texten die Abbildung des Schilfs nicht zur Bezeichnung dieser Pflanze verwendet wird – dies ist die ursprüngliche Bedeutung dieses Bildzeichens –, sondern daß damit auch das Verb ‹zurückkehren› geschrieben wird. Diese zunächst verwirrend anmutende Übertragung klärt sich auf, wenn man weiß,

23 Op. cit., S. 174.

daß der sumerische Ausdruck für Schilf (*gi*) gleichlautend mit dem Wort für ‹zurückkommen› ist.»[24]

Etwa zu Beginn des dritten Jahrtausends hat diese neue Mehrfachverwendung von Zeichen angefangen. Zeichen werden Joker. Um zu ermessen, was für eine epochale Zäsur das war, muß man sich noch einmal an die Entstehung der Logogramme erinnern – nur wenige Jahrhunderte zuvor. Bilder wortförmig machen, zu Zeichen verflüchtigen, zur optischen Funktion von Akustischem: das war ja selbst schon eine erstrangige Neuerung gewesen. Allerdings in restaurativer Absicht. Sie hatte das Wort in buchstäblichem Sinne wieder *konkret* machen wollen: zur untrennbar zusammengewachsenen Einheit von Wortlaut und Wortbedeutung.[25] Worte sollten kategorisch gültig sein, ganz erfüllt von verbindlicher Bedeutung, und sich auf keinen Fall zum leeren Stimmhauch verflüchtigen: zum *flatus vocis*, wie die mittelalterliche Philosophie ihn später nennen würde. Ein von seiner angestammten Bedeutung abgelöster, frei umherschweifender Wortlaut wäre haltlos, unheimlich, gespenstisch. Er brächte die Ordnung der Worte und Dinge aus dem Lot. Daher das Bedürfnis, Worte in Bildzeichen zu binden: damit Laut und Bedeutung nicht auseinanderdrifteten.

Nun aber waren die Bildzeichen selbst zum Problem geworden. Sie wucherten ins Undurchschaubare. Und beim Versuch, ihre Zahl gering zu halten, entdeckten die Sumerer eine geniale Rationierungsmöglichkeit: den Wortlaut eines Nomens von seiner Bedeutung abzulösen und ihm eine andere Bedeutung unterzuschieben. Nichts anderes geschieht ja, wenn man das Zeichen für «Schilf» macht, aber

24 Op. cit., S. 153.

25 *Concrescere* heißt zusammenwachsen. Allerdings sind Laut und Bedeutung ebensowenig organisch-harmonisch zusammengewachsen wie Signifikant und Signifikat. Bis aus den anfänglichen Schrecklauten halbwegs temperierte, artikulierte, unterscheidbare Sprachlaute wurden, hat es einer gewiß nicht nur freiwilligen Wiederholungspraxis von Jahrtausenden bedurft, und in ihrem Zuge ist bestimmten Lautstrukturen allmählich auch eine bestimmte Bedeutung angewachsen. Konkrete Worte dürften zunächst kaum etwas anderes gewesen sein als durch feste Artikulation und Bedeutung temperierte Schrecklaute. Die konkrete Einheit des Wortes war zu keiner Zeit ein guter Urzustand. Gleichwohl kann es als Einbruch erlebt werden, wenn sie verlorengeht.

«zurückkehren» meint. Solange das Schilf-Zeichen für «Schilf» steht, ist es ein Wortzeichen oder Logogramm. Sobald es aber «zurückkehren» bedeuten soll, macht es einen qualitativen Sprung: zum Lautzeichen oder Phonogramm. Es steht nicht mehr für das konkrete Wort, sondern nur noch für dessen Laut. Für sich genommen sind Lautgebilde zwar leer, aber gerade deshalb auch multifunktional: erfüllbar mit verschiedenem Inhalt, verschiedener Bedeutung – und damit von einer Beweglichkeit und vielfältigen Einsetzbarkeit, zu der es das konkrete, stets auf eine bestimmte Bedeutung festgelegte Wort nie bringen würde.[26]

Man mache sich die Kehrtwendung klar, die die Schrift hier gegen sich selbst vollzieht. Sie tut genau das, was sie verhindern soll. Damit es nicht dazu kommt, daß der Wortlaut sich von seiner angestammten Bedeutung ablöst, wird er von ihr abgelöst. Damit er nicht als das wesenlose Gespenst eines bloßen *flatus vocis* umgeht, wird er wie ein Flaschengeist entbunden. Die Phonographie muß ihn entfesseln, um ihn auf ihre Weise binden, ihm ein neues, kongeniales Korsett anlegen zu können. Sie macht die Gefahr des *flatus vocis* so groß wie noch nie – um sie erfolgreich zu bekämpfen. Die Logographie war zwar genial, aber auch eine Sackgasse. Sie ließ nur zwei Möglichkeiten: entweder die Zahl der Bildzeichen bis ins Uferlose zu vermehren oder dieser Vermehrung durch Metazeichen, Meta-Metazeichen etc. zu wehren. Auf beiden Wegen mußten die Bildzeichen bis zur Verwirrung unübersichtlich werden.

In der Logographie steckt daher selbst schon der Drang über sich hinaus, und die Sumerer, gefolgt von den Ägyptern, waren die ersten, die ihm nachgaben. Kaum daß die Logographie ein paar hundert Jahre alt war, tat sich in ihrem Inneren bereits das phonographische Kapitel der Schrift auf. Genaugenommen war Logographie selbst

26 Die Ablösung des Lauts von der Bedeutung, die McLuhan erst der konsequent durchgearbeiteten Lautschrift, dem griechischen Alphabet, zugedacht hat, um darin dann den entscheidenden Umbruch in der menschlichen Weltwahrnehmung, die Ursache für alle großen Spaltungen zu entdecken, sei es die des Auges vom Ohr, des Lesens vom Rezitieren, des Denkens vom Wahrnehmen, des Individuums vom Stammesverband – sie hat schon in der sumerischen Logographie begonnen, also fast zweitausend Jahre früher.

schon latente Phonographie. War es doch das *gesprochene* Wort – ein anderes gab es ja noch nicht –, das zu seiner vollen Restauration stützender Bildzeichen bedurft hatte. Der Laut war dabei bereits die treibende Kraft, allerdings der noch mit einer bestimmten Bedeutung naturwüchsig verwachsene Laut. Die Phonographie hat ihn lediglich als etwas Eigenständiges herausdestilliert und angefangen, ihm, dem freischwebenden *flatus vocis*, eine ganze Zeichenwelt anzudienen. Das ist einerseits bloß Fortsetzung der Logographie mit andern Mitteln, andrerseits der Ausweg aus ihrer Sackgasse: Durchbruch zu jener Schriftart, die als Stütze wie als Nährboden abendländischen Denkens eine Karriere ohnegleichen gemacht hat.

Dieser Durchbruch geschah allerdings auf denkbar unspektakuläre Weise: ohne jedes Bewußtsein von seiner Tragweite, beiläufig, aufs Geratewohl, möglicherweise sogar schalkhaft. Spielte man doch etwa dem Schilf-Zeichen einen kleinen Streich, wenn man es für das Verb «zurückkehren» verwendete. Vielleicht huschte demjenigen, der erstmals eine solche willentliche Verwechslung vornahm, ein Lächeln übers Gesicht, wer weiß. Gewiß aber war ihm nicht klar, daß er hier zu einem neuen Schriftprinzip durchgestoßen war. Wie umwälzend es ist, ein Bildzeichen für etwas Unbildliches, etwas Sichtbares für etwas lediglich Hörbares zu setzen, blieb allen Beteiligten verborgen, so wie man einem Keim eben nicht ansieht, was in ihm steckt. Und doch gibt der Keim, in diesem Fall das umfunktionierte Schilf-Zeichen, wenn man ihn gleichsam unter die Lupe nimmt, die entscheidenden Merkmale des phonographischen Umschwungs durchaus zu erkennen. Wenn der stilisierte Halm nicht mehr, wie ursprünglich, für das sichtbare, greifbare, riechbare Naturprodukt Schilf steht, sondern nur noch für den Wortlaut von «Schilf», *gi*, der mit dem Wortlaut von «zurückkehren» identisch ist, so wird er ein Lautzeichen und hört auf, Bildzeichen zu sein. Mit dem Naturprodukt Schilf hat er sehr viel Ähnlichkeit, mit dem Laut *gi* nicht die geringste. Seine Umfunktionierung zum Lautzeichen tastet seinen Bildgehalt nicht an, aber der ist nun nur noch eine überkommene Konvention – jederzeit ersetzbar durch irgendeine andere. Für den Laut *gi* könnte statt des stilisierten Halms auch ein Längsstrich stehen. Beide hätten mit besagtem Laut gleich viel und gleich wenig zu tun.

Das Raffinierte an Lautzeichen ist, daß sie eine akustische Verlaufsform sehr genau bezeichnen können. Das Paradoxe dabei ist, daß sie dann aufs innigste mit etwas verbunden sind, was ihnen gänzlich unähnlich ist. Aber hatten wir so etwas nicht schon einmal – beim Kainszeichen? Es bildet, wie oben ausgeführt, nichts ab oder nach. Dennoch repräsentiert es etwas, was ihm ebenso nahe wie inkommensurabel ist: traumatischen Schrecken. Es hat keinerlei figürliche Ähnlichkeit mit ihm, ist aber als seine Spur unmittelbar von ihm betroffen. Nun sind Worte wahrlich nicht dasselbe wie Schrecken, schon in ihrer Frühzeit eher sein Ausdruck als sein Auslöser, und je differenzierter sie werden, desto geeigneter sind sie zu seiner Besänftigung. Man dämpft ihn, indem man ihn bespricht. Und doch ist am Wortlaut, wenn er bloß noch Laut ist, etwas Unheimliches. Jeder, auf den in einer Sprache eingeredet wird, von der er kein Wort versteht, erlebt das. Sprache, der das, was sie vertraut macht, nämlich ihre Bedeutung, entzogen ist, beginnt zu drücken wie ein Alp, und die Phonographie muß diesen Alp eigens entfesseln, um ihn zu binden. Das ist das archaische Moment in all ihrem ungeheuren Fortschritt: ihre geheime Rückannäherung ans Kainszeichen. Wie das Kainszeichen die traumatische Erregung bindet, so das Lautzeichen den frei schweifenden *flatus vocis*. Beide sind dem, was sie binden, inkommensurabel, und beide sind Spur: das Kainszeichen «vorbildliche», das Lautzeichen «nachbildliche». Es schreibt den akustischen Verlauf eines bestimmten Lauts fest, legt für ihn eine optische Bahn an, worin er immer wieder in gleicher Weise aufgespürt und vergegenwärtigt werden kann. Das «Moderne» an der Phonographie ist, daß eigentlich jedes beliebige Zeichen eine solche Bahn oder Spur sein kann. Man muß sich nur darauf einigen, welches Zeichen welchem Laut als Bahn dienen soll. Und der Bildgehalt der Lautzeichen? Der ist ein Überbleibsel aus der Epoche, als sie noch Bildzeichen waren. Er hat keine darstellerische Funktion mehr, und es ist nur eine Frage der Zeit, bis er verkümmert und jene abstrakten Zeichen übrigbleiben, die wir Buchstaben nennen.[27]

27 Der Durchbruch zum Lautzeichen wird nicht selten «Rebusprinzip» genannt (cf. H. Haarmann, l. c., S. 155). Das ist eher eine Irreführung als eine Erklärung. Allein schon das Wort ist bizarr. Aus Bilderrätselsammlungen des 16. Jahrhunderts *de rebus quae geruntur* (über die laufenden Ereignisse) ist «Rebus» als gleichbedeutend mit Bilderrätsel übriggeblieben. Eine Latein-Verballhornung.

Bis es soweit war, sind allerdings etwa zwei Jahrtausende verflossen. Die ersten Lautzeichen, die um die Wende zum dritten vorchristlichen Jahrtausend bei den Sumerern und bald auch bei den Ägyptern aufkamen, waren nur sporadisch Lautzeichen. Noch jahrhundertelang fungierten sie überwiegend weiter als Bildzeichen. Deren phonographische Verwendung war zunächst bloß von der logographischen «geliehen». Jedes Lautzeichen ließ sich jederzeit in ein Bildzeichen zurückverwandeln. Die Phonographie mußte sich diesen Rückweg eigens abschneiden, um selbständig zu werden, und entscheidend hierfür war die Entdeckung, daß nicht nur die Lautstruktur ganzer Worte, der ja immer irgendeine Bedeutung anhaftete, in Zeichen darstellbar war, sondern auch die von Silben. Eine Silbe kann ein Wort sein, aber in mehrsilbigen Worten ist sie bloß ein Bestandteil – ohne eigenen Sinn. Um so deutlicher tritt ihr Lautcharakter hervor. Ein sinnloser Silbenlaut ist in viel auffälligerer Weise *flatus vocis* als ein Wortlaut. Dafür hatten die Akkader ein besonderes Gehör, ein semitischer Volksstamm, der um die Mitte des dritten Jahrtausends die Herrschaft der Sumerer in Mesopotamien brach. Der große akkadische Beitrag zur Schriftentwicklung bestand in der systematischen Konzeption von Lautzeichen als Silbenzeichen. Erst auf dieser Basis erwuchs allmählich die Einsicht, daß auch die Silbe noch in Lautbestandteile zerlegbar ist, womit sich der Umschwung von der Silben- zur Buchstabenschrift anbahnte.

Sein genauer historischer Verlauf ist bis heute nicht geklärt. Während die akkadische Silbenkeilschrift sich noch in mehreren Varian-

Sofern darin ein «Prinzip» steckt, funktioniert es nur unter der Voraussetzung eines längst eingeübten Alphabets, an dem, im Zeitalter seiner ersten Inflationierung durch expandierenden Buchdruck, ein gewisser Überdruß entstand, so daß in gebildeten Kreisen, sei es bei höfischen Unterhaltungen, im Karneval, später in humoristischen Zeitschriften, der Brauch aufkam, den Lautwert von Buchstaben, Silben oder Worten in Bildern oder Figuren zu verschlüsseln, die inhaltlich mit ihm nichts zu tun hatten. («IIIst» oder «3st» für «dreist» wäre ein schönes Beispiel.) Gewiß, der Rebus lebt von der Homophonie, aber er nutzt sie, um sich wieder in die Bildwelt zu verkriechen, aus der das anfängliche Lautzeichen gerade hinauswollte. Es steht Kopf im Rebus. Er wendet es um ins Kryptische, während es einst als Frühbote der Aufklärung begonnen hat: den Ausgang aus dem Labyrinth der Bildzeichen und ihrer Metazeichen anzeigte.

ten, hauptsächlich einer babylonischen und einer assyrischen, weiter verzweigte, destillierte sich, etwa um die Mitte des zweiten Jahrtausends, in jenem Schmelztiegel vorwiegend semitischer Völker, der von Nordsyrien bis zum Sinai reichte, eine Buchstabenschrift heraus. Ihre Urform ist nicht mehr mit Sicherheit auszumachen, ein Erfinder nicht identifizierbar. Aber sie kursierte alsbald in mehreren Varianten; die phönizische war nur die einflußreichste. Sie zehrt ebenso vom Abstraktionsgrad der akkadischen Keile wie von der Bildlichkeit der ägyptischen Hieroglyphen. Aus beiden hat sie eine Serie eigener Zeichen für die ihrer Wahrnehmung nach kleinsten Lauteinheiten entwickelt – und zwar gerade nicht mit jener Priorität, die unsere moderne Terminologie setzt, wenn sie von Vokalen und Konsonanten spricht und dabei in aller Selbstverständlichkeit unterstellt, die ersteren seien die eigentlichen Laute, die letzteren bloß Mitlaute. Die semitischen Buchstabenschöpfer erlebten es genau umgekehrt: Was einer Sprache Kontur gibt, sind jene kurzen, aber markanten Laute, die die Silben hörbar eröffnen oder schließen. So notierte jene frühe Buchstabenschrift, die im Phönizischen und Hebräischen ihre bedeutendste Ausprägung gewann, ausschließlich Konsonanten. Vokale verstanden sich von selbst.[28]

Ein weiteres halbes Jahrtausend mußte vergehen, bis auch diese Selbstverständlichkeit in Zweifel gezogen wurde. Generell hat die Schrift ja stets dort entscheidende Entwicklungsimpulse empfangen, wo ein Volk durch Krieg oder Handel in die Lage kam, die Schriftzeichen eines anderen zu übernehmen und den eigenen Kommunikationsgewohnheiten anzupassen. So hatten die Akkader die sumerische Schrift rezipiert, die Silbenzeichen, die sie sporadisch darin vorfanden, aber zugleich als das Prinzip einer viel effektiveren Silbenschrift erkannt. Bei der Übernahme von akkadischen Schriftzeichen durch Völker, die auch mit Hieroglyphen Bekanntschaft hatten, ist etwas Ähnliches passiert; im Silbenzeichen wurde das Prinzip einer noch

28 Erst von der viel späteren jüdischen Sprachtheologie wurden sie zu dem Geisthauch mystifiziert, der tote Konsonanten zu lebendigen Worten zusammentreten läßt und damit daran erinnert, wie der göttliche Atem einst einen Erdkloß zum Menschen belebte; cf. G. Scholem, *Zur Kabbala und ihrer Symbolik*, Zürich 1960, S. 49 ff.

präziseren Lautnotierung bemerkt: der Buchstabe. Als nun aber die Pioniere der Buchstabenschrift, die Phönizier, unter Kadmos nach Ionien vordrangen, haben sie offenbar die Erfahrung gemacht, daß sich Vokale nur in der eigenen Sprache von selbst verstehen, nicht jedoch bei Fremdwörtern. Wie aber, wenn sie etwa griechische Orts- und Personennamen in verständlicher Weise schreiben wollten? Mußten sie da zu ihren phönizischen Buchstaben nicht noch ein paar neue hinzuerfinden: Vokalzeichen?[29] Wenn es zutrifft, daß das Fremdwortproblem die Phönizier selbst schon auf die Idee von Vokalzeichen brachte, so dürfte die originelle Leistung der Griechen bei ihrer Übernahme der phönizischen Schrift nur noch darin bestanden haben, in der sporadischen Schreibung von Vokalen ein neues Schriftprinzip zu entdecken und es auf den gesamten Wortbestand anzuwenden: grundsätzlich für alles, was ihnen als ein separates Phonem erschien, auch ein separates Zeichen zu setzen, für Vokale ebenso wie für Konsonanten. Mit Herodots denkwürdiger Darstellung stimmt das bestens überein: «Diese mit Kadmos nach Griechenland eingewanderten Phoiniker [...] haben durch ihre dortige Ansiedlung viele Wissenschaften und Künste zu den Griechen gebracht, auch die Schrift, die die Griechen, wie ich glaube, bis dahin nicht kannten. Anfangs benutzten die Kadmeier die gleichen Buchstaben wie alle anderen Phoiniker. Später aber veränderten sie im Laufe der Zeit mit der Sprache auch die Form (*rhythmos*; kann auch Maß, Proportion, Abfolge heißen) der Buchstaben. Nachbarn der Kadmeier in den meisten Gegenden waren damals die Ionier. Diese übernahmen durch Unterweisung die Buchstaben von den Phoinikern, bildeten sie im Gebrauch ein wenig um und nannten sie ‹phoinikische Buchstaben›, was recht und billig war.»[30]

Eigentlich hatten die Griechen also nur ein paar Inkonsequenzen in der phönizischen Schreibweise beseitigt, um die Lautfolge ihrer eigenen Sprache so unmißverständlich wie möglich festzuhalten[31] – und

29 So der gut begründete Verdacht von A. Schlott, *Schrift und Schreiber im Alten Ägypten*, München 1989, S. 18 ff.

30 Herodot, *Historien*, V, 58, zit. n. der Ausgabe von J. Feix, Zürich 1995, S. 697.

31 Wahrnehmungstheoretisch ist zudem interessant, daß die Griechen auch die Schreibrichtung umkehrten und nicht mehr, wie die Phönizier, von rechts

gar nicht gemerkt, was ihnen dadurch zugefallen war: das Alphabet, ein vollständiger und vor allem selbständiger Satz von Lautzeichen. Er war zwar am Wortlaut des Griechischen gewonnen worden, aber, einmal erarbeitet, ließ er sich auch bequem davon ablösen und auf jede andere Sprache übertragen. Den Erfindern des Alphabets war weder klar noch interessant, daß sie zu einer universalen, strukturell nicht mehr überbietbaren, nur noch geringfügig modifizierbaren Schrift-

nach links, sondern anfangs abwechselnd in beiden Richtungen, schließlich nur noch von links nach rechts schrieben. Offenbar empfanden sie das sowohl für die schreibende Hand als auch für das lesende Auge als angenehmer. Das mag durchaus, wie Derrick de Kerkhove (*Schriftgeburten. Vom Alphabet zum Computer*, 1990, dt. München 1995, S. 22 ff.) vermutet, damit zu tun haben, daß an der Wahrnehmung verschiedener Schrifttypen die beiden Hälften des menschlichen Gehirns verschieden intensiv beteiligt sind. Mit den Buchstaben mag eine Standardisierung der Zeichen erreicht worden sein, die den nervlichen Aufwand zur Gestalterkennung, der eher in der rechten Hirnhälfte erbracht wird, verringerte zugunsten verstärkter Wahrnehmung von Sequenzen, die in der linken Hälfte ihr Zentrum hat und durch ihre Verbindung mit dem rechten Auge dem Blick möglicherweise einen leichten Rechtsdrall gibt. Allerdings erklärt diese Hypothese nicht, warum die Phönizier nicht selbst schon die Schreibrichtung umkehrten, während andrerseits auf der viel älteren ägyptischen Narmer-Platte die Bildzeichen von links nach rechts verlaufen. Und jedes Maß geht verloren, wenn die Umkehrung der Schreibrichtung für einen generellen mentalen Richtungswechsel von Gestalt- zu Sequenzwahrnehmung herhalten und das griechische Alphabet für den «Primat der Linearität» im abendländischen Denken verantwortlich sein soll. «Die durch das Lesen linearer Schriften trainierten kognitiven Fähigkeiten bevorzugen die sequentielle Analyse realer und mentaler Bilder sowie deren Repräsentation» (S. 27), als ob das ohne Gestaltwahrnehmung ginge; sie «bevorzugen die systematische Atomisierung», «die Fragmentierung, die Ansammlung von Einheiten, das Entwerfen von Konzepten, die Erstellung von Universalien und die Unterteilung in Kategorien», «logische Verbindungen sowie Beziehungen von Ursache und Wirkung auf Kosten von Analogieschlüssen» (S. 27 f.), als ob Analogieschlüsse keine logischen Verbindungen wären und ohne Unterteilung in Kategorien auskämen; und schließlich bevorzugen sie angeblich «die Gestaltungsformen der Repräsentation, der Differenz, des Essays oder der Fiktion» (S. 28 f.), als sei der frühe, mündlich überlieferte Mythos nicht seinerseits bereits ein wahrer Tummelplatz von Repräsentation und Fiktion gewesen. Was die Umkehrung der Schreibrichtung tatsächlich ausgetragen hat, wird sich nur bei Verzicht auf ihre überspannte Pauschalinterpretation ermitteln lassen.

form gelangt waren, daß alle zukünftigen Lautschriften Ableger und Varianten der griechischen sein würden. Diese Perspektive tat sich erst auf, nachdem ein halbes Jahrtausend hindurch sich das Alphabet gefestigt und seine unerschöpflichen Kombinations- und Beschreibungsmöglichkeiten bewährt hatte. Sein enormes Uniformierungspotential hat sich allerdings erst sehr allmählich und schon gar nicht von selbst durchgesetzt, sondern stets durch nicht vorhersehbare weltpolitische Konstellationen und Zufälle hindurch, die ihm besonders günstig waren. Ohne daß etwa eine Weltmacht, nämlich die römische, das griechische Alphabet aufgegriffen, seiner Ausbreitung militärisch nachgeholfen und es zugleich zum Medium imperialer Verwaltungskunst gemacht hätte, hätte es seinen globalen Siegeszug schwerlich angetreten. Und nur weil Latein sich so erfolgreich mit Anordnung, Dekret, Kommando, Herrschaft verbunden hatte, war es fähig, das *Imperium romanum* zu überdauern und zum Verständigungsmittel des christlichen Abendlandes zu werden. Und damit wiederum war erst die Bedingung dafür da, daß das lateinische Alphabet auf alle jene abendländischen Nationen übergehen konnte, die just zu der Zeit, als sie ihre eigenen Sprachen vom Lateinischen emanzipierten, auch zur europäischen Eroberung Amerikas, Afrikas und weiter Teile Asiens ansetzten.

Die Globalisierung des Alphabets ist Frucht des Kolonialismus, nicht umgekehrt, so gewiß die Aufrichtung europäischer Herrschaft in anderen Kontinenten im Alphabet eine unschätzbare Stütze hatte. Daß die Chinesen bis heute in verflüchtigten Bildzeichen schreiben, liegt vornehmlich daran, daß China sich nicht zur Kolonie machen ließ. Schreibtechnisch wären für das Chinesische Lautschriften ebenso möglich gewesen wie für jede andere Sprache auch, genauso wie China auf seine Weise durchaus zum Buchdruck gelangte: auf der Basis eines hochentwickelten Holzschnitts – und bedeutend früher als Europa. «Xylographische Drucke religiöser Werke in hohen Auflagen sind [...] seit der Regierungszeit von Ming Huang (712–756) bekannt.»[32] Was fehlte, war der leicht überschaubare und erlernbare Bestand von 26 Buchstaben, der nicht nur die ganze sprachliche Lautwelt einzufan-

32 M. Giesecke, *Der Buchdruck in der frühen Neuzeit*, Frankfurt am Main 1991, S. 127.

gen vermochte, sondern sich auch durch ein Gußverfahren auf bewegliche, beliebig kombinierbare Metalltypen übertragen ließ, und vor allem fehlte der Anreiz für eine solche Übertragung: eine vergleichsweise breite Theologen- und Bürgerschicht, die sich auf Schrift verstand, und ein durch verzweigte Verkehrswege gut ausgebautes Marktsystem – eine Konstellation, die es so nur in Mitteleuropa gab. Sie erst machte es interessant, ein Verfahren für Massenauflagen von Schriftstücken zu ersinnen. Es gab Käufer dafür. Fliegende Blätter und Bücher konnten zu Waren werden. Gutenberg war nicht minder Geschäftsmann als Handwerksmeister.[33]

33 Daß das Alphabet «eine Kluft zwischen dem Auge und dem Ohr» (H. Marshall McLuhan, l. c., S. 33) aufgerissen habe, ist eine Rückprojektion. Zunächst geschah eher das Gegenteil. Kein Schriftsystem zuvor hatte sich dem Wortlaut der gesprochenen Sprache so innig verbunden wie das konsequent lautschriftliche. Gewiß, die innige Verbindung war nun zugleich eine mechanische. Notfalls konnte man Laut und Buchstabe aufeinander beziehen, ohne sich um ihre Bedeutung zu scheren, ja sogar, wenn man den Lautwert jedes Buchstabens genau kannte, Texte vorlesen, von denen man kein Wort verstand. Aber wer tat das schon? Im ersten Jahrtausend des Alphabets bildeten Lesen, Rezitieren, Einprägen eine nahezu selbstverständliche Einheit, die sich erst im christlichen Mittelalter lockerte, bis sie im Zeitalter des Buchdrucks allmählich auseinanderbrach. Prinzipiell möglich war stilles Lesen immer schon, und Pikto- oder Ideogramme, deren Bildgehalt mehr auf Dinge als auf einen Wortlaut zeigt, laden dazu gewiß mehr ein als das Alphabet, bei dem Buchstabieren eigentlich soviel wie Hörbarmachen heißt. Wissen wir denn, ob die Wahrnehmung alter sumerischer, ägyptischer oder chinesischer Zeichen automatisch mit dem Aussprechen der dazugehörigen Worte verbunden war? Daß ausgerechnet das Ideogramm «alle Sinne zugleich anspricht» und im Gegensatz zum Alphabet «nicht auf der Trennung und Spezialisierung der Sinne oder dem Auseinanderbrechen von Bild, Ton und Bedeutung» (S. 43) beruhe, ist pures Wunschdenken. Belegt hingegen ist, daß Ambrosius, der Bischof von Mailand, «schweigend» las: «Die Augen glitten über die Seiten, und das Herz erforschte den Sinn, Stimme und Zunge aber ruhten.» Dafür ist Augustinus im Jahre 384 Augen- und Ohrenzeuge geworden und berichtet es als große Kuriosität (*Confessiones*, VI, 3, 3). Die Regel war also lautes Lesen. Von ihr mag in der Folgezeit, zumal bei gesteigerter Handschriftenproduktion und -verteilung im Mittelalter , immer häufiger abgewichen worden sein. Entkräftet wurde sie jedoch erst durch den Buchdruck. «Erst im ausgehenden 15. und beginnenden 16. Jahrhundert wird die Abwertung oraler Informationen zu einer von breiten Schichten getragenen Erscheinung und beginnt jene nach

Der Buchdruck stand dem Alphabet nicht an der Stirn geschrieben. Zwei Jahrtausende ist es ohne ihn ausgekommen. Gleichwohl ist er ein mechanisches Verfahren, worin die geistige Mechanik des Alphabets, die darin besteht, jedem Laut schematisch ein visuelles Zeichen zuzuordnen, ein kongeniales Äußeres gewinnt; und die äußere Mechanik hat wiederum verstärkend auf die innere zurückgewirkt und zur neuzeitlichen «Operationalisierung der Wahrnehmung»[34] erheblich beigetragen. Im Rückblick sieht es so aus, als hätte das Alphabet gar nicht anders gekonnt, als auf den Buchdruck hinauszulaufen. Das ist aber ebenso eine Täuschung wie der Eindruck, die ersten sumerischen Phonetisierungen von Schriftzeichen hätten sich zwingend aufs Alphabet zubewegt. Auch hier handelt es sich um einen Prozeß, der keineswegs bloß schriftimmanent verlief, vielmehr in diverse Zufälle des Klimas, des Kriegsglücks und der Eroberungspolitik verwickelt war und längst noch nicht in allen Details geklärt ist. Und doch nimmt er sich im Rückblick so aus, als sei er vorab von einem Logiker am Reißbrett entworfen worden – so konsequent hat sich die Phonetisierung der Schrift

perspektivischen Wahrnehmungsprinzipien gewonnene und in gedruckten Büchern gespeicherte ‹visuelle› Information ihren Siegeszug» (M. Giesecke, *Der Buchdruck in der frühen Neuzeit*, l. c., S. 33). «Gefragt ist im Zeitalter der typographischen Kultur perspektivisches, einäugiges Sehen, erforderlich sind materielle Werkzeuge wie der Visierstab, Albertis ‹vetro tralucente› (Glasscheibe), das Fernrohr und recht bald auch das Mikroskop» (S. 35). Die typographische Zurichtung des Schriftbilds ist nur ein Teil der Normierung des Gesichtssinns zum Organ unbestechlicher wissenschaftlicher Prüfung. Erst in ihrem Zuge wird das Auge ähnlich von den anderen Sinnen isoliert wie der Raum wissenschaftlicher Beobachtung von seiner Umgebung. Nun erst werden Lautzeichen zu Lautersatz, gibt die Schrift «ein Auge für ein Ohr» (McLuhan, l.c., S. 32). Das griechische Alphabet ist eine unabdingbare Voraussetzung dafür, aber nicht die Ursache, wie denn auch die Disziplinierung zu genauem Hinsehen nicht erst durch Schriftzeichen begann. Längst vorher hatte sich der Gesichtssinn in Sterndeutung, Vogel- und Eingeweideschau, Spurenlesen und genauer Beobachtung korrekter Ritualabläufe jene Sonderstellung erarbeitet, für die das griechische Wort *theoria* (wörtlich: Schau des Göttlichen) nur ein nachträglicher Name ist. Jene philosophische Haltung, für die *theoria* der griechische Fachterminus ist, hat in der gewissenhaften Beobachtung sakraler Abläufe durch Priester und Schamanen, die im Lateinischen *religio* heißt, eine jahrtausendelange Vorschule gehabt.

34 M. Giesecke, l. c., S. 566.

durch all ihre Unwägbarkeiten, Schlenker, Umwege, Variationen hindurch entwickelt. Von der akustischen Seite aus stellt sie sich als umfassender Zerlegungsprozeß dar: des Sprachflusses in Worte, der Worte in Silben, der Silben in kleinste Lauteinheiten. Von der optischen Seite aus läßt sie sich als sukzessive Entbildlichung fassen. Die Bildzeichen, selbst schon ausgehöhlte, schematisierte Bilder, werden weiter schematisiert, wozu der Keil, jenes Schreibgerät, mit dem man die Zeichen in Ton drückt, besondere Dienste leistet. Er teilt jedem Zeichen, das er hinterläßt, zugleich seine eigene Form mit – und wiederholt damit auf der Hochkulturstufe der Schrift etwas, was bereits bei der frühen Höhlenmalerei begegnete: die Selbstdarstellung der gestaltenden Kraft. Dort, etwa in der Höhle Chauvet, war es die menschliche Hand, die sich demonstrativ selbst abbildete, hier ist es ihr Schreibwerkzeug. Während sich die Hand aber *neben* den von ihr gemachten Gestalten abdrückte, drückt sich der Keil *in* ihnen ab und gibt damit in jeder von ihnen zu verstehen, daß *er* es ist, der sie macht. Keilschrift war nicht nur technisch auf dem höchsten Stand, sie war auch entmystifizierend. All ihre Zeichen sind keilförmig stilisiert, geometrisiert, lassen die magische Bildkraft, die sich in Piktogrammen, erst recht in Ideogrammen, ohnehin schon stark verflüchtigt hatte, weiter verblassen. Und der Keil ist selbst bereits so schematisiert und diskret wie der Buchstabe, auch wenn dieser nicht in direkter Linie von jenem abstammt.

Buchstaben sind Lautzeichen, keine Ideogramme. Aber sie haben ideographische Gestalt. Sie sind nachbildlich, aber nicht vollständig unbildlich. Wenn ihnen nicht ohnehin noch alter, überkommener Bildgehalt anhaftet,[35] so erregen sie zumindest vielfältige Bildassoziationen. In ästhetischer Hinsicht rücken sie damit unversehens in nächste Nähe zur Avantgardekunst des 20. Jahrhunderts, die sich nicht von ungefähr von Kalligraphie und Typographie besonders inspiriert fühlte. Die avancierten Gemälde von Kandinsky, Klee oder Mondrian erheben den Anspruch, nichts abzubilden und dennoch Bilder zu sein. Wer zu

35 Die ersten drei Buchstaben des Hebräischen etwa heißen א (Aleph), ב (Beth), ג (Gimel), aber Aleph ist auch das Wort für Rind, Beth das für Haus, Gimel das für Kamel, und man kann mit etwas Phantasie der Gestalt dieser drei Lautzeichen durchaus noch ansehen, daß sie einmal Bildzeichen für besagte Objekte gewesen sind.

fragen wagt, was sie denn darstellen, macht sich unmöglich. Er rührt an ein Tabu, das sich wie Mehltau über die gesamte moderne Kunstrezeption gebreitet hat. Dabei ist die Frage völlig berechtigt. Wenn es nichts mehr gibt, wovon oder wofür ein Bild Bild ist, hört es auf, Bild zu sein. Es wird zur Sache selbst. Nun gehört zu den Qualitäten der abstrakten Malerei gewiß ihre Selbstbezüglichkeit. Sie reflektiert einen gesellschaftlichen Zustand, in dem das Abbilden von Objekten, auch dank photographischer Technik, zu einem inflationären, mechanischen, phrasenhaften Vorgang tendiert, und gewinnt daraus Bilder, die das gestörte Verhältnis von Bild und Abgebildetem selbst noch einmal anschaulich machen. Aber damit wird die Frage danach, was diese Bilder darstellen, nur um so bohrender. Vor moderner Kunst ist sie verpönt, vor Buchstaben hingegen willkommen. Da hat man nämlich Antworten. Einem Kind, das wissen möchte, was das Zeichen A darstellen soll, erklärt man großzügig dessen Lautwert. Aber hat man damit wirklich auf die Frage geantwortet? Ist man nicht bloß angesichts eines sichtbaren Zeichens, für das es ebensowenig eine sichtbare Objektentsprechung gibt wie für Mondrians strenge Formen und Farben, in die Sphäre des Akustischen ausgewichen und hält das für eine Erklärung, weil man dabei nach einer festen gesellschaftlichen Konvention verfährt? Jedem Kind mutet man bei seiner Alphabetisierung zu, Buchstaben als lautlose Darsteller von Lauten anzunehmen, aber niemand kann sagen, wie das möglich ist, kein Argument vermag aus der optischen Figur eine entsprechende akustische zu deduzieren. Zwischen beiden bleibt ein Sprung. Das Staunen darüber, daß so etwas Inkommensurables wie Laut und Bild füreinander einstehen können, ist denn auch durch jahrtausendelangen Schriftgebrauch nicht vollständig verscheucht worden. Immer noch umgibt den Buchstaben, das alltägliche Wahrzeichen des Inkommensurablen, etwas von der Aura des Mysteriums, und es ist nicht von ungefähr, daß gerade in der zweiten Hälfte des 20. Jahrhunderts Buchstaben angefangen haben, einen besonderen Magnetismus auf die heimatlos gewordene abendländische Metaphysik auszuüben, als könnten sie ihr eine letzte Zufluchtsstätte bieten.

Profane Schrift
Die profane Schrift, die in den sumerischen Buchungstafeln ihren Anfang nahm, war nicht so profan, wie sie auf den ersten Blick scheint. Zwar diente sie wirtschaftlichen Belangen, aber die waren nicht bar alles Kultischen. Bundesschlüsse sind von alters her sakrale Zeremonien. Sie werden profaniert, wenn das Wort, das die Bündnispartner einander geben, seine entscheidende Bekräftigung nicht mehr durch gemeinsames Opfern und Anrufen der beiderseitigen göttlichen Schutzmächte bekommt, sondern dadurch, daß es als Logogramm in Ton geritzt wird. Aber damit hören sie nicht auf, Bundesschlüsse zu sein. Auch Tributverhältnisse beruhen auf Bundesschlüssen. Es ist, wenn auch unter Zwang, vereinbart worden, wieviel Vieh, Getreide, Bier etc. die Untergebenen den Herrschenden abzuliefern haben, um dafür von ihnen unbehelligt zu bleiben oder gar geschützt zu werden. Wenn hierzu Schrift verwendet wird, kommt einer ihrer ältesten Aspekte wieder zum Vorschein. Urschrift war Eigenzeichen. Ein Kollektiv zeichnete sich mit ihr als etwas Eigenes und gab sich damit zugleich einer Gottheit zu eigen. Was auf Buchungstafeln steht, sind ebenfalls Eigenzeichen. Sie verzeichnen Eigentum, das einer höheren Macht zu übereignen ist, und erinnern dabei in hochrationalisierter Form an die Doppelbedeutung sakraler Urschrift. Deren Wundmale waren ja auch schon Tribut an die heilige Gewalt: Todessurrogate, die man «ablieferte», um sich vom Tod freizukaufen. Einerseits ist diese Urschrift etwas Konstatierendes. Sie besagt: Der beschriftete Körper *ist* der verschonte. Andrerseits steht sie bereits unter dem Eindruck, daß die Zeichen der Verschonung keineswegs immer Garanten der Verschonung sind. Daher konstatiert sie im Modus der Beschwörung: Die Schrift *soll* bewirken, daß die heilige Gewalt verschont. Ihr Sein ist ein Sollen.[36] Jede Vereinbarung hat übrigens diesen Doppelcharakter. Sie

36 In diesem Punkt gleicht sie dem kantischen Sittengesetz; «unerklärliches Faktum» hat Kant es genannt (*Kritik der praktischen Vernunft*, A 74, Werke in zehn Bänden [ed. W. Weischedel], Bd. VII, Frankfurt am Main 1968, S. 156), und doch besteht seine Faktizität in nichts als einem kategorischen Sollen. Die blutige Urschrift nimmt sich wie sein Urahn aus. Sie ist nicht minder kategorisch als das Sittengesetz, das seinerseits den Charakter des Wundmals nicht ganz verloren hat und wie die offene Stelle unerfüllter Humanität im geschlossenen Kausalzusammenhang der Natur erscheint.

ist ebenso faktischer Vollzug, also ein Sein, wie das wechselseitige Versprechen, sie einzuhalten, also ein Sollen. Beides allerdings nicht in gleichem Maße. Kein Zweifel, daß bei sumerischen Buchungstafeln – wie auch schon bei der Urschrift – das Sollen überwiegt. Profane Schrift beginnt als dringliche Vorschrift. Aber auch hier gibt es das Sollen der Schrift nicht ohne ihr Sein. Wo Vorschrift ist, da ist auch Beschreibung, nicht nur in dem physischen Sinne, daß ein Material beschrieben wird. Das, was die Vorschrift fordert, muß sie auch inhaltlich beschreiben, sonst ist sie gegenstandslos. Und so erzählt unsere exemplarische Buchungstafel von einer Königs- oder Priestermacht, die unter anderem dadurch definiert ist, daß ihr von bestimmten Untertanen «54 Stiere und Kühe» zustehen.

In jeder schriftlichen Forderung steckt selbst schon Beschreibung und damit Erzählung. Ohne ein Minimum davon könnte niemand wissen, wer was fordert. Und die Forderungen gewinnen um so mehr Nachdruck, je eindrücklicher die Macht beschrieben ist, von der sie ausgehen. So treibt der Forderungscharakter der Schrift von sich aus zur Erzählung, die Vorschrift zur Beschreibung, und es ergeht der profanen Schrift ähnlich wie einst dem Ritus, als er anfing, den Mythos hervorzutreiben. Als Rituale entstanden, stand ihre Plausibilität nicht zur Debatte. Sie hatten als nervliche Notwehrmaßnahme gegen traumatische Erregung sozusagen ihre physiologische Eigenplausibilität – und daran vollauf genug. Aber wenn sie sich eingespielt haben, Routine geworden sind, durch jahrtausendelange Wiederholung ausleiern, ausfransen, Disseminations- und Auflösungserscheinungen zeigen, ist der Bestand des Kollektivs bedroht. Die Restauration der Rituale wird zur sozialen Notwendigkeit. Dazu muß an die Stelle ihrer entschwundenen physiologischen Plausibilität eine neue mentale treten. Es beginnt die Zeit, wo das gesprochene Wort sich vom Ritualvollzug und Lebensmittelerwerb ablöst und sich eine eigene Dimension eröffnet: die des Erzählens. Der Mythos entsteht,[37] und zwar um des Rituals willen. Er soll erzählen, wie es zum Ritual gekommen ist, und es dadurch begründen und festigen. Nur geht es ihm nicht anders als später

37 Wann das angefangen hat, läßt sich nur raten. Zur Zeit des Neolithikums mit seinen tiefgreifenden rituellen Umwälzungen dürfte die Mythenbildung aber schon in vollem Gange gewesen sein.

den Bauwerken: Das Restaurierte ist nicht das Ursprüngliche. Die erzählte Herleitung des Rituals gibt nicht den wirklichen Hergang wieder, sondern legt ihm nachträglich Gründe unter. Der erwachende Erzählgeist folgt, wie ein Kind, eher den Impulsen und Assoziationen seiner Phantasie als dem historischen Verlauf oder gar kollektiven Ritualbedürfnissen, so daß der Mythos den Ritus eher rationalisiert als begründet, mehr umspinnt, durchtreibt und untergräbt als festigt.

Die profane Schrift hat diesen sich selbst unterlaufenden Restaurationsprozeß auf ihre Weise noch einmal nachvollzogen. Buchungstafeln waren ja erst ihr Anfang, ein erstes Erspüren ihrer Möglichkeiten. Je umfassender sie sich aber als Vorschrift etablierte, desto mehr mußte sie auch eigene Erzählqualitäten entwickeln. Ihr Drang zur Lautschrift implizierte einen Drang nach Erzählung. Nicht von ungefähr ist das erste große Erzählwerk der Menschheit, das *Gilgamesch-Epos*, in akkadischer Silbenkeilschrift verfaßt, also auf dem Welthöchststand der Phonographie um die Wende vom dritten zum zweiten Jahrtausend.[38] Und wie der mündliche Erzählgeist seine eigenen Wege ging, als er sich vom Ritus abhob, so gewinnt auch der schriftliche einen Eigensinn, sobald er in den Prozeß der Mythenüberlieferung eintritt. Der auf die Schreibfläche gebannte Mythos hat längst nicht mehr die gleiche suggestive Wirkung wie der im Heiligtum rezitierte und von der versammelten Gemeinde bekräftigte. Die Schrift schafft eine nie gekannte Distanz zum Erzählten. In ihren Zeichen kann man die Mythen vor sich hinstellen wie ein heideggersches «Gestell»[39], sie objektivieren, glätten, plausibilisieren, auswei-

38 *Das Gilgamesch-Epos*, Stuttgart 1999. Cf. darin die Einleitung von Albert Schott (1934), S. 3 ff.

39 Schrift ist so ziemlich das letzte, woran Heidegger gedacht haben dürfte, als er «Gestell» als «Name für das Wesen der modernen Technik» einführte und damit «Gestänge und Geschiebe und Gerüste» assoziierte (M. Heidegger, *Die Frage nach der Technik*, in: ders., Vorträge und Aufsätze, Stuttgart 1954, S. 24). Allerdings ist mit «Gestell» kein einzelnes Ding gemeint, sondern eine Konstellation, in der sich die Menschheit auf bestimmte Weise «entbirgt», hervortritt, sich *der* Welt und sich *die* Welt «stellt», aber so, daß sie sich dabei das Entscheidende gerade *ver*stellt, nämlich «in ein ursprünglicheres Entbergen einzukehren und so den Zuspruch einer anfänglicheren Wahrheit zu erfahren» (S. 32). Freilich sind Heideggers dekadenzphilosophische Sprechblasen um eine angeblich «anfäng-

ten, ihre einzelnen Episoden zu ganzen Zyklen verknüpfen. So erst entsteht aus Mythen Mythologie. Und durch das profane Medium Schrift verschiebt sich auch der erzählte Stoff ins Profane. Zwar ist das *Gilgamesch-Epos* weit davon entfernt, ein historischer Bericht zu sein. Aber allein schon, daß es sich, statt um eine Gottheit, um den Namen einer historischen Person rankt, die wahrscheinlich im 27. Jahrhundert die erste große Stadtmauer um Uruk hat bauen lassen, deutet an, daß mit der schriftlichen Objektivierung auch ein erstes Interesse an der Objektivierung des Erzählten wach wurde: daß Geschichten Geschichte von Menschen wiedergeben, deren Name historisch verbürgt ist. Jedenfalls ist Gilgamesch der Akteur des Mythenzyklus; um seine Person, seine Freundschaft mit Enkidu, seine Kriegszüge und Fahrten in die Unterwelt geht es. Die Kultgottheiten Uruks sind nur noch die Umgebung des Helden. Sie rahmen, umgrenzen, definieren zwar Zeit und Raum seiner Handlungen, gewinnen aber keine eigene Plastizität.

Ihre ersten Schritte hat die profane Erzählschrift auf profanem Boden vollzogen.[40] Erst nachdem sie dort, in der Ausgestaltung

lichere Wahrheit», die auf verquollene Weise einem verlorenen Eingefügtsein ins Wesen der Welt nachtrauern, für den Gedanken des «Gestells» gar nicht konstitutiv. Man kann sie getrost von ihm abziehen und behält dann einen Begriff zurück, der – wie im folgenden gezeigt werden soll – bei der Erschließung profaner Schrift erstaunlich hilfreich ist. (Eine sehr ähnliche, ebenfalls ganz unheideggerische Wendung findet sich bei W. Bock, *Der Film im Zeitalter seines Verschwindens*, Bielefeld, im Erscheinen. Das Wort «Gestell» steht hier für bestimmte Gitter- und Rasterstrukturen in avancierter Malerei [Francis Bacon] und Film [Jonathan Demme], die den Schein der Unmittelbarkeit durchbrechen, den Betrachter auf sich zurückwerfen, ihn an das Gestellte, will sagen, Präparierte, Gerahmte, gewaltsam Aus- und Zugeschnittene der Bildwelt erinnern sollen.)

40 Der vielleicht älteste Beleg für diese These ist die sogenannte Narmer-Platte aus der Frühzeit der ersten ägyptischen Königsdynastie. Es handelt sich um eine königliche Schminkpalette. Im oberen Drittel der Vorderseite (Abb. 10 a) schreitet Narmer mit der Kopfbedeckung des Herrschers von Unterägypten, umgeben von einem Wesir, einem Sandalen- und vier Standartenträgern, auf zwei Fünferreihen geköpfter Leiber zu. Möglicherweise steht jeder dieser Leiber für ein bestimmtes Quantum getöteter Feinde. Auf der Rückseite (Abb. 10 b) steht Narmer mit der Kopfbedeckung des Herrschers von Oberägypten im Begriff, einen

menschlicher Begebenheiten, ein wenig heimisch geworden war, hat sie sich in die Sphäre der Götter zurückgewendet und auch sie Hauptrollen im phonographischen Zeichensystem spielen lassen. Nun erst wird die profane Schrift das, was *wir* «heilige Schrift» nennen. Doch wie unheilig verfährt sie, was tut sie allein schon den göttlichen Eigennamen an! Sie waren einmal die Namen schlechthin, der Ursprung aller Namengebung. Und was bleibt davon, wenn ihr Wortlaut in ein Material geritzt, in ein Zeichen-«Gestell» hinabgezogen und eingezwängt wird? Nur noch ein Schatten jener heiligen Gewalt, die sich einst im Kainszeichen manifestierte. Aber erst wo die heilige Gewalt derart zum Schatten ihrer selbst geworden ist, ist sie

Knienden niederzuschlagen, während ihm Horus, der göttliche Falke, am Strick einen Kopf zuführt, dem sechs Blumen folgen. Da die Lotosblume gelegentlich als Zeichen für «tausend» vorkommt, könnte die Botschaft sein, daß Narmer sechstausend Gefangene gemacht hat (cf. K. Földes-Papp, op. cit., S. 72). Jedenfalls stellen Vorder- und Rückseite der Platte Unter- und Oberägypten als durch die gewaltigen Taten Narmers vereinigt dar, was die Ägyptologen hat glauben lassen, die Reichseinigung sei seine Leistung gewesen – bis sich herausstellte, daß sie schon zweihundert Jahre früher stattgefunden hatte (cf. A. Schlott, l. c., S. 110 ff.). Und woher wissen wir, daß dieser Herrscher «Narmer» heißt? Das gibt der Bildgehalt der frühen Hieroglyphik nämlich nicht her. Sie kann Tötung und Gefangennahme darstellen, Götter unverwechselbar charakterisieren (zum Beispiel Horus durch den Falken, Thot durch den Ibis), ebenso die Geschlechtszugehörigkeit, den sozialen Stand und die Amtsfunktion von Menschen, genau zwischen Wesir und König unterscheiden. Aber wer dieser König *ist*, dessen Heldentaten sie verzeichnet, das kann sie nicht sagen, es sei denn, sie vollziehe die *metabasis* zum Lautzeichen. Und genau das ist hier geschehen. Stets findet sich neben oder über dem Kopf des Königs quer ein Fisch und längs darunter ein Meißel, und wenn man weiß, daß der Lautwert des ersteren *nar*, der des letzteren *mer* ist, fügen sich diese beiden Worte zu den zwei Silben des Königsnamens: zu einem der frühesten und signifikantesten Zeugnisse von Silbenlautschrift. Auf der Narmer-Platte kommt Entscheidendes zusammen. Wo Schrift zu erzählen beginnt, beschreibt sie gewaltige Taten menschlicher Protagonisten. Das kann sie aber nicht, ohne den Namen zu nennen, durch den sie zu wirklichen historischen Taten überhaupt erst werden, wie umgekehrt dieser Name erst konkret wird durch die Taten, die ihn verherrlichen. Kein Bildzeichen ist in der Lage, diesen Namen zu nennen. Der menschliche Eigenname ist eine wesentliche Durchbruchstelle der Phonographie und ein starkes Indiz für ihren profanen Anfang.

a)

Abb. 10: Die Narmer-Platte
(Anfang des 3. Jahrtausends v. Chr.)
a) Vorderseite;
b) Rückseite der Platte

b)

domestiziert genug, um in einem engeren Sinne für menschliche Attribute empfänglich zu sein. Menschenähnlich war sie wohl längst schon imaginiert worden, aber zunächst in einer schemenhaften, gespenstartigen Ähnlichkeit. Wo nun aber die göttlichen Namen in den Zeichen geschrieben werden, die für profane Dinge erfunden wurden, da wird auch die Beschreibung menschlicher Gestalten zur Vorlage der Götterbeschreibung. Die Ausspinnung menschlich-allzumenschlicher Charakterzüge bei den Göttern hat gewiß auch mündlich stattgefunden, aber erst im Medium der Schrift wird sie zu einer regelrechten Durcharbeitung und Ausmodellierung der göttlichen Subjektivität. Nun erst sind die Götter fern genug gerückt, um menschennah dargestellt werden zu können, nun erst geht die ganze Fülle der antiken Götterwelt auf, nun erst bekommen ihre Figuren eine Faßlichkeit und Konkretheit, die sie als numinose, schemenhafte Schreckgestalten nie hatten: jene Plastizität, die wir an der *Ilias* und der *Odyssee* so bewundern und zu der die griechische Plastik mit ihren vollkommen anthropomorphen Götterbildern das kongeniale optische Seitenstück darstellt.

Das Epos ist denn auch jene literarische Gattung, in der die Vorschrift mindestens ebenso schwungvoll über sich hinausgewachsen ist wie einst im Mythos der Ritus. Doch auch die Vorschrift selbst ist im Zuge dieser Entwicklung nicht das geblieben, was sie in Buchungstafeln war. Buchungstafeln geben dem Ritus des Bundesschlusses eine neue, profane Form, und wie dank seiner schriftlichen Aufzeichnung der Mythos zur Mythologie wird, so der Ritus zur «Ritologie»: zum Gesetz. In gewisser Hinsicht sind Buchungstafeln selbst schon Gesetzestafeln. Sie regeln verbindlich soziales Verhalten, wenn auch noch auf recht sporadische, partikulare Weise.[41] In dem Maße aber, wie Schrift ihr eigenes Ausdrucks- und Erzählpotential entfaltet, begnügt sie sich nicht länger mit der Festschreibung dieses oder jenes Einzeltributs, sondern geht dazu über, die Leistungen zu beschreiben, die generell zu erbringen sind, damit das Gemeinwesen mit seinen Eigen-

41 Als literarisches Seitenstück dazu könnte man die frühen mesopotamischen und ägyptischen Briefe bezeichnen. Sie bestehen fast ausschließlich in militärischen Befehlen und Tributforderungen von Herrschern an Untergebene, gelegentlich in Angeboten zu Bundesschlüssen an Rivalen.

tums-, Sexual- und Herrschaftsverhältnissen Bestand hat. Und wieder ist es, wie beim *Gilgamesch-Epos*, eine Variante akkadischer Silbenkeilschrift, in der, an der Wende vom 18. zum 17. Jahrhundert, der erste große Gesetzescodex der Menschheit verfaßt wurde: der *Codex Hammurabi*. Er hat Vorläufer gehabt, die bis ins dritte Jahrtausend zurückreichen, ist aber in seiner Präzision und Ausführlichkeit, mit der er in 282 Paragraphen Eigentumsverhältnisse und Leihgeschäfte, Heirat und Familie, Gesundheits- und Bauwesen, Ackerbau und Handwerk, Lohnarbeit und Sklaverei behandelt, ein singuläres Meisterstück.[42] Und der Gott Schamasch, der auf dem berühmten Relief der Gesetzesstele über allen Vorschriften thront und dem stehenden König Hammurabi das Gesetzeskonvolut übergibt, vollzieht nur noch die feierliche Einweihung von Rechtsverhältnissen, in die er selbst nicht mehr eingreift.

Regeln muß man nur Verhältnisse, die sich nicht von selbst regeln – weil sie neu sind oder sich nicht mehr von selbst verstehen, etwa die neuen sozialen Verhältnisse einer großen Stadt, die durch Buchungstafeln strukturiert werden sollten. Sie waren, wie gezeigt, nicht kultfrei, gehörten aber ebensowenig zum Allerheiligsten des Ritualbestandes. Nun war in einer urbanen Hochkultur zwar auch dieses Allerheiligste längst begründungsbedürftig und daher von Mythen vielfältig umsponnen und durchdrungen. Aber sein Vollzug war noch so weit lebendig und selbstverständlich, daß er nicht nötig hatte, ausdrücklich in einer Vorschrift niedergelegt zu werden. Zunächst einmal hat das Gesetz, ganz ähnlich wie sein literarisches Gegenstück, das Epos, sich an profanen Verhältnissen erprobt, ehe es sich in die Sakralsphäre zurückwendete. Liturgische Gesetze gehören schon zur Sekundärschicht des Vorschreibens. Wenn Ägypter es für nötig hielten, ein Verzeichnis anzulegen, worin alle Priester, Schreiber, Seher, Sterndeuter, Opferdarbringer des Pharao samt ihren Funktionen festgehalten sind,[43] so bedeutet das: Der Königshof befand sich in einer Kultkrise.

42 H. Schmökel, *Hammurabi von Babylon. Die Errichtung eines Reiches*, Darmstadt 1971, S. 49 ff.

43 So im sogenannten *Onomastikon* von Amenope; cf. J. Goody, *Die Logik der Schrift und die Organisation von Gesellschaft*, 1986, dt. Frankfurt am Main 1990, S. 74 ff.

Der rituelle Vollzug verstand sich nicht mehr von selbst. Erzählungen über sein Zustandekommen reichten nicht mehr aus. Es mußten genaue Vorschriften und Umschreibungen her, um ihn zu sichern. In großem Stil findet sich dieser erneute Ineinanderfall von Gesetz und Erzählung allerdings erst in den späteren Schichten des Pentateuchs, wo der Gott Israels Mose akribisch vorschreibt, wie die heilige Lade, das heilige Zelt, der Altar, der Leuchter, die Gefäße, die Kleidung der Priester etc. zu fertigen seien, und eine ausgiebige Ritualgesetzgebung mit diversen Sittencodices zu jenem Textgewebe verwachsen ist, das den Grundbestand des «mosaischen Gesetzes», der Thora, ausmacht.[44] Nicht nur, daß hier die profane Schrift in die Sphäre, aus der sie herstammt, zurückkehrt und sie mit den Mitteln eines elaborierten Zeichensystems neu ausgestaltet, ihr sozusagen eine profane Innenarchitektur gibt. Schrift wird dabei auch auf denkwürdige Weise selbstbezüglich, reflexiv, und zwar an jener prominenten Stelle des Bundesschlusses Jahwes mit Israel, von der das Alte Testament seinen Namen hat. *Testamentum* ist ja das lateinische Wort für «Bund».

«Danach kam Mose und sagte dem Volk alle Gebote des Herrn und alle Rechtssatzungen. Da antwortete das ganze Volk einmütig und sprach: Alle Gebote, die der Herr gegeben hat, wollen wir halten. Da schrieb Mose alle Gebote des Herrn auf. Am anderen Morgen aber in der Frühe errichtete er einen Altar unten am Berge und zwölf Malsteine nach der Zahl der zwölf Stämme Israels. Dann entbot er die jungen Männer unter den Israeliten, dem Herrn Brandopfer darzubringen und junge Stiere als Heilsopfer zu schlachten. Und Mose nahm die eine Hälfte des Blutes und goß es in die Becken, die andere Hälfte des Blutes sprengte er auf den Altar. Dann nahm er das Buch des Bundes und las es dem Volke vor. Und sie sprachen: Alles, was der Herr geboten hat, wollen wir tun und darauf hören. Danach nahm Mose das Blut, besprengte das Volk damit und sprach: Seht, das ist das Blut des Bundes, den der Herr auf Grund all dieser Worte mit euch geschlossen hat.»[45] Hier wird die Schrift in kaum mehr verhohlener Weise über sich selbst geständig. Indem sie den Bund zwischen Gott

44 Exodus 25 ff.; cf. auch Leviticus, Numeri, Deuteronomium passim.
45 Exodus 24, 3–8.

und Israel beschreibt, legt sie zugleich den Bund offen, in dem sie seit Menschengedenken mit dem Opferritus steht. Die in Stein geritzten Zeichen auf den Bundestafeln werden erst verbindlich, indem das Blut geopferter Rinder auf sie tropft. Damit nicht genug. Mose besprengt auch das Volk mit Rinderblut. Er läßt es an den Menschen kleben, als ob es ihr Blut wäre – und erweist es damit als Ersatzblut. Das Rinderblut steht für das Blut, das anfangs aus menschlichen Körpern floß, wenn ihnen jene Zeichen eingeritzt wurden, die das ganze Kollektiv einer Gottheit verbanden. Das blutlose Einschreiben in tote Schreibflächen gibt sich als späte, hochkultivierte Ersatzhandlung zu

46 Zu dieser jüdischen Rückwendung der Schrift auf ihre Herkunft gibt es eine interessante griechische Parallele in Platons Mythos über die sagenhafte, längst versunkene Insel Atlantis, wo es folgende Sitte gegeben haben soll: «Aber die Herrschaft und Gemeinschaft unter ihnen richtete sich nach den Weisungen Poseidons, wie das Gesetz es ihnen überlieferte und eine Inschrift, von den ersten Königen aufgezeichnet auf einer ehernen Säule, die in der Mitte der Insel im Heiligtum Poseidons stand. Hier versammelten sie sich [...] Bei diesen Zusammenkünften berieten sie über die gemeinsamen Angelegenheiten, untersuchten, ob jemand etwas übertreten habe, und urteilten. Standen sie aber im Begriff zu urteilen, gaben sie einander auf folgende Weise Bürgschaft. Unter den im Heiligtum losgelassenen, dem Poseidon geweihten Stieren machten sie, jeweils zu zehnt, nach einem Gebet zum Gott, sie möchten ein ihm wohlgefälliges Opfer ergreifen, Jagd, ohne Eisen, nur mit Holzknüppeln und Schlingen. Denjenigen von den Stieren, den sie fingen, führten sie an die Säule, und in Höhe ihres oberen Endes, schnitten sie ihm die Kehle durch, so daß das Blut auf die Inschrift spritzte. Auf der Säule aber stand außer den Gesetzen ein Eid mit schweren Verwünschungen gegen die Ungehorsamen» (Platon, *Kritias*, 119 c – e). Dies ist ein weiterer Beleg für die bloß graduelle Verschiedenheit von jüdischer und griechischer Schrift. Beide geben sich als profane Abkömmlinge einer blutig-sakralen Urschrift zu erkennen, die sie auf erstaunlich ähnliche Weise vergegenwärtigen. Zwar fordert die hebräische Konsonantenschrift, zu der «der Vokal, der Hauch des Atems», hinzukommen muß, damit sie verständlich wird, den Leser qualitativ anders heraus als die griechische Lautschrift, die man notfalls auch vortragen kann, ohne sie zu verstehen. Aber daraus schließen, daß semitische Schriften «prinzipiell heilig» seien, «wenn sie bewußt ausgeübt werden», die griechische und alle christlichen hingegen «profan durch den objektiven Charakter, den das Alphabet dem Text verleiht» (D. de Kerkhove, l. c., S. 96 und 98), heißt einen interessanten Unterschied zu einem haltlosen Gegensatz aufblasen.

erkennen, indem es seine eigene archaische Vorzeit noch einmal aufscheinen läßt. Einerseits hebt es sich davon ab. Die Worte der Bundesschrift werden nicht mehr unmittelbar in Fleisch und Blut eingeschnitten wie einst das Kainszeichen. Ihre Einprägung in Stein, Ton, Gips, Papyros etc. ist nur noch das äußere Zeichen für ihre mentale Einprägung in lebendige Menschen. Andrerseits aber, um klarzumachen, wie tief diese Einprägung gehen soll, muß die überwundene Vergangenheit noch einmal heraufbeschworen werden. Das zum Inkrafttreten der Bundesworte vergossene Blut gibt zu verstehen, daß sie nicht minder unauslöschlich in der Seele sitzen sollen als das Kainszeichen im Körper.[46]

3

DIE ANTIKE KRISE DER SCHRIFT

In ihrer profanen Gestalt ist Schrift so weit gebannt, daß sie nicht mehr unmittelbar angreift. Sie hat ihre ursprüngliche Furchtbarkeit verloren, damit allerdings auch ihre ursprüngliche Verbindlichkeit. In dem Maße, wie sie dem menschlichen Körper äußerlich wird, wird sie auch seiner Vorstellungs- und Abstraktionskraft äußerlich: zu einem «Gestell», worin sich Vorstellungen und Abstraktionen feststellen, aber auch abstellen lassen. Das Gestell ist auch Speicher. Speicher sind etwas für Notzeiten. Man sichert dort Vorräte für Kälte- oder Dürreperioden. Auch Schrift sichert. Ihr Speicher bietet Zuflucht, und zwar nicht mehr jene imaginierte, die sich angsterfüllte Frühmenschen von einer göttlichen Schutzmacht erhofften, wenn sie sich deren Zeichen ins eigene Fleisch schnitten. Vielmehr eine ganz handfeste. In Stein, Ton, Leder oder Papyros finden nämlich die Gedanken, jene Ausgeburten des menschlichen Hirns, die «unstet und flüchtig auf Erden» sind, heute kommen und morgen ausbleiben, jetzt klar und im nächsten Moment vielleicht schon wieder trübe sind, tatsächlich eine festere Bleibe als je in gesprochenen Worten. Prägnanter, zuverlässiger, dauerhafter als im Speicher der Schreibflächen, deren Material ungleich stabiler ist als das zarte Nervengefädel des Gehirns, können sie nirgends aufbewahrt sein.

Doch so gewiß dieser Speicher Gedanken sichert, so wenig ist er ein sicherer Ort. Zum einen hat er etwas Unheimliches. Gedanken speichern sich anders als Getreide. Im gespeicherten Zustand hören sie auf, lebendige Gedanken zu sein. In Schrift niedergelegt, werden sie stumm und starr und müßten für absolut tot gelten, hätten sie nicht eine Eigenschaft behalten: ihre Lesbarkeit. Einzig Lesen kann sie zu lebendigem Wortlaut wiedererwecken. Naturvölker, die sich auf diese Kunst nicht verstehen, werden bis heute den Verdacht nicht los, es handle sich dabei um Zauberei[1] – was gar nicht abwegig ist bei einem

1 Cf. A. Schlott, l.c., S. 16.

Medium, worin Bedeutung versinkt, Gedanken schlafen, Geist scheintot ist. Nicht von ungefähr haben Schrifttafeln und -rollen zunächst ähnliche Schauder ausgelöst wie Grabkammern. Auch darin war Lebendiges versenkt, aufbewahrt und auf seine Weise zur Wiederbelebung präpariert worden, sozusagen zu einem metaphysischen «Lesen». Sollten doch die Gottheiten die Toten zu einem andern Leben «auserlesen». Die frühen Schrifttafeln und -rollen, obwohl ganz profane Speicher, zehren vom Mysterium der Grabesnähe. So ist es gar kein Widerspruch, vielmehr Zeugnis der nicht enden wollenden Dialektik von sakral und profan, daß die profane Schrift, die eine unerhörte Distanz zum Heiligen schafft, selbst alsbald, latent oder manifest, heiligen Status gewinnt. Dafür sorgt schon ihr Dekretcharakter. Sie beginnt ja nicht als spielerische Kritzelei oder flüchtige Notiz, sondern mit der Festschreibung von Verbindlichstem. Die Vorschrift sagt: So und nicht anders soll es sein; die Beschreibung: So und nicht anders verhält es sich. Schrift heilig halten heißt nicht nur ihren Inhalt feierlich bekräftigen wie das Volk Israel die Worte der Bundesschrift. Es heißt auch, sie angemessen aufzubewahren. Und da kommt der zweite Aspekt ihrer Unsicherheit ins Spiel. Schrift gehört an einen Ort, an dem ihre Unantastbarkeit gewährleistet ist: in einen Tempel, eine besondere Lade oder ein eigens für sie bestimmtes Haus.[2] Schrift ist deshalb so schutzbedürftig, weil sie an sich – wehrlos ist. Der in ein Schreibmaterial gebannte Geist läßt widerstandslos alles mit sich machen, was das Material mit sich machen läßt. Man kann ihn manipulieren, wie man Grabkammern ausrauben kann. Beides ist ein Sakrileg, aber gar nicht so selten geschehen. Jedenfalls findet sich schon in einer altakkadischen Inschrift, in der ein gewisser Sarganisaralim, König von Akkad, als «Erbauer des E-kur, des Tempels des Enlil, in Nippur» bezeugt wird, der Zusatz: «Wer diese Urkunde verändert, dessen Grundlage mögen Enlil und Samas ausreißen und seinen Samen wegraffen.»[3] Schrift über Schrift beginnt im Bewußtsein ihrer Wehrlosigkeit, aus Sorge um ihren Bestand.

2 In Mesopotamien gab es für Schrifttafeln ein «Tafelhaus», in Ägypten gar ein «Lebenshaus» (J. Assmann, *Das kulturelle Gedächtnis. Schrift, Erinnerung und politische Identität in frühen Hochkulturen*, München 1999, S. 93).

3 Zit. n. K. Földes-Papp, l. c., S. 69.

Um so strikter das Tabu, das sich um sie bildete. Was geschrieben steht, soll nicht angetastet werden dürfen. Schreiber gelten als Zeugen höherer Mächte. Noch Homer präsentiert sich als deren Werkzeug. «Singe den Zorn, o Göttin, des Peleiaden Achilleus», lautet die erste Zeile der *Ilias*. Mit der Göttin ist die Muse gemeint. Sie «singt» durch Homer, er hat nur aufgeschrieben, was sie ihm eingab. Etwas gegen ein Epos oder ein Gesetz einzuwenden kommt nicht in Betracht. Man kann sie nur zitieren, rezitieren, affirmieren. Es hat zwei Jahrtausende gedauert, bis der Gedanke, daß man Schrift auch in Frage stellen kann, seine Verruchtheit verlor, und das, obwohl man längst wußte, daß sie sich nicht wehrt, wenn man sie vor sich hinstellt oder legt und analysiert, was in ihr steckt, so wie der Priester das tote Opfertier analysiert und in seinen Eingeweiden liest – mit prüfendem Blick, ob sich auch alles an der rechten Stelle befindet. Ein solch prüfender Blick auf die Schrift ist ihrem Gestell-Charakter der einzig angemessene, aber ihn einzuüben hat enorme Überwindung gekostet. Ein Tabu war zu brechen, der Schrift die Aura der Unverbrüchlichkeit zu rauben und ihr ein qualitativ neuer Profanierungsstoß zu versetzen.

Mit diesem Stoß beginnt die abendländische Philosophie. Nicht, daß sie Geschriebenes mutwillig zerstört oder verändert hätte. Sie stellt lediglich Schrift durch Schrift in Frage. Thales, der welterfahrene Weise aus Milet, nimmt sich die Freiheit, Mutmaßungen über den Ursprung oder Urgrund aller Dinge – griechisch: *arché* – anzustellen, ohne sich dabei auf überlieferte Schriften zu berufen. Er kommt zu dem Resultat, die *arché* sei das Wasser – und schreibt es auf. Es dauert keine Generation, da kommt Thales' gelehrigster Schüler, Anaximander, bereits zu einem anderen Resultat, das er ebenfalls aufschreibt: Die *arché* sei das schlechterdings Unbegrenzte (*apeiron*). Und danach geht es fast Schlag auf Schlag. Anaximenes, ein Schüler des Anaximander, erklärt die Luft zur *arché*, und in immer kürzeren Abständen werden dann die Zahlen, das Feuer, das Sein, das Wechselspiel von Liebe und Streit, die Atome, der Geist als *arché* ausgeboten.[4] Eine neue literarische Form kommt in Gang, die Schrift durch Schrift beurteilt: der Kommentar. Damit erst mißt sich die Schrift auch inhaltlich ihrer Gestell-Form an. Der Leser stellt oder legt sie vor sich hin, prüft, ob

4 Cf. *Die Vorsokratiker*, hg. v. J. Mansfeld, 2 Bände, Stuttgart 1986.

alles Gedachte, was in ihr Zuflucht gefunden hat, am rechten Ort ist, und wenn er Zweifel daran hat, schreibt er selbst einen Text, der die Dinge zurechtrückt und das von den Schriftzeichen Gemeinte so behandelt, wie es ihm zukommt.

Nicht jeder Kommentar ist sogleich schon ein Traktat, aber jeder Traktat kommentiert; stets positioniert er sich zu bereits Gedachtem. Er greift nicht physisch in Geschriebenes ein, wie die Schriftschänder, wohl aber gedanklich, indem er tut, was auf griechisch *krinein* heißt, wörtlich: scheiden, und zwar die Spreu vom Weizen, das Unnütze vom Bewahrenswerten, später dann auch entscheiden, beurteilen, verurteilen. Von *krinein* kommt Kritik. Im Kommentar wird die Schrift kritisch-selbstbezüglich. Sie tritt allerdings auch insofern in ihre kritische Phase, als sie das Ansehen verliert, unbedingt zuverlässig zu sein. Es wird ruchbar, daß Schrift und Wahrheit nicht dasselbe sind. Was aufgeschrieben ist, muß erst noch geprüft werden. *Krinein* wird zur Wahrheitsinstanz. Damit büßt Schrift enorm an Autorität ein. Die Zufluchtsstätte der Gedanken ist nicht mehr nur äußerlich durch Schriftschänder bedroht, sondern auch innerlich durch Zweifel. Alles, was schriftlich niedergelegt ist, befindet sich von nun an auf dem Prüfstand. Damit gerät die Schrift in ihre erste große Krise.

Platon hat sie an einer berühmten Stelle thematisiert. Und zwar legt er seinem Protagonisten Sokrates eine jener Geschichten in den Mund, die wie uralte Mythen daherkommen, aber bereits so von der prüfenden philosophischen Denkweise durchdrungen sind, daß klar ist: Platon hat sie selbst komponiert. In diesem Fall läßt er Sokrates seinem Freund Phaidros etwas erzählen, was er «von den Alten» «gehört» habe: über den ägyptischen Gott Theuth. «Dieser habe zuerst Zahl und Rechnung erfunden, dann die Meßkunst und die Sternkunde, ferner das Brett- und Würfelspiel und so auch die Buchstaben. Als König von ganz Ägypten habe damals Thamus geherrscht in der großen Stadt des oberen Landes, welche die Hellenen das ägyptische Theben nennen […]. Zu dem sei Theuth gegangen, habe ihn seine Künste gewiesen und begehrt, sie möchten den anderen Ägyptern mitgeteilt werden. […] Als er aber an die Buchstaben gekommen, habe Theuth gesagt: ‹Diese Kunst, o König, wird die Ägypter weiser machen und gedächtnisreicher, denn als ein Mittel (*pharmakon*) für den Verstand (*sophia*) und das Gedächtnis (*mneme*) ist sie erfunden.›

Jener aber habe erwidert: ‹O kunstreichster Theuth, [...] du hast jetzt als Vater der Buchstaben aus Liebe (*eunoia*) das Gegenteil dessen gesagt, was sie bewirken. Denn diese Erfindung wird der Lernenden Seelen vielmehr Vergessenheit (*lethe*) einflößen aus Vernachlässigung des Gedächtnisses, weil sie im Vertrauen auf die Schrift sich nur von außen vermittels fremder Zeichen, nicht aber innerlich sich selbst und unmittelbar erinnern werden. Nicht also für das Gedächtnis (*mneme*), sondern nur für die Erinnerung (*hypomnesis*) hast du ein Mittel erfunden. Und von der Weisheit bringst du deinen Lehrlingen bloß den Schein (*doxa*) bei, nicht die Sache selbst. Denn indem sie nun vieles gehört haben ohne Unterricht, werden sie sich auch vielwissend zu sein dünken, obwohl sie doch unwissend größtenteils sind und schwer zu behandeln, nachdem sie dünkelweise geworden sind statt weise.›»[5]

Bei Platon geht es anders zu als bei Hammurabi. Dort empfing ein ehrerbietiger König die Schrift vom thronenden Gott. Hier tritt der Gott fast schon wie ein Handlungsreisender vor den König, preist ihm seine neue Erfindung an, und des Königs prüfender Blick bemerkt, daß sie nicht hält, was der Gott verspricht. Ein heilendes «Mittel» sollen die Buchstaben sein?[6] Ja, aber nicht für die *mneme* («Gedächtnis»),

5 Platon, *Phaidros*, 274 b – 275 b, zit. nach der Übersetzung von F. D. Schleiermacher, in: Platon, Werke in acht Bänden, hg. v. G. Eigler, Darmstadt 1990, Bd. 5. Wenn nicht anders angegeben, wird im folgenden nach dieser Ausgabe zitiert.

6 *Pharmakon* ist das Mittel priesterlich-ärztlicher Kunst, kann auch Gift heißen, meint hier aber lediglich Heilmittel. Platon verzichtet geradezu demonstrativ und ganz gegen seine sonstige Gewohnheit darauf, den Doppelsinn des Wortes dialogisch tanzen zu lassen. Ausgerechnet diese semantisch spröde Stelle im *Phaidros* erschien Derrida aber als der geeignete Ort, um eine ganze philosophische Apotheke zu eröffnen, die alle erdenklichen Bedeutungsnuancen von *pharmakon* bereithalten soll: *Platons Pharmazie* (in: J. Derrida, *Dissemination*, l. c., S. 71 ff.). Ihr Sortiment ist von den entlegensten Orten importiert: dank eines hochsubtilen, kaum mehr entwirrbaren Geflechts semantischer Anleihen an alle möglichen platonischen Stellen, an denen sonst noch *pharmakon* oder seine Derivate vorkommen. Diese Stellen geben einander wechselseitig in freier Assoziation und ohne Haftung so lange Kredit, bis sie alle gemeinsam zu bezeugen scheinen, «daß man in der Pharmazie nicht das Heilmittel vom Gift, das Gute vom Schlechten, das Wahre vom Falschen, das Drinnen vom Draußen, das Vitale vom Mortalen, das Erste vom Zweiten etc.

sondern nur für die *hypomnesis* («Erinnerung»). Fraglich ist allerdings, ob diese beiden Wörter semantisch tatsächlich so streng voneinander abgrenzbar sind, wie Platon suggeriert.[7] Er reserviert *mneme* fürs «Innere», die Fähigkeit, Erlebtes und Gedachtes in der lebendigen Seele aufzubewahren, *hypomnesis* fürs «Äußere», die Speicherung in einem Gestell, und spielt dann beide Bedeutungen gegeneinander aus. Was der äußeren Aufbewahrung zuträglich ist, so läßt er den ägyptischen König argwöhnen, ist der inneren abträglich. In den Buchstaben objektiviert sich das lebendige Gedächtnis; aber die Objektivierung ist zugleich Entäußerung, Veräußerlichung des Aufbewahrten. Das Gedächtnis gerät in der Schrift außer sich. Damit nicht genug. Das außer sich seiende Gedächtnis wirkt auf seine Leser, als sei es das innere, authentische. Von der Schrift geht ein Sog aus, und wer ihm erliegt, den führt – verführt – sie zur Verwechslung von äußerem Aufbewahren mit lebendigem Erfassen, von Scheinwissen mit Wissen. Er wird «dünkelweise», wie Schleiermacher so schön übersetzt.

So weit, um es in musikalischer Terminologie zu sagen, die Exposition: der Mythos, den Sokrates «gehört» haben will. Nun kommt die Durchführung, und Platon wäre nicht Platon, wenn das Statement des Königs Thamus dabei nicht in ein neues Licht rückte. Zunächst wird es lediglich bekräftigt. «Denn dieses Schlimme hat doch die Schrift», fährt Sokrates fort, «und ist darin ganz eigentlich der Malerei

unterscheiden kann», und genau den Schriftbegriff zutage fördern, den Derrida überall findet: «In dieser ursprünglichen Reversibilität gedacht, ist das *pharmakon* das *Selbe* genau deshalb, weil es keine Identität hat. Und das Selbe (ist) als Supplement. Oder als *différance.* Als Schrift» (op. cit., S. 188). Der Verkäufer in Platons Pharmazie heißt Jacques. – Zur Hermeneutik des Hinein- und Herauslesens bei Derrida siehe unten, Kapitel 5.

7 Und wenn das fürs Griechische gilt, dann erst recht für die Übersetzung. Im Deutschen hat diese Stelle geradezu sportlichen Übersetzerehrgeiz geweckt. Eine kleine Auswahl: Nicht für das «Gedächtnis», sondern für das «Wiedererinnern» (Rudolf Rufener); nicht für «die Erinnerung», sondern «das Erinnern» (Walter F. Otto); «für das Gedächtnis, nicht für die Besinnung» (Ivan Illich); «nicht ein Mittel zur Kräftigung, sondern zur Stützung des Gedächtnisses» (Constantin Ritter). Keine dieser Lösungen kann befriedigen. Wo ernstlich übersetzt wird, geben die Worte nicht her, was Platon meint. Wo man sich dem Gemeinten anzunähern versucht, wird nicht mehr ernstlich übersetzt, sondern frei interpretiert. Das Problem liegt aber schon im griechischen Original.

ähnlich: Denn auch diese stellt ihre Ausgeburten hin als lebend, wenn man sie aber etwas fragt, so schweigen sie gar ehrwürdig still. Ebenso auch die Schriften (*logoi*). Du könntest glauben, sie sprächen, als verstünden sie etwas, fragst du sie aber lernbegierig über das Gesagte, so enthalten sie doch nur ein und dasselbe stets. Ist sie aber einmal geschrieben, so schweift auch überall jede Rede (*logos*) gleichermaßen unter denen umher, die sie verstehen, und unter denen, für die sie sich nicht gehört, und versteht nicht, zu wem sie reden soll und zu wem nicht. Und wird sie beleidigt oder unverdienterweise beschimpft, so bedarf sie immer ihres Vaters Hilfe; denn selbst ist sie weder imstande sich zu schützen noch sich zu helfen.»[8] Also nicht nur wehrlos sind die Buchstaben, nicht nur stumm, sondern auch dumm. Sie selbst verstehen kein Wort von dem, was sie sagen. Platon würde allerdings nicht derart spöttisch die Schwäche der Schrift hervorkehren, stünde er nicht unter dem Eindruck ihrer Stärke: ihrer verführerischen Kraft, von der er König Thamus reden läßt. Deswegen der Nachdruck darauf, daß Schrift ein Nichts ist – ohne lebendige Schreiber und Leser. Erst deren deutende Kraft macht ihre Figuren zu Zeichen. *Mnema*, ein *mneme* eng verwandtes Wort, heißt nicht von ungefähr Andenken, Denkmal, Grabmal, Grab. Schrift ist ein Mal des Denkens, aber eben nicht lebendiges Denken selbst. Sie ist ein Grab des Gedächtnisses, wie das Grab umgekehrt ein besonderes Gedächtniszeichen. Tote und Schrift haben gemeinsam, daß sie nur im lebendigen Gedächtnis fortdauern. *Mneme* kann auch Nachruhm heißen. Aber die gewaltigsten Pyramiden und Inschriften sind nur so lange Dokumente des Nachruhms, wie ein lebendiges Gedächtnis da ist, *für das* sie Nachruhm sind. Wenn die Menschheit verschwände, wären sie nicht einmal mehr Zeichen, nur noch Gebilde ohne jede Bedeutung.

Indem Platon die Schrift aber derart abwertet, arbeitet er auch schon an ihrer Umwertung. Daß er nicht einfach plump «gegen Schrift» ist, erhellt schon daraus, daß er ihr durch König Thamus ausdrücklich attestiert, sie sei ein Heilmittel. Zwar nicht das richtige; aber das heißt ja nicht, daß es nichts zu heilen gäbe. Wo ein *pharmakon* ist, da ist auch Krankheit, und Platon diagnostiziert hier nichts Geringeres

8 Platon, *Phaidros*, 275 d – e.

als jene Zivilisationskrankheit, die alle menschlichen Kollektive ereilt, wenn sie so komplex und unübersichtlich geworden sind, daß sie durch gesprochenes Wort und gemeinsamen rituellen Vollzug nicht mehr zusammengehalten werden können. Unweigerlich hat mit der Entfaltung von Urbanität eine systematische Überforderung des lebendigen Gedächtnisses begonnen. Es kann nicht mehr überall präsent sein, wo es sich etwas zu merken gilt, und es kann sich dort, wo es präsent ist, nicht mehr alles merken. Genau das war die Situation der sumerischen Buchungstafeln. Sie sollten als Stützen des gesprochenen Wortes selbstverständlich auch Heilmittel des Gedächtnisses sein, das der Komplexität der Gesellschaft nicht mehr gewachsen und buchstäblich an ihr erkrankt ist. Nur kuriert dieses Heilmittel die Krankheit nicht; es ist selbst ihr Symptom. Und wo es dargeboten wird wie von Theuth, nämlich als brächte es die Heilung, da verschlimmert es nur die Krankheit. Einem Gedächtnis, das sich nur noch am Schriftgestell fortbewegt, ergeht es wie einem Körper, der sich nur noch im Fahrgestell transportieren läßt: Es verlernt die eigene Bewegung und verkümmert. Aber das ist nicht die einzige Nutzungsmöglichkeit der Schrift. Und kaum hat Sokrates darüber hergezogen, wie sie den *logos* wehrlos, stumm und dumm macht, hält er auch schon Ausschau «nach einer anderen Rede (*logos*)», «welche mit Einsicht (*episteme*) geschrieben wird in des Lernenden Seele, wohl imstande, sich selbst zu helfen, und wohl wissend, zu reden und zu schweigen, gegen wen sie beides soll». Gemeint ist «die lebende und beseelte Rede des wahrhaft Wissenden (*eidon*), von der man die geschriebene mit Recht wie ein Schattenbild (*eidolon*) ansehen könnte».[9]

Damit gerät die Schrift in das Denkmuster von Abbild und Urbild, das als Platons philosophisches Erkennungszeichen firmiert. Empirische Dinge dünkten ihn viel zu unstet und flüchtig, als daß ihnen der Status des wahrhaft Seienden zukommen könnte; das ließ ihn schließen, sie seien lediglich blasse, schattenhafte Abbilder von immer seienden und beständigen Urgestalten, sogenannten Ideen.[10] Im *Phaidros* bekommt dieser Gedanke eine schrifttheoretische Wendung: Alles Geschriebene ist bloß *eidolon* (Abbild, Schattenbild) von

9 Op. cit., 276 a.

10 Cf. Platon, *Politeia*, 500 b ff.

Gesprochenem. Nur ein gesprochener *logos* kann authentisch sein, seiner selbst mächtig und bewußt, fähig, sich selbst zu helfen, auf alle Mißverständnisse, Fragen, Einwände einzugehen. *Logos* ist für Platon allerdings nicht irgendeine beliebige Rede, sondern die strenge, argumentierende, die von Dingen sagen und mit Gründen beweisen möchte, wie es sich in Wahrheit mit ihnen verhält. Diese Art von *logos* aber steht bereits unter Schriftbedingungen. Platons eigene Schriften erscheinen zwar als Wiedergabe wörtlicher Rede, doch die Hauptpersonen, die da zu Wort kommen, haben alle schon die kritisch prüfende Haltung, die an kommentierender, traktierender Schrift eingeübt wurde. Ihre Tätigkeit nennt Platon *logon didonai*, wörtlich: einen *logos* geben, was ebenso eine These aufstellen heißen kann wie Rechenschaft über sie geben, sie mit Gründen untermauern wie sie widerlegen. Das kann man durchaus mündlich tun, wie der historische Sokrates, der bekanntlich nichts Schriftliches hinterlassen hat. Aber gerade er, der selbstverständlich lesen konnte und es ausgiebig getan hat, ist ein Exponent der neuen Schriftkultur. Er markiert den Zeitpunkt, wo die Haltung des *krinein*, die an der kommentierenden Schrift gelernt wurde, sich so weit sedimentiert hat, daß sie anfängt, auf die mündliche Gesprächsführung zurückzuwirken – bei Sokrates offenbar so weit, daß Platon darin eine ganze Lebenshaltung erblickte, der er sein weiteres Leben zu widmen beschloß.

Im Bann der sokratischen, durch Schrift hindurchgegangenen Mündlichkeit hat Platon nun aber die Erfahrung gemacht, daß eine mit *krinein* beschäftigte Seele unweigerlich eine signifikante Verschiebung nervlicher Energie erlebt: vom bloß wiederholenden Zitieren und Rezitieren zum Prüfen. Prüfen ist zwar nur möglich, wenn man sich an das erinnert, was man prüft, und doch geht die Aufmerksamkeit, die das Analysieren erfordert, dem Memorieren verloren. Man kann nicht beides zugleich in gleichem Maße tun. Insofern geht Prüfen auf Kosten des Gedächtnisses. Auf ironische Weise hat Platon dieses Problem im *Protagoras* berührt, wo Sokrates, um den kunstvoll-weitschweifigen Redner Protagoras zu fassen zu bekommen, vorgibt, er könne sich nur kurze Reden merken, seinen Gegenspieler bittet, sich auf sein bescheidenes Niveau herabzulassen, und dann, in kurzen Sequenzen von Frage und Antwort, dessen Argumente in Grund und

Boden analysiert.[11] Diese verschlagene Diskursstrategie, die zum Bild des unbestechlichen, redlichen Moralisten Sokrates, das Platon sonst so angelegentlich pflegt, überhaupt nicht paßt, trifft gleichwohl einen Nervenpunkt. Auf seine Haltbarkeit prüfen läßt sich ein *logos* nur Punkt für Punkt, Argument für Argument, also auseinandergelegt in kleine Portionen, nicht als integraler Wortschwall oder Gedankenstrom einer langen Rede. In Gestalt des vergeßlich tuenden Sokrates parodiert Platon im voraus jenen neuen Typus von Vergeßlichkeit, mit dem es in der heraufziehenden *logos*-Kultur ernst wird. Das analysierende Verfahren, ob in schriftlicher oder ins Mündliche zurückgewendeter Form, kann sich in der Tat nicht entfalten, ohne der lebendigen Gedächtnisarbeit Kräfte zu entziehen.

Den gesprochenen *logos* als etwas bezeichnen, was «mit Einsicht geschrieben wird in des Lernenden Seele», heißt so tun, als sei die Einsicht ein Griffel und die Seele eine Schreibtafel. «Schrift» wird zur Metapher. Platon verwendet sie nicht nur; er läßt sie zugleich auch noch Kopf stehen. Die metaphorische Seelenschrift, so die Pointe, sei die authentische, originäre Schrift, die buchstäbliche bloß deren Abbild. Zu solch virtuoser Umkehrung kann es erst kommen, wo Gesprochenes schon von Geschriebenem her gedacht wird, wo Schrift so etabliert, aber auch so profaniert ist, daß ihre Aura, der unantastbare Hort von Gedächtnis, Wahrheit, Weisheit zu sein, zur Illusion verblaßt ist und die Zeit kommt, der Enttäuschung darüber Worte zu geben. Das tut Platon, wenn er behauptet, Schrift sei unstet und flüchtig, und sich demonstrativ zur lebendigen Rede zurückwendet, als sei deren Authentizität und Zuverlässigkeit über jeden Verdacht erhaben. Doch tritt er von der Schrift nur zurück, um einen neuen Anlauf zu ihr hin zu nehmen. Er wendet seine Enttäuschung um in eine geniale Neubestimmung der Schrift. «Sage mir aber dieses, ob ein verständiger Landmann den Samen, den er vor anderen pflegen und Früchte von ihm haben möchte, recht eigens im heißen Sommer in einem Adonisgärtchen[12]

11 Platon, *Protagoras*, 334 c ff.

12 «Adonis, der sterbliche Geliebte der Göttin Aphrodite, durfte nach seinem Tod jedes Jahr sechs Monate auf der Erde verbringen. Im Zusammenhang mit diesem Mythos, der das alljährliche Sterben und Wiedererwachen der Natur spiegelt, wurden zum Adonisfest schnellwachsende Pflanzen in Schalen oder Blumentöpfen auf den Hausdächern aufgestellt» (Anm. des Herausgebers).

bauen und sich freuen wird, ihn in acht Tagen schön in die Höhe geschossen zu sehen? Oder ob er dieses nur als ein Spiel und bei festlichen Gelegenheiten tun wird, [...] jenen aber, womit es ihm Ernst ist, nach den Vorschriften der Kunst des Landbaus in den gehörigen Boden zu säen [...] Und sollen wir sagen, daß, wer vom Gerechten, Schönen und Guten Erkenntnis besitzt, weniger verständig als der Landmann verfahren werde mit seinem Samen? [...] Nicht zum Ernst also wird er sie ins Wasser schreiben, [...] sondern die Schriftgärtchen wird er nur des Spieles wegen, wie es scheint, besäen und beschreiben. Wenn er aber schreibt, um für sich selbst einen Vorrat von Erinnerungen (*hypomnemata*) zu sammeln auf das vergeßliche Alter, wenn er es etwa erreicht, [...] so wird er sich freuen, wenn er sie zart und schön gedeihen sieht; und wenn sich andere mit anderen Spielen ergötzen, bei Gastmählern sich benetzend und was damit verwandt ist, dann wird jener statt dessen seine Rede spielend durchnehmen.» Denn Schrift ist «das Spiel dessen, der [...] mit Reden zu spielen weiß».[13]

Spiel: das ist das Wort, wodurch das Medium Schrift wunderbar in der Schwebe gehalten wird. Wer von der Schrift den Ernst erwartet, also die Einsicht selbst, die Wahrheit selbst, den führt sie irre. Er wird «dünkelweise». In seinem berühmtesten Brief formuliert Platon noch wesentlich schärfer: «Daher wird kein ernsthafter Mann jemals über ernsthafte Dinge etwas schreiben und sie damit der Böswilligkeit und dem Unverstand der Menschen überlassen. Mit einem Wort kann man daraus erkennen: wenn man jemandes Schriften vorliegen sieht – sei es nun das, was ein Gesetzgeber in Gesetzeswerken geschrieben hat oder sonst etwas, was es auch sei –, dann war das für ihn nichts sehr Ernsthaftes, sofern er selbst ernsthaft ist [...] Wenn er das jedoch allen Ernstes in schriftliche Form gebracht hat, dann haben ihn wohl nicht zwar die Götter, vielmehr die Menschen um den Verstand gebracht.» «Es gibt ja auch von mir darüber keine Schrift und kann auch niemals eine geben; denn es läßt sich keineswegs in Worte fassen wie andere Lerngegenstände, sondern aus häufiger gemeinsamer Bemühung um die Sache selbst und aus dem gemeinsamen Leben entsteht es plötzlich – wie ein Feuer, das von einem übergesprungenen Funken ent-

13 Platon, *Phaidros*, 276 b – e.

facht wurde – in der Seele und nährt sich dann schon aus sich heraus weiter.»[14]

An diese Stelle aus dem *Siebenten Brief* hat sich ein ganzer Schwarm von Spekulationen geknüpft, zumal Aristoteles einmal beiläufig, wie einen stehenden Begriff, Platons «ungeschriebene Lehren» erwähnt, als seien sie seinen Lesern bestens bekannt und keiner weiteren Erläuterung bedürftig.[15] Ferner führt Aristoteles in seinen knappen Platon-Referaten gelegentlich Lehrstücke an, die sich bei Platon selbst nirgends finden, mit seinen überlieferten Schriften nicht ganz deckungsgleich sind – und zudem den Eindruck machen, als wollten sie noch um einiges höher hinaus. Aber Aristoteles verrät den Status dieser Lehrstücke nicht. Sind sie ausschließlich mündlich vorgetragen worden? Das wüßte man gern, vor allem von jener geheimnisvollen Stelle aus der *Metaphysik*, wo Platon so dicht an die Pythagoräer herangerückt wird, als hätte er, wie sie, «das Eine (die Eins) als das Wesen» erachtet und «die Zahlen als Ursachen des Wesens der andern Dinge»;[16] als wäre, mit anderen Worten, die Eins in ihrer Doppelfunktion als Zahl und als Einheit dasjenige, was die Welt im Innersten zusammenhält: «Ursache alles übrigen sind die Ideen; der Ideen aber das Eine (die Eins).»[17] Daneben, sagt Aristoteles, habe Platon nur noch eine einzige weitere Ursache angenommen: einen «zugrundeliegenden Stoff», worin es der Eins möglich wird, in die Zweiheit, die Elementarform der Vielheit, auseinanderzutreten. Gedacht ist dieser «Stoff» offenbar nicht nur als das ausgedehnte physische Material, woraus alle Sinnendinge bestehen, sondern zugleich als etwas, was sich teilweise bis zu einem ideellen Stoff zu läutern vermag, bis ins Immaterielle hinaufreicht und macht, daß es schon in der ideellen Sphäre selbst, vor aller Materiali-

14 Platon, *Siebenter Brief*, 344 b–d und 341 c–d.

15 Der Kontext ist das Verhältnis von Ort und Raum. «Denn nimmt man einer Kugel die Begrenzung und die Eigenschaften, bleibt nichts als ihr Stoff. Deshalb sagt Platon auch im Timaios, der Stoff und der Raum seien dasselbe. Denn das [die Formen] Aufnehmende und der Raum seien ein und dasselbe. Spricht er dort auch anders vom Aufnehmenden als in den sogenannten ungeschriebenen Lehren, so hat er doch den Ort und den Raum als dasselbe erachtet» (Aristoteles, *Physik*, 209 b).

16 Aristoteles, *Metaphysik*, 987 b.

17 Op. cit., 988 a.

sierung, «Zweiheit» gibt, will sagen, Unterschied, Auseinander, Größeres und Kleineres. «Und was den zugrundeliegenden Stoff betrifft, von welchem, sofern es sich um die Sinnendinge handelt, die Ideen ausgesagt werden, sofern um die Ideen, aber die Einheit (Eins), sagt er, daß es Zweiheit (die Zwei) sei, das Große und das Kleine.»[18]

Aristoteles schreibt hier, als wolle er Insidern ein paar Stichworte zur Gedächtnisstütze geben. Seine Sätze sind viel zu knapp, um klar zu sein. Sie lassen aber erahnen, daß Platon nicht aufgehört hat, an der kosmologischen Grundfrage zu laborieren, wie aus Einem Vieles werden beziehungsweise wie Vieles eine Einheit sein kann. Gut möglich, daß diese Frage, die in allem, was er selbst niederschrieb, natürlich ungelöst blieb, ihn in späten Jahren mehr und mehr in die Nähe pythagoräischer Zahlenmagie getrieben hat. Aber warum findet sich bei ihm selbst dazu nichts Schriftliches? Dünkten ihn diese Gedanken noch zu unklar oder unsicher, um schon reif für schriftliche Verarbeitung zu sein, oder erachtete er sie als so tief ins Weltgeheimnis vorgedrungen, daß ihm ihre Niederschrift als Entweihung erschienen wäre? Oder sind einfach bloß seine Aufzeichnungen dazu verlorengegangen? «Ungeschriebene Lehren»: Hat erst Aristoteles diesen Terminus verwendet oder schon Platon selber? Und wofür stand er: nur für wenige, fest umrissene, einem exklusiven Kreis von Auserwählten vorbehaltene Lehrstücke? Oder auch für Platons gar nicht geheimgehaltene und sogar aufgeschriebene Überzeugung, daß authentische Lehre sich stets ungeschrieben vollziehe, nämlich im intensiven Gespräch und Zusammenleben, als Überspringen eines geistigen Funkens von Seele zu Seele?[19]

Auf jeden Fall ist die Rechnung nicht so simpel, daß Platon das, was

18 Op. cit., 988 a.

19 Aristoteles hat gewiß nicht aufs Geratewohl von Platons «ungeschriebenen Lehren» gesprochen, und die Bemühungen um ihre Rekonstruktion (cf. das Standardwerk K. Gaiser, *Platons ungeschriebene Lehre*, Stuttgart 1963; zum Stand der Diskussion H. Krämer, *Platons Ungeschriebene Lehre*, in: Th. Kobusch/B. Mojsisch [Hg.], *Platon. Seine Dialoge in der Sicht neuer Forschungen*, Darmstadt 1996, S. 249 ff.) haben in verdienstvoller Weise die Wahrnehmung dafür geschärft, wie wenig Platons Denken in seinen Schriften aufgeht. Aber alle Versuche, die Konturen dieses «Ungeschriebenen» genau zu bestimmen, enden in Philologengezänk.

er wirklich meinte, für sich und seinen engsten Schülerkreis behielt, und das, was er aufschrieb, nicht wirklich meinte. Nicht von ungefähr war der erste große Kritiker der Schrift auch der größte philosophische Schriftsteller der Antike. Ja, es ist gerade seine Schriftkritik, die ihn zu einer neuen literarischen Form finden ließ: dem philosophischen Dialog. Der ist zwar bloß ein Spiel, aber was heißt hier «bloß»? In Platons Dialogen ist ein Vollblutspieler am Werk. Die Warnung, das Spiel ja nicht mit dem vollen Ernst zu verwechseln, richtet er in erster Linie – an sich selbst. Er weiß, wie libidinös er dieses Spiel besetzt hat. Ist es nicht eine geradezu zärtliche Vorstellung, ein «Schriftgärtchen» mit Buchstaben zu besäen? Das stille Vergnügen, das aus diesem Spiel erwächst, ist für Platon ungleich reizvoller als das lärmende von Trinkgelagen – und ungleich ertragreicher. Auch wo die Buchstaben «nur demjenigen zur Erinnerung» sind, «der schon weiß, worüber sie geschrieben sind»,[20] können sie der Auffrischung dieses Wissens sehr zuträglich sein, erst recht wenn jemand «schreibt, um für sich selbst einen Vorrat von Erinnerungen zu sammeln auf das vergeßliche Alter». Hier bekommt das Spiel einen geradezu melancholischen Unterton. Schrift wird in bestem Sinne und ohne jede Ironie zum *pharmakon.* Sie vermag zwar ein altersschwaches Gedächtnis nicht wieder frisch zu machen, wohl aber ihm als Krücke, als Gestell zu dienen – nicht, um daran schlaff zu werden, sondern um sich so beweglich wie möglich zu halten. Und Platon hat diese spezifische Beweglichkeit beizeiten geübt, solange er es noch spielerisch tun konnte, und sich auf die Schrift ähnlich gestützt wie der junge Chaplin als Tramp auf seinen Spazierstock. Zwar verblaßt in jeder Schrift der lebendige *logos* zum Schatten seiner selbst, wie im Hades die Seele. Und doch ist Schatten nicht gleich Schatten, Schrift nicht gleich Schrift. Es gibt Schrift, die sich als trockener Kommentar oder Traktat mit ihrem Schattendasein abfindet, und es gibt Schrift, die dagegen aufbegehrt – wie jene Schatten im Hades, die sich ins irdische Leben zurücksehnen. Einer solchen Schrift führt Platon die Feder. Die ganze Dramaturgie, die Epos, Tragödie, Komödie zur Beförderung des Mythos entwickelt haben, stellt er in den Dienst des *logos.* Nach allen Regeln der Schauspielkunst bildet er lebendige *logoi* im Medium der Schrift nach. Seine

20 Platon, *Phaidros*, 275 d.

Dialoge sind Schattenspiele des *logon didonai.* Ihre sorgfältige Inszenierung ist keineswegs bloß äußere Aufmachung, didaktisches Mittel zur leichteren Verdaulichkeit schwerer Gedanken; sie haftet Platons Wahrheitsverständnis untrennbar an.

Keiner weiß besser als er, daß man in der Schrift nicht die Wahrheit hat. Aber das heißt ja nicht, daß man sie im lebendigen *logos* hätte. Zum einen ist nicht jeder gesprochene *logos* schon konsistent, zum anderen gehört auch der bestbegründete noch der empirischen Sphäre an, kann also nie mehr als ein Abbild der wahren Ideen bieten. Selbst ein *logos*, der aus voller Einsicht in dieses Wahre kommt, ist doch bloß dessen sprachliche gefilterte Wiedergabe, nicht Wahrheit pur. Woraus für Platon allerdings nicht folgt, Wahrheit sei grundsätzlich unerreichbar und die Menschheit immer nur, in unendlicher Reflexion und ewigem Gespräch, auf dem Weg zu ihr.[21] Vielmehr ist er überzeugt, daß bei guter Anleitung und gehöriger Übung auch schon Sterbliche «das Schöne selbst»[22] oder, anders gesagt, das «Wohlgeordnete und Immergleiche, sich nach Ordnung (*kosmos*) und Regel (*logos*)»[23] Verhaltende erschauen können. Das Schöne selbst gilt ihm auch als das Wahre selbst. Teilhabe daran erachtet er durchaus als möglich, hier und jetzt, nur nicht dauerhaft, lediglich in besonderen Glücksmomenten. Und die Erfahrung der Teilhabe ist für ihn etwas qualitativ anderes als ihre nachträgliche Bekundung. Es geht dabei zu wie in seinem Höhlengleichnis, das von Menschen «in einer unterirdischen, höhlenartigen Wohnung» erzählt, die «von Kindheit an gefesselt an Hals und Schenkeln» verharren, und zwar so, daß sie den Kopf nicht wenden können, im Licht eines schwachen Feuers von ihrer Umgebung nur Schattenbilder zu sehen bekommen und solche Schatten daher für das einzig Seiende und Wahre halten. Wenn nun einer von ihnen ausreißt und auf die Erdoberfläche hinaufgelangt, hält er zunächst die Stärke des Sonnenlichts nicht aus und muß wie-

21 Zur Kritik dieser auf Friedrich Schlegel zurückgehenden, in der Heidelberger Gadamer-Schule favorisierten Platon-Interpretation siehe H. Krämer, *Fichte, Schlegel und der Infinitismus in der Platondeutung*, in: Deutsche Vierteljahrsschrift für Literaturwissenschaft und Geistesgeschichte 62, 1988, S. 583 ff.

22 Platon, *Symposion*, 211 d.

23 Platon, *Politeia*, 500 c.

der zurück ins Dunkle. Gewöhnt er sich aber so weit ans Licht, daß er fähig wird, die Dinge oben auf der Erde selbst zu schauen, so bleibt die Kunde davon, die er seinen Genossen ins Schattenreich hinabbringt, weit hinter dem zurück, was er selbst erlebt hat – und erscheint denen, die nur Schatten kennen, höchst unglaubwürdig. Er kann vom Licht ja nur sprechen, es ihnen aber nicht mitbringen.[24]

Mit anderen Worten: Man kann der Wahrheit teilhaftig, aber nicht habhaft werden, man kann sie erschauen, aber nicht ergreifen, sie erleben, aber nicht feststellen. Platon denkt sie als das Ewige, Immergleiche, in bezug auf die Menschen aber als das Flüchtigste. Wo man dieses Flüchtige in Worte faßt, ist es nicht mehr es selbst. Im gesprochenen *logos* wird es zu einer Folge von Stimmlauten auseinandergezogen, in den Buchstaben wird es gar totgestellt. Aber gerade deshalb legt Platon so großen Wert auf die Buchstaben. Einerseits sind sie am weitesten von der Wahrheit entfernt. Sie buchstäblich feststellen heißt ihr jegliche Lebendigkeit und Aktualität nehmen. Andrerseits können Sterbliche zur Wahrheit gar nichts anderes haben als ein Mißverhältnis. Sie hätten rein gar nichts von ihr, wenn sie nicht einmal Anstalten machten, sie festzustellen. Und nirgends läßt sie sich besser fest- und nachstellen als in der Schrift. Was man darin von der Wahrheit hat, ist zwar nur ihr armseliger Schatten, aber man hat ihn dort immerhin so fest und dauerhaft, daß man ihn vor sich hinstellen, ihn sich vorstellen und an ihm erahnen lernen kann, was Wahrheit wäre. Und mehr als eine Ahnung von ihr ist Sterblichen ohnehin nicht beschieden. Selbst in jenen raren, sprachlosen Glücksmomenten, wo man sie erschaut und erlebt, erahnt man bloß, was ihr dauerhafter Genuß wäre. So kommt es, daß die Schrift der Wahrheit nicht nur am fernsten ist, sondern in bestimmter Hinsicht auch am nächsten. Daher Platons Sorgfalt bei der Gestaltung des Schriftspiels. Sich mit Kommentar und Traktat begnügen hieße, sich mit dem Schattendasein der Schrift abzufinden, sich derart daran zu gewöhnen, daß man den Schatten gar nicht mehr als Schatten wahrnimmt, sondern als die Sache selbst, wie es im Höhlengleichnis die Gefesselten tun. Die Form des schriftlichen Dialogs begehrt gegen dieses Schattendasein auf. Sie nähert den Schatten der Schrift wieder dem Gesprochenen an. So bekommt er

24 Op. cit., 514 a ff.

Plastizität und Farbigkeit, weist über sein eigenes graues Dasein hinaus, hin auf die Dinge, von denen er Schatten ist, erinnert aber auch ständig daran, daß er eben bloß Schatten ist. Und solange Schrift in dieser Weise reflektierende Schattenkunst ist, ist sie nicht nur extrem weit von der Wahrheit entfernt, sondern auch ihr aufschlußreichster Rückstand.

4

DIE MODERNE KRISE DER SCHRIFT

Neue Medien

Platon gehört zu den großen Spürnasen der Philosophie. Es ist ihm nicht entgangen, daß mit der Erfindung profaner Bild- und Lautschrift eine epochale Verschiebung der menschlichen Gedächtnisarbeit von innen nach außen in Gang gekommen ist. Er hat vor allem die Verlustseite dieses Prozesses hervorgehoben und unerbittlich klargestellt: Es gibt die Errungenschaft der Schrift nicht gratis. Sie greift, auch bei noch so besonnenem Gebrauch, das lebendige Gedächtnis an. Nur ist gerade Platon Kronzeuge dafür, wie produktiv dieser Angriff pariert werden kann, wie ein guter Teil der Kräfte, die die Schrift dem lebendigen Memorieren entzieht, frei wird für Prüfen, Urteilen, Reflektieren und wie Schriftkritik dabei eine neue literarische Form annimmt, worin das gebrochene Verhältnis von *logos* und Wahrheit sich als Schattenspiel lebendigen Denkens reflektiert. Ignorant der nicht verstummen wollende Vorwurf, Platon sei ein Schriftfeind gewesen, fatal aber, wenn daraus auch noch ein medientheoretischer Fehlschluß gezogen wird: Das Medium Schrift habe, allen Befürchtungen Platons zum Trotz, keineswegs vergeßlich und oberflächlich gemacht; also würden es auch die neuen Medien nicht tun. Wie, wenn es gerade umgekehrt wäre: daß Platons Befürchtungen damals, als sie geäußert wurden, bei dem Verbreitungsgrad, den Schrift in der Antike hatte, vergleichsweise übertrieben waren; daß sie mit dem Buchdruck, der Schrift massenhaft reproduzierbar und zum Element der Volksbildung machte, schon bedeutend an Gewicht gewannen, ihre volle Aktualität, ja ihren adäquaten Gegenstand aber erst in den elektronischen Medien des 20. Jahrhunderts finden? Wie, wenn für Platon die Schrift auch insofern Schattenspiel gewesen wäre, als er sie als den Schatten erahnt hätte, den andere, viel unheimlichere und gewaltigere, noch unnennbare Medien vorauswarfen?

Eines zumindest ist schwer zu leugnen: Gegen die Schrift ist das menschliche Nervensystem ungleich wehrhafter als etwa gegen den Film. Daß sie bloß ein Gestell, ein Speicher ist, von sich aus nicht «weiser und gedächtnisreicher» macht und jeden irreführt, der Aufschreiben mit Erkennen, äußerlich Gespeichertes mit innerlich Angeeignetem verwechselt: diese Lektion hat sich lernen lassen. Die abendländische Schriftkultur beweist es. Aber daß bewegte Bilder, wie sie der Film vorführt, auch bloß Gestelle sind, ist nicht in gleicher Weise lernbar. Auch wenn man weiß, daß es so ist und die Gestalten auf der Leinwand oder dem Bildschirm nicht in den Zuschauerraum springen werden – dieses Wissen bleibt abstrakt. Es macht sich im wirklichen Filmerlebnis nicht geltend. Bewegte Bilder, zumal unter Breitwand-, 3D- oder Cyberhelmbedingungen, suggerieren so gebieterisch Lebendigkeit, daß auch das wachste Bewußtsein dagegen nicht ankommt. Deshalb funktionieren Werbespots ja so gut. Sie nehmen derart unmittelbar, gleichsam am Bewußtsein vorbei, Auge und Ohr gefangen, daß sie auch dort Erfolg haben, wo all ihre Tricks durchschaut werden. In den bewegten Bildern hat das Gestell einen qualitativen Sprung getan. Es stellt sich, als wäre es gar keines. Es gibt sich den Anschein prallen Lebens. Zwar kann auch die Schrift eine Lebendigkeit suggerieren, die sie nicht hat. Noch zu Platons Zeit gab es genügend Leute, die Schrifttafeln mit Schaudern der Ehrfurcht begegneten und darin, ähnlich wie in Götterbildern, den Sitz höherer Bedeutungskräfte vermuteten. Aber gegen diesen Schriftanimismus war ein Kraut gewachsen: der *logos*. Es ließ sich zeigen, daß Schrift ein totes Gestell ohne jedes mysteriöse Innenleben ist und «bedeutend» nur für ein lebendiges Bewußtsein, das sie entziffert. Gegen den Animismus jedoch, der durch Hochtechnologie Bildgestelle belebt, richtet kein *logos* mehr etwas aus. Es gehört längst zum Grundwissen, daß die bewegten Bilder gestellte Bilder sind, nur in so schnelle Abfolge gebracht, daß sie bewegt scheinen, und dennoch sitzen die Wissenden diesem Schein auf. Ja, sie sitzen nirgends so ausdauernd und geduldig wie vor den Geräten, die diesen Schein übermitteln: Fernsehern und Computern.

Im Verhältnis von Medium und Denken vollzieht sich damit ein grundstürzender Wandel. Der Vorzug von Bild- und Schriftzeichen war, dem hochfragilen menschlichen Sensorium, seinen Empfindungen, Vorstellungen, Gedanken eine äußere Stütze zu geben – um den Preis, daß diese Stütze wehrlos, leblos, geistlos war. Aber nur dank dieses Mangels konnte sie der unsteten inneren Vorstellungswelt überhaupt Halt bieten. Am Schriftgestell konnten flüchtige Vorstellungen sich festmachen, abstrakte Gedanken sich objektivieren, überprüfen, korrigieren, schärfen, verfeinern, vergewissern. Strenge Logik und Wissenschaft wären undenkbar gewesen ohne diesen Halt. Nun, in den neuen Medien, wird er selbst flüchtig. Das feste Gestell beginnt zu tanzen. Es ist nicht länger Gegengewicht zur flüchtigen Vorstellungswelt, sondern ihre Imitation. Die Imitation aber ist nicht, wie bei Platon, mattes Abbild. Sie hat die fortgeschrittensten menschlichen Produktivkräfte zu Bundesgenossen. Sie potenziert das Original um ein Vielfaches. Sie simuliert den Perzeptions- und Speicherungsprozeß des Gehirns weit umfassender, als das Gehirn selbst ihn zu vollziehen vermag. Wie sporadisch, selektiv, subjektiv ist doch, was ein Gehirn sich merkt, und wie bruchstückhaft wiederum, was davon in Bildern oder Schriftzeichen festgestellt wird. Einer Filmkamera hingegen entgeht kein Detail ihres Aufnahmefeldes; ein jedes registriert sie mit der gleichen Aufmerksamkeit, und das Fernsehprogramm strahlt den aufgezeichneten Schein der Lebendigkeit rund um die Uhr aus. Schrift ist ein vorindustrielles Gestell, eine Gedächtniskrücke. Neue Medien sind High-Tech-Gestelle: automatische Gedächtnissimulatoren.

Gewiß, auch High-Tech-Gestelle sind bloß Gestelle. Auch sie können, ganz wie die Schrift, sich selbst nicht helfen, verstehen keinen Deut von dem, was sie mitteilen, können lediglich so ablaufen, wie sie gestellt und eingestellt sind. Ihr ganzes Aufnahme- und Speichervermögen ist auf das lebendige Bewußtsein bezogen, für das sie perzipieren und speichern, und wo dieses Bewußtsein ganz ausfiele, könnten auf Dauer gestellte Filmserien als *loops* noch jahrhundertelang weiterlaufen – und wären doch nur physikalisch-chemische Prozesse, ohne mehr zu bedeuten als das Wetter. Eigentlich müßte dieser Gedanke von einem erhabenen Gefühl begleitet sein, ähnlich demjenigen, das sich, laut Kant, vor einem gewaltigen, aus sicherer Entfernung beobachteten Naturschauspiel einstellt, wo wir einerseits unsere Winzigkeit als Naturwesen spüren und andrerseits unsere Überlegenheit über die gesamte Natur in unserer Eigenschaft als geistig-moralische Wesen.[1]

1 I. Kant, *Kritik der Urteilskraft*, § 28, l. c., Bd. X, S. 348 ff.

Nur will ein solches Gefühl vor den Gedächtnissimulatoren nicht aufkommen. Das Bewußtsein kann sich noch so sehr seine Erhabenheit über das dumme, leblose Gestell beteuern. Erlebt wird gerade das Gegenteil: die Minderwertigkeit des Schöpfers gegenüber einem Geschöpf, das ihm ähnlich über den Kopf gewachsen ist, wie einst die menschliche Kultur über die Natur hinauswuchs.[2] Was ist mein Gedächtnis gegen einen Videorecorder oder eine Festplatte? Sie demonstrieren mir unablässig ihre Perfektion und meine Unzuverlässigkeit, raunen dem lebendigen Gedächtnis lautlos ein permanentes «Gib's auf» zu – und empfehlen sich als sein Surrogat: «Laß nur, das übernehmen wir für dich.»

Die Auslieferung des lebendigen Gedächtnisses an seine Simulatoren steht damit an. Selbstverständlich vollzieht sie sich nicht von heute auf morgen, ist selbst ein vielfältiger Prozeß mit verschiedenen Geschwindigkeiten und Verlaufsformen, je nach kulturellem Umfeld und individueller Begabung. Und sie ist erst im Anfangsstadium. Es ist kaum ein Jahrzehnt her, daß die Film- und Fernsehtechnologie, die vornehmlich die Freizeit auszufüllen trachtete, sich mit der Speicherkapazität von Computern verbunden hat, die in der Lage sind, ganze Produktions-, Administrations- und Telekommunikationsprozesse zu steuern. Die neue Macht digital vereinigter Gedächtnissimulatoren, die da zusammenwächst, ist zwar von ihrer vollen Durchsetzung noch weit entfernt. Selbst das Kopfrechnen haben noch nicht alle an den Taschenrechner delegiert. Noch lange kann es Menschen geben, deren persönliche Gedächtnisleistung alle Bewunderung verdient. Aber sie wirken jetzt schon antiquiert. Sind Theaterschauspieler, die ganze Rollen auswendig hersagen können, nicht bereits Überbleibsel einer vergangenen Epoche? Wozu noch der Aufwand? Das Gedächtnis steht längst vor anderen Prioritäten. Statt Texte zu memorieren muß es neu selektieren lernen. Heute sind Firmen, Institutionen, Parteien, Hilfsorganisationen, Widerstandsbewegungen, aber auch Individuen mehr und mehr genötigt, durch massenmediale Reize auf sich aufmerksam zu machen, wenn sie nicht untergehen wollen. Jedes lebendige Gedächtnis aber ist mit der Flut dieser Reize auf eine qualitativ

2 «Prometheische Scham» hat Günther Anders dieses Gefühl genannt; in: ders., *Die Antiquiertheit des Menschen*, Bd. I, München 1956, S. 21 ff.

neue Weise überfordert. Nicht, daß es sich nicht alle zu merken vermag, ist das Problem, sondern wie es sich ihrer Überzahl erwehren und gleichwohl die relevantesten herausfiltern kann.

Filtern mußte das menschliche Sensorium immer schon; seine Umgebung enthielt stets mehr, als es aufzunehmen vermochte. Aber eine solche Fülle zudringlicher, ruckartig zustoßender, gezielt abgeschossener Reize, von denen jeder ein «Hierhergesehen», «Achtung», «Aufgemerkt» ausstrahlt, jeder die Aufmerksamkeit geradezu imperativisch für sich beansprucht und alle zusammen sie buchstäblich distrahieren – das hat es noch nicht gegeben, zumal die Reizflut unablässig anschwillt und zur Reizverarbeitung immer weniger Zeit und Kraft bleibt. Ein solches Mißverhältnis von Reiz und Verarbeitung läßt die Schrift nicht zu. Wer sich für ihre Buchstabenfolgen nicht wenigstens so viel Zeit nimmt, daß sie entzifferbar werden, der kann sie als Bedeutungsträger, also als Schrift, gar nicht erst wahrnehmen. Schrift verlangt ein nicht unterschreitbares Minimum an Hingabe. Dafür entschädigt sie aber auch. An ihrem starren Gestell können sich ungleich leichter flüchtige Eindrücke festsetzen, Reize zu Erfahrungen vertiefen, gärende Vorstellungen zu klaren Gedanken läutern als unter dem Dauerbeschuß neuer Medien.

Allerdings fiel der Film nicht vom Himmel; er ist der Schriftkultur entsprungen. Das technische Know-how seiner Pioniere war schriftgestütztes Wissen. Die Mehrheit seines Publikums war gründlich alphabetisiert. Romane, Gedichte und ausgiebiger Briefverkehr gehörten zum Lebensstandard von Adel und Bürgertum, Zeitung und Groschenhefte zur kargen proletarischen Freizeit. Die Schaustellungen aber, die je nach Vermögen und sozialem Status frequentiert wurden, seien es Oper und Theater oder Jahrmarkt und Tingeltangel, waren dazu die festliche Zutat: ein besonderes Abend- oder Wochenendereignis. Auch der Film begann als eine solche Besonderheit. Die nachhaltige Wirkung seiner ersten Streifen verdankt sich nicht nur dem Reiz des Neuen, der sich rauschhaft entfaltenden Einbildungskraft seiner Regisseure, der Goldgräberstimmung um ein neues Medium, sondern auch der simplen Tatsache, daß Filme anfangs Raritäten waren. Zwischen den einzelnen Vorführungen war viel Zeit, um das Erlebte sacken zu lassen. Es drängte nicht sogleich der nächste Streifen, die nächste Talkshow oder Nachrichtensendung nach. Der Film war die Ausnahme, das Highlight, die Schrift sozusagen die Regel, der Alltag. Durch seinen rasanten Siegeszug hat sich der Film allerdings in wenigen Jahrzehnten seines Highlight-Charakters beraubt, sich veralltäglicht und das Verhältnis von Ausnahme und Regel, von neuen Medien und Schrift derart drastisch verschoben, daß in den USA der vierziger Jahre bereits erste Anzeichen seines Umkippens bemerkbar wurden. «In den maßgebenden amerikanischen Magazinen Life und Fortune kann der flüchtige Blick Bild und Text der Reklame von denen des redaktionellen Teils schon kaum mehr unterscheiden. Redaktionell ist der begeisterte und unbezahlte Bildbericht über Lebensgewohnheit und Körperpflege des Prominenten, der diesem neue Fans zuführt, während die Reklameseiten auf so sachliche und lebenswahre Photographien und Angaben sich stützen, daß sie das Ideal der Information darstellen, dem der redaktionelle Teil erst nachstrebt.»[3]

Sobald der Photoprint und damit die illustrierte Zeitschrift möglich wurde, geriet der Text ins Schlepptau des Bildes, und beide traten unter ein Aufmerksamkeitsregime, das im Werbespot in Film und Radio seine aufdringlichste Form annahm. Damit aber war die Angleichung der Schrift an die neuen Medien eingeleitet – ein Prozeß, der sich seither flächendeckend mit wachsenden Synergieeffekten fortgesetzt hat. Jedes Printprodukt, das noch beachtet sein will, muß sich ähnlich ruckartig wie ein Filmbild ans Auge herandrängen. Nicht nur Boulevardblätter, auch gehobene Zeitungen können sich ohne Farbphotos kaum mehr blicken lassen. Ihre Seiten werden «ansprechender», will sagen, textärmer und bildreicher, und die Buchgestaltung zieht nach. Auch Akademikeraugen werden der Führung durch ein geschicktes Layout immer bedürftiger, haben hier einen Absatz, da eine Graphik, dort ein Bildchen immer nötiger, um das Entziffern von Schriftzeichen überhaupt noch durchzuhalten. Zu den stillen Voraussetzungen des gesamten Printdesigns gehört, daß kaum jemand mehr die Konzentration und Ausdauer hat, um einen Text von Anfang bis Ende, Zeile für Zeile zu verfolgen. Das Tempo dieser Entwicklung ist atemberaubend. Da waren ein paar

3 M. Horkheimer / Th. W. Adorno, *Dialektik der Aufklärung*, l. c., S. 172.

neue Medien gerade erst wie Pilze aus dem Boden einer fünf Jahrtausende alten Schriftkultur geschossen, und schon begannen sie diesen Boden umzupflügen. Mehr noch: Sie können damit nicht aufhören.

Für das Ungeheure dieses Vorgangs gibt McLuhans Formel vom Ende der «Gutenberg-Galaxis»[4] ein denkbar schiefes Bild. Als ob es darum ginge, gleichsam die kosmische Wohnung zu wechseln, nämlich die «Galaxis» des Buchdrucks gegen die der elektronischen Medien. Das ist einerseits eine völlig überspannte und ahistorische Vorstellung, denn die Menschheit bleibt auch bei dieser Neuerung hübsch auf der alten Erde und schleppt weiterhin ihre unbewältigte Vergangenheit mit sich. Zum anderen ist es viel zu arglos und technizistisch gedacht. Es wird doch nicht ein mediales System gegen ein anderes ausgetauscht wie ein altes Auto gegen ein neues. Vielmehr findet ein Umbruch statt – mit Kämpfen und Krisen, Entlassungen und Konkursen, Siegern und Verlierern.[5] Und Verlierer verschwinden nicht einfach. So auch nicht Schrift und Buchdruck. Sie stehen keineswegs im Begriff, sich zugunsten neuer audiovisueller Übertragungs- und Speicherungsmedien in Luft aufzulösen. Wohl aber sind die kaum flügge gewordenen Kinder der Schrift dabei, ihrer Mutter das Rückgrat zu brechen. Schrift hört auf, Leitmedium zu sein: jenes selbstverständliche, unbefragte, natürlich erscheinende Gestell, auf das für Jahrhunderte, wenn nicht Jahrtausende eine ganze Zivilisation ihre Vorstellungs- und Gedankenarbeit gestützt hatte.

4 H. Marshall McLuhan, *Die Gutenberg-Galaxis. Das Ende des Buchzeitalters*, l. c.

5 Das ist McLuhan natürlich nicht entgangen. Aber er verharmlost es zur bloßen Anpassungs- und Gewöhnungsschwierigkeit. «Wer zum erstenmal den Einbruch einer neuen Technik erlebt – handle es sich um das Alphabet oder das Radio –, reagiert auf äußerst lebhafte Weise, weil die neuen Sinnesverhältnisse, die von der technischen Erweiterung des Auges oder Ohres geschaffen werden, den Menschen vor eine überraschende neue Welt stellen, die eine nachhaltige ‹Schließung› oder ein neuartiges Muster des Wechselspiels zwischen allen Sinnen hervorruft. Aber der anfängliche Schock nimmt allmählich ab, wenn sich die ganze Gemeinschaft dem neuen Wahrnehmungshabitus anpaßt und ihn tatsächlich auf allen Gebieten ihrer Arbeit und ihres Zusammenlebens absorbiert» (l. c., S. 27).

Hypertext

In den USA der vierziger Jahre wurde dieser Umbruch erstmals absehbar; dort wurde aber auch ein Projekt ausgeheckt, das genau in die entgegengesetzte Richtung zu weisen und der Schrift eine neue, nie gekannte Blüte zu verschaffen schien. Wenn es Geräte gibt, die in jeder Wohnung Schallwellen empfangen, Apparate, die ihre gesamte Umgebung photographisch oder filmisch im Bilde festhalten, warum dann nicht auch Maschinen, die Texte so aufnehmen und unmittelbar verfügbar machen, wie es Bücher nicht können? So fragte sich Vannevar Bush, einer der leitenden Ingenieure am *Massachusetts Institute of Technology* (MIT), der schon damals maßgeblichen Brutstätte des technischen Fortschritts. Und so kam er auf die Idee, alles Geschriebene auf Mikrofilm aufnehmen, in einem Schreibtisch speichern und auf zwei Bildschirmen erscheinen zu lassen. Warum auf zwei? Weil so zwei verschiedene Texte gleichzeitig sichtbar und miteinander assoziiert werden können – durch ein Stichwort, das man in beiden am unteren Bildschirmrand eingibt. Wird später einmal im einen Text das Stichwort durch Knopfdruck reaktiviert, taucht automatisch auch der andere Text wieder auf. Das ist das Prinzip des *links*: das gleiche Wort oder Zeichen in verschiedenen Texten so markieren, daß es eine semantische Brücke zwischen ihnen schlägt, den einen gewissermaßen an den andern erinnert. *Memory extender* (*Memex*) nannte Bush denn auch seine Erfindung.[6] Auf den ersten Blick nur eine mechanische Gedächtnisstütze, sozusagen ein weiteres Gestell zur Unterstützung des angegriffenen Schriftgestells. Doch Bush schwebte viel mehr vor: eine Maschine, die das menschliche Denken aus dem Schriftkorsett befreit, in das es sich durch eigene Unachtsamkeit hineindrängen ließ. Hat doch der Buchdruck hohen Tribut gekostet. Schrift wurde nun zwar unabsehbar vervielfältigt und allgemein zugänglich, ihre Aufbewahrung aber damit zu einem qualitativ neuen Problem. Archive und Bibliotheken mit Schriftdokumenten vollzustopfen ist einfach; aber wie ordnet man sie? Dafür haben sich im Laufe von Jahrhunderten feste Schemata eingespielt: Stammbäume von Ober- und

6 V. Bush, *As we may think*, 1945; im folgenden wird zitiert nach der minutiösen Materialaufbereitung der brillanten Studie von Stephan Porombka, *Hypertext. Zur Kritik eines digitalen Mythos*, München 2001, S. 27 ff.

Unterbegriffen mit gelegentlichen Querverweisen, Kataloge nach dem Alphabet, Inhaltsverzeichnisse nach Zahlen[7] – allesamt äußerliche, umständliche, einengende Notbehelfe, die dem Inhalt der einzelnen Schriftstücke und dem gedanklichen Zusammenhang zwischen ihnen nicht annähernd gerecht werden. Für Bush daher Zeugnisse verknöcherten Geistes: «The human mind does not work that way. It operates by association.»[8]

Das mutet an wie ein Geistesblitz. Schrift soll nicht länger das Gestell sein, woran die innere Bewegung der Gedanken äußeren Halt findet; sie soll die lebendige assoziative Verfahrensweise des Gehirns selbst nachstellen – durch maschinelle Simulation. *Memex* sollte also nicht nur Riesenbibliotheken auf Schreibtischgröße reduzieren, sondern vor allem Texte in einen Zustand allseitiger Assoziation versetzen, worin sie, von allen geistfeindlichen Ordnungsschemata befreit, authentisches, bewegliches Denken darstellen und dem lebendigen Geist gleichsam sein eigenstes Geschäft vorexerzieren: ihn aus seiner Entäußerung in Verknöcherungen, Rastern, Gestellen wieder zu sich selbst zurückführen. Das ist die Geburtsvision moderner Textverarbeitung. Sie steht vorab unter dem Eindruck der neuen Medien. Ihr Pate ist der Film. Nicht nur, daß Schrift des Mikrofilms bedarf, damit ganze Archiv- und Bibliotheksbestände in einem Schreibtisch verschwinden können. Auch die neue Funktion der Schrift ist vom Film her gedacht. Was ihm mit äußeren Gestalten und Bewegungen gelingt, nämlich sie so zu konservieren, als wären sie lebendig, das soll nun mit der mentalen Bewegung des Gehirns selbst geschehen. *Memex* ist die Idee des perfekten Gedächtnissimulators. Nun ist es ja nicht falsch, daß das Gehirn assoziativ arbeitet, aber es arbeitet nicht *nur* so. Würde es nicht ebenso distinktiv verfahren, könnte niemand auch nur irgend etwas unterscheiden. Grob fahrlässig, die schwindelerregende Komplexität des Zentralnervensystems auf eine einfache Funktion zu reduzieren. Zudem ist «Assoziation» eines der schwierig-

7 Über die anfängliche Konkurrenz verschiedener Klassifikationssysteme cf. P. Burke, *Papier und Marktgeschrei. Die Geburt der Wissensgesellschaft*, 1997, dt. Berlin 2000, v. a. Kapitel V: Wissen klassifizieren: Curricula, Bibliotheken und Enzyklopädien.

8 V. Bush, in: S. Porombka, l. c., S. 32.

sten neurophysiologischen Kapitel, selbst für Fachleute ein Motiv fortgesetzten Staunens, daß die Millionen von Nervenzellen eines Gehirns, obwohl durch keinen Plan, keine Intention, keinen obersten Drahtzieher zusammengehalten, gleichwohl in der Lage sind, tausendfache Empfindungen und Vorstellungen zu einer Einheit des Erlebens zu assoziieren.[9]

Assoziation ist gleichsam ein schwebendes Verfahren, nie ganz unmotiviert, aber auch nie ganz aufhellbar. Warum sie sich gerade hier und jetzt, gerade so und nicht anders einstellt, dafür gibt es keine Regel. Sie hat einen Freiheitsgrad, ein Moment von Unableitbarkeit, weswegen sie umgekehrt auch unstet und flüchtig, stimmungs- und kontextabhängig ist. Wer bei schlechtem Wetter, Zahnschmerzen und niederschmetternden politischen Nachrichten zu Text A Text B assoziiert und beide durch ein gemeinsames Stichwort «verlinkt», dem fallen nach einem Kinobesuch vielleicht ganz andere, viel ergiebigere Texte dazu ein. *Links* sind festgestellte, totgestellte Assoziationen. In ihnen das Geheimnis des Assoziierens beim Schopf packen zu wollen führt zu nichts als einem unendlichen Regreß. Deshalb ist *Memex* nie bis zu einer funktionsfähigen Maschine gediehen. Die Stichwörter, mit denen man assoziativ Texte verband, mußten ja selbst irgendwie geordnet werden. Dazu bedurfte es strukturierender Codewörter, und damit die ihrerseits nicht unkontrolliert wucherten, wurde in aufwendigen Codebüchern eine Art Assoziationsleitsystem angelegt. Mit dessen Hilfe sollte jeder seine eigenen *trails* durch den Wust seiner persönlichen Assoziationen legen können – jenseits aller herkömmlichen hierarchischen Strukturen. Damit man sich dabei aber nicht heillos verheddere, erdachte Bush einen Fachmann für *trails*, den *trailblazer*, einen menschlichen Vorläufer der Suchmaschine, der dem unbedarfteren *Memex*-Nutzer gangbare *trails* vorschlagen sollte, so daß im neuen Reich der Freiheit dann doch bloß die Wahl zwischen *main-trails*, *side-trails* und *skip-trails* blieb: eine dürftige, aber durchaus starre Ordnung, die weder ohne Hierarchie auskam noch in der

9 «Letztlich müssen immer neue Neuronenverknüpfungen angelegt werden, die in der Lage sind, ein Verhalten zu steuern oder einen internen Zustand zu erzeugen, welcher vom Gehirn als Lösung des Problems angesehen wird» (G. Roth, *Das Gehirn und seine Wirklichkeit*, Frankfurt am Main 1994, S. 212).

Lage war, den assoziativen Wildwuchs irgend zu bändigen. Nach zwanzig Jahren Forschung gab Bush die Not schließlich als Tugend aus, sein wucherndes Leitsystem als «wholly new forms of Encyclopedias», ohne daß *Memex* je über Entwürfe und selbstgegebene Vorschußlorbeeren hinausgekommen war.[10]

Kinderkrankheiten eines genialen Projekts? So argumentierten Bushs Nachfolger. Sie schoben seinen Mißerfolg auf technische Mängel, ohne die Zielvorstellung selbst irgend verdächtig zu finden: einen Raum freier Text- und Denkassoziation maschinell herzustellen. In den sechziger Jahren schien die Computertechnologie endlich reif dafür. Der Informatiker Ted Nelson konzipierte das Programm *Xanadu*. Es sollte alle nur greifbaren Dokumente erfassen und zu einer Textur verknüpfen, «in which you may read in all the directions you wish to pursue».[11] Für dieses «Dokuversum» hat Nelson 1965 den Namen Hypertext erfunden. «By ‹hypertext› I mean non-sequential writing.»[12] Diese lapidare Definition wirkt bis heute wie ein Zauberspruch – durchaus begreiflich, wenn man mitdenkt, wogegen sie gerichtet ist: gegen die gesamte Buchkultur und ihre starre «sequentielle» oder «lineare» Form des Schreibens und Lesens als Inbegriff des rigiden, repressiven modernen Fortschritts. «Books are not convenient to read except in a sequence. But the structures of ideas are not sequential. They tie together every whichway.» Das lassen Bücher nicht zu. Sie unterdrücken die freie Entfaltung von Ideen, ja bei Lichte besehen, sogar die der ganzen Natur. «Your body is not sequentially interconnected, but neither is everything connected to everything else.» Auch spricht niemand in der starren Abfolge, in der gedruckte Zeilen verlaufen. Lebendige Sprache assoziiert frei. Sie ist das authentische, naturgemäße Textmodell. «We've been speaking hypertext all our lives and never known it.»[13] Schuld daran ist Gutenberg. Er hat

10 V. Bush, in: S. Porombka, l. c., S. 33 und 45.

11 T. Nelson, *Dream Machines*, 1987, in: S. Porombka, l. c., S. 75.

12 T. Nelson, l. c., S. 71.

13 T. Nelson, l. c., S. 72. Das ist wie bei Molières Neureichem. Weil er nicht in der Lage ist, auch nur einen Vers aufzusagen, läßt er sich um so lieber weismachen, seine Redeweise sei Prosa. «Seit mehr als vierzig Jahren rede ich nun schon Prosa, ohne daß ich's ahnte! Ich bin Ihnen äußerst verbunden, daß Sie mir das klargemacht haben» (Molière, *Der Bürger als Edelmann*, 2. Aufzug, 2. Auftritt).

den Hypertext in ein Prokrustesbett gezwängt. Damit muß endlich Schluß sein. «Now in our time, we are turning Gutenberg around.»[14] «We want to go back to the roots of our civilization – the ability, which we once had, for everybody who could read to be able to read everything.»[15]

Zurück zu den Wurzeln, in den Freiraum des natürlichen Lesens und Schreibens – aber ausgerechnet durch ein Computerprogramm. Daß es *Xanadu* heißt, ist eine besondere Pointe. Dies ist der Name für eine riesige, von hohen Mauern umgebene Palastanlage. Und zwar will S. T. Coleridge im Opiumschlaf ein komplettes Gedicht geträumt haben, worin der sagenhafte Kubla Khan sich diese Anlage als sicheren Herrschersitz erbauen ließ. Nur daß der Dichter nach dem Aufwachen keinen der Verse aufzuschreiben und das Gedicht nur noch von ferne nachzuerzählen vermochte. Ähnlich fern fühlt sich Nelson seinem «Dokuversum», das ihm doch so nah war, so einfach und klar schien; jedoch: «I mistook a clear view for a short distance.»[16] Aber nicht nur fern ist das Ersehnte. Der Traum hat es auch mit hohen Mauern umgeben. Will sagen, es ist die Festung der Freiheit in der repressiven Gutenberg-Welt – umlagert von furchtbaren Gefahren. «Books disappear. Knowledge of the past is lost. Libraries burn [...] There are many bombs and fires to come.» Zu überlegen daher, wo die Software der Freiheit im äußersten Notfall zu verstecken wäre; zum Beispiel «in deep rock and deep space – Iron Mountain or the asteroid belt».[17] *Xanadu* verdient größte Sorgfalt. Es ist nichts Geringeres als die Zufluchtsstätte der Kultur in einer barbarisierten Welt. Was im nichtsequentiellen Textraum gespeichert ist, ist in seinen naturgemäßen, organisch verbundenen Zustand versetzt – gerettet. Und wer sehnte sich nicht danach? «The real dream is for everything to be in the hypertext.»[18]

So wird die virtuelle Festung *Xanadu* zum Ausgangspunkt einer politischen Kampagne: *Computer Lib*, will sagen: «making people

14 T. Nelson, l. c., S. 73.
15 T. Nelson, l. c., S. 75.
16 T. Nelson, 1993, l. c., S. 76.
17 T. Nelson, l. c., S. 81.
18 T. Nelson, 1987, l. c., S. 75.

freer through computers».[19] In den sechziger Jahren hieß das vor allem: Kampf gegen IBM. «‹The Big Blue› dominierte das Geschäft mit der Informationstechnologie. Zwei Drittel der Produktion gehörten unmittelbar zum Unternehmen, der Rest wurde von Firmen besetzt, die allein dank der Duldung von IBM überlebten.» Zudem beging IBM «den folgenschweren Fehler, sich nicht in der Entwicklung von Mikroprozessoren zu engagieren. Die Firma entschied, Geld und Forschung weiterhin in Großrechner zu investieren, die vom Militär und den großen Unternehmen angefordert wurden [...] Die Entwicklung von Computern für den persönlichen Gebrauch schien damit von Beginn an nichts mit den großen Trusts und dem militärisch-industriellen Komplex zu tun zu haben. Selbst den Computer bauen, selbst den Computer programmieren, selbst die Inhalte eingeben und die eigenen Gedanken abbilden können – das war das erklärte Ziel derer, die im Computer nicht länger ein Machtinstrument sehen wollten und die den Versuch unternahmen, mit der Maschine die Träume von einer freien Gesellschaft zu verkörpern.»[20] Dazu bedurfte es auch neuer Widerstandsformen: «Legitimate public protest – sit-ins and so on – should perhaps soon be turned to complaint over bad and inhuman computer systems.»[21] Eine direkte Aufforderung zum *hacking* war das nicht, obwohl Nelson wegen seines subversiven Gestus durchaus als einer der Väter der Hacker gilt. Doch dachte er weniger an heimliche Saboteure «inhumaner Computersysteme» als an eine Elitegruppe, die im ganzen Land die *Computer Lib* vorantreiben sollte: «The national Xanadu Hypercorps». «They will circulate among Xanadu stations transmitting skills and outlooks. [...] like the stewards and stewardesses of the airlines, they will know how to make users comfortable. [...] Like good woodsmen they will have a sense of the trails and the byways of the territory to be explored.»[22] Eine kleine amerikanische Avantgarde nimmt ihr Volk mit auf den Weg wie einst Mose das seine und erschließt ihm das einzig mögliche Reich der Freiheit: das «Dokuversum».

19 T. Nelson, l. c., S. 84.
20 S. Porombka, l. c., S. 84 f.
21 T. Nelson, 1987, l. c., S. 86.
22 T. Nelson, 1993, l. c., S. 87.

Man kann die Freiheits- und Rettungsphantasien aus der Anfangszeit des Hypertexts kaum genügend hervorkehren. Sie sind es, die das ganze Unternehmen beflügelt und auf den Durststrecken jahrzehntelangen Tüftelns das Durchhaltevermögen gegeben haben. Zwar sind sie nicht geblieben, was sie waren. Der Alltag der Textverarbeitung hat sie verblassen lassen. *Memex* und *Xanadu* werden kaum mehr für bare Münze genommen. Längst existieren bei den Experten verschiedene Auffassungen über den Grad erreichbarer Freiheit im Hypertext. Aber im zentralen Punkt herrscht nach wie vor größte Eintracht: Dem «nichtsequentiellen», «nichtlinearen» Schreiben, Lesen und Denken soll die Zukunft gehören. Nur wie soll das gehen? Noch die kleinsten Texte, noch Wörtchen wie «ja, nein, und, oder» bilden eine bestimmte Sequenz von Buchstaben, die man in ebendieser Reihenfolge lesen muß. Das tun denn auch alle Hypertext-Begeisterten ganz brav und konventionell, sonst verstünden sie rein gar nichts, genauso wie sie nicht aufhören, sequentiell zu sprechen: Laute in der Abfolge zu artikulieren, die sie eingeübt haben. Nichtlinear lesen und schreiben? Unsinn. Daß dieser Unsinn kurzfristig selbst noch einmal Sinn machen kann, etwa als Protest gegen ausgelaugte Sinnstrukturen, wie in dadaistischen Gedichten, ändert nichts daran, daß sich so niemand auf Dauer zu verständigen vermag. Wo «nichtlinear» gesagt wird, ist denn auch etwas anderes gemeint: nicht mehr in großen linearen Einheiten.

Damit stellt sich die Gegenfrage: Wie linear waren denn diese «Gutenbergschen» Einheiten, deren Tyrannis nun aufhören soll? Waren es überhaupt Einheiten im strengen Wortsinn? Gemessen am heutigen Zustand, wo noch die passioniertesten Leser darüber klagen, daß sie kaum mehr dazu kämen, ein Buch von Anfang bis Ende zu lesen, gewiß. Aber wie war es denn, als man den Krimi von vorn anfing und bis zur vorletzten Seite nicht wußte, wer der Mörder sei, oder wenn man einen Roman in einem Zuge verschlungen zu haben glaubte? Da hatte man vielleicht alles um sich herum vergessen, bis in die tiefe Nacht hinein gelesen – aber alles andere durchlaufen als einen linearen Prozeß. Wer zählt die winzigen Unterbrechungen, wo der Leser für einen Moment abschweift und eigenen Assoziationen nachhängt, noch einmal zwei Sätze zurückblickt, die er zu ungenau verfolgt hat, eine Seite vorausschielt, um abzutasten, ob es tatsächlich seinen Erwartungen gemäß weitergeht, nicht zu reden vom Gang in die Küche oder aufs Klo, um wieder aufnahmefähig zu werden? Was da für Maulwurfsaugen wie ein stur linearer Prozeß aussehen mag, erweist sich bei auch nur etwas genauerer Betrachtung als ein permanentes Schwanken um eine Linie, mit ständigem Assoziationsüberschuß, der gar nicht zu vermeiden ist, wenn man sich tatsächlich vorstellt, was man liest. Ohne Abweichungen, Flüchtigkeiten, Wiederholungen, Denkpausen, Rück- und Vorausblicke kommt niemand in einem Buch voran. Wer Hypertext als nichtlineares Medium gegen das Buch als lineares ausspielt, weiß nicht, was Lesen ist. Schon das traditionelle Lesen war nie bloß linear, und das «neue» hört nicht auf, es zu sein.

Feindbild Gutenberg

Der eklatante Ausfall an Selbstwahrnehmung des Lesens und die völlig verzerrte Wahrnehmung der Bedeutung Gutenbergs gehören zusammen. Der Mainzer Handwerksmeister hat die Tragweite seiner Erfindung kaum ermessen können. Erst allmählich hat sich herausgestellt, wie sehr der Buchdruck neben seiner praktischen Seite, der flächendeckenden Verbreitung alphabetischer Schrift bis in die allgemeine Volksbildung hinein, auch theoriebildend gewirkt hat. Die typographische Zurichtung des Schriftbilds ist Teil jener umfassenden Normierung des Gesichtssinns zu einer Instanz unbestechlichen wissenschaftlichen Prüfens, an der die Einübung des perspektivischen Sehens, die Entwicklung des Fernrohrs, die Isolation störungsfreier Beobachtungs- und Experimentalräume, die akribische Trennung von Ursachen und Wirkungen sowie die Reduktion von Naturveränderungen auf mechanische Kausalketten ebenso mitgewirkt haben.[23] Die «wissenschaftliche Einstellung», die nach Husserl das spezifisch Neue neuzeitlicher Weltwahrnehmung ausmacht, bedurfte zu ihrer Durchsetzung einer ganzen visuellen Apparatur, und der Beitrag des Buchdrucks dazu ist lange unterschätzt worden. Aber es ist nur einer unter mehreren. Ihn zur eigentlichen, letztinstanzlichen Ursache für alle Zwänge, Verwüstungen und Bedrohungen verantwortlich machen, die die wissenschaftliche Einstellung in der modernen kapitalisti-

23 Cf. M. Giesecke, *Der Buchdruck in der frühen Neuzeit*, l. c., S. 29 ff., S. 560 ff., S. 597 ff.

schen Welt mit sich gebracht hat, Gutenberg zum alleinigen Namensgeber für ein ganzes Zeitalter von der Renaissance bis ins 20. Jahrhundert erheben: das heißt ein paranoisches Feindbild aufrichten.

Solche Bilder entstehen nie ganz gewaltfrei. Auch dieses zeugt von einer spezifischen Überwältigungserfahrung: Telefon, Film, Radio, Fernsehen und Computer erobern unaufhaltsam die Welt und verdrängen die Schrift. Diesen Prozeß begrüßen und Gutenberg als Feind ausmachen ist ein und dieselbe gedankliche Bewegung, McLuhan ihr Wortführer. Endlich, so sein Tenor, müssen Schrift und Buchdruck, die das Auge vom Ohr, das Denken von der Wahrnehmung, das Individuum vom Stammesverband getrennt haben, einem Verbund elektronischer Medien weichen, der das Getrennte wieder zusammenfügt, den ganzen Menschen, die ganze Gesellschaft erfaßt und «unser Leben wieder auf die Basis einer neuen Stammeskultur stellt».[24] Denn «da die Elektrizität Zustände der äußersten Interdependenz in einem globalen Umfang schafft, bewegen wir uns rasch wieder in eine auditive Welt simultaner Ereignisse und eines globalen Bewußtseins hinein».[25] Und man könnte in kürzester Zeit am Ziel sein, wäre «Gutenberg» nicht so hartnäckig. «Doch die Gepflogenheiten des Alphabetismus bestimmen immer noch unsere Ausdrucksweise, unser Empfinden und unsere alltägliche Raum- und Zeiteinteilung.»[26] Das klingt, als handle es sich lediglich um eine Unart. Daß McLuhans ganze Theorie von dieser Unart *lebt*; daß er sich nur in Schrift und Buch angemessen artikulieren konnte; daß seine Gedanken dort, wo sie Hand und Fuß haben – und solche Passagen kommen ja vor –, nach den Regeln der geschmähten alphabetgestützten Logik verknüpft sind, ja noch seine kühnsten Visionen sich darauf stützen; daß also nur der «Gutenberg in ihm» McLuhan ermöglichte, das Ende von Gutenberg zu proklamieren: dies Paradox kommt erst gar nicht zur Verhandlung.

Auf seine Weise laboriert übrigens auch der durchschnittliche Medienkonsument an diesem Paradox. Er ist ja zunächst ebenfalls überwältigt von Film und Fernsehen – fasziniert davon, wie sie ihn in sich hineinsaugen und eine Unmittelbarkeit des Dabeiseins suggerieren,

24 H. Marshall McLuhan, l. c., S. 39.
25 Op. cit., S. 35.
26 Ibid.

gegen die jedes Buch blaß wird. Aber läßt der audiovisuelle Rausch sich nicht nur genießen, solange er ein Ausnahmezustand, ein Exzeß, ein Heraustreten aus dem Alltag ist, sozusagen mit Rückkehrgarantie zur Basisstation? Die großen Kinosäle war anfangs solche Stationen: jene besonderen sozialen Treff- und Festpunkte, von denen aus ein Publikum gemeinsam mental in die Filmwelt abhob. Wie aber, wenn solches Abheben kaum mehr spürbar stattfindet, wenn die neuen Medien ihr Publikum derart in sich hineinziehen, daß es sein Leben wie einen Film zu empfinden beginnt und an den Figuren der täglichen *Soap Operas* mehr Anteil nimmt als an Nachbarn, Freunden und Verwandten? Es ist hier nicht anders als beim tosenden Meer oder Vulkanausbruch: Nur von außen, einem sicheren Ort aus, kann man sie als erhabenes Schauspiel genießen. Gerät man in sie selbst hinein, ist es mit dem ästhetischen Genuß schlagartig vorbei. Ähnliches geschieht vor dem Bildschirm. Wird das Bildgeflimmer zur Alltagskulisse, der Filmexzeß zum Normalfall, das Videospiel zur Dauerbeschäftigung, so verliert sich nicht nur das Beglückende des audiovisuellen Rausches, sondern auch der besondere äußere Festpunkt, von dem aus zu ihm aufgebrochen wurde. Der Computerstuhl, der Kino- oder Fernsehsessel muß sich keinen Zentimeter bewegen – und hört doch auf, der äußere Ruhepunkt der bewegten Bilderwelt zu sein, sobald er als ihr Inventar wahrgenommen wird und das Motto gilt: *real life is just a window more.*[27]

Nicht daß der feste äußere Ort immer etwas Schönes wäre. Im Gegenteil: Die kleinen Arbeiter und Verkäuferinnen hatten allen Anlaß, sich ins Hollywood-Happy-End hineinzuträumen und selbst das hübsche, empfindsame, fürsorgliche *girl* sein zu wollen, das der ebenso erfolgreiche wie verständnisvolle Geschäftsmann aus *trouble* rettet und heiratet, oder der *tough guy*, der sich mutig, aber ehrlich emporarbeitet und mit einer entzückenden Blondine belohnt wird. Nur ungern kehrten sie aus dem Kino in ihren trüben Alltag zurück. Und doch wollten sie wiederum auch nicht *total* anders werden, sondern in das geträumte schönere Dasein selbstverständlich all ihre Gewohnheiten und Vorlieben, Überzeugungen und Grundsätze mitnehmen,

27 S. Turkle, *Ist das Internet männlich, weiblich oder beides?*, in: Telepolis. Die Zeitschrift für Netzkultur, München und Mannheim 1996, S. 126.

die ein ganz unfilmischer Alltag ihnen eingeschliffen hatte. Das Trostlose abstreifen, das Sicherheit Stiftende beibehalten – es gibt niemanden, in dem bei allem Verlangen nach Veränderung nicht auch dieses konservative Bedürfnis steckte. *Ganz* aus seiner Haut will niemand.

Zwar hat die Relativitätstheorie bewiesen, daß Ruhe, Halt, Sicherheit keine absoluten Größen sind. Dennoch bleiben sie vitale Empfindungsdesiderate. Kein Mensch hält sein Leben aus, ohne gelegentlich «seine Ruhe» zu haben oder sich in Sicherheit zu wiegen. Wie sehr aber über Jahrtausende hinweg das Schriftgestell zur Stiftung von Sicherheit beigetragen hat, konnte erst spürbar werden, als seine Rolle als Leitmedium angetastet wurde. Wann das zum ersten Mal geschah? Dafür wird kein Historiker je Datum und Beteiligte angeben können, genauso wie sich nie exakt sagen läßt, wann jemand den Zenit seiner Körperkräfte erreicht oder überschritten hat. Nur die generelle Struktur läßt sich erfassen: der Umschlag des Films vom Highlight der Schriftkultur zum Trommelfeuer gegen sie, der sich in den dreißiger Jahren anbahnte, in den Vierzigern manifest wurde, aber in Individuen verschiedener Sensibilität, verschiedener sozialer Stellung und verschiedener Entfernung vom fortgeschrittensten Stand der medialen Entwicklung selbstverständlich auch einen ganz unterschiedlichen Niederschlag fand. Allerdings bleibt niemand, dem Schrift zum Gestell des Denkens geworden ist, auf Dauer von der Erfahrung verschont, daß die Rucks und Schocks, mit denen die neuen Medien um Aufmerksamkeit kämpfen, die Schrift verblassen lassen, ihre orientierende Kraft in Frage stellen, dem selbstverständlichen Vertrauen auf sie einen Knacks geben – und damit ihrer Gestellqualität selbst. Ein Knacks ist kein Knall, seine Wirkung denkbar unspektakulär – wie wenn man beim Gehen über einen zugefrorenen Teich plötzlich ein Knacken zu vernehmen meint. Ein leiser *horror vacui* stellt sich ein – nicht jener brutale Naturschrecken, der Steinzeitkollektive traumatisierte, vielmehr ein kulturell höchst abgefederter, bis zur Nichtwahrnehmbarkeit unscheinbarer, leicht kaschierbarer Schrecken. Er ließe sich vielleicht überhaupt nicht dingfest machen, hätte er nicht so eminent medientheoriebildend gewirkt. Die *Memex*-Vision ist eines seiner ersten Symptome, sein prominentestes die fixe Idee der Gutenberg-Galaxis. Beide verraten übrigens, wie träge die Mechanismen der Schreckverarbeitung sind, die das menschliche Nervensystem entwickelt hat. Die uralte Praktik, eine erschreckende Gewalt, die übermächtig angreift, dadurch zu mildern, daß man sie durch Wiederholung bekräftigt, gutheißt, überhöht, hat sich zwar im Laufe einer langen Kulturgeschichte bis an den Rand der Unkenntlichkeit verzweigt und verfeinert, ihre Grundstruktur aber nicht verloren. «Identifizierung mit dem Angreifer»[28] ist der moderne psychoanalytische Fachbegriff dafür, und ohne ihn zu Rate zu ziehen, wird das Entscheidende an McLuhan kaum begreiflich: Er ist der Prototyp des von den elektronischen Medien überwältigten Schriftmenschen. Sie haben ihn sozusagen am Schriftnerv getroffen, und die unablässige Bejahung und Überhöhung ihrer treffenden Gewalt ist sein Versuch, darüber hinwegzukommen. McLuhans Medieneuphorie ist Flucht nach vorn.

Gedanklich schießt er dabei ähnlich übers Ziel hinaus wie ein Kind, das den Vater, weil er es ist, der das Geld nach Hause bringt und die Familie herumkommandiert, auch für fähig hält, Pferde zu stemmen oder Berge zu versetzen. Weil die elektronischen Medien die Welt erobern, sollen sie auch selbst die Ursache ihrer Durchsetzung sein, als ob sie ohne die Menschen, die an ihnen arbeiten, ohne die Kanäle und Zwänge des kapitalistischen Markts auch nur einen Zentimeter vorankämen. Weil dasjenige, was sich in einem Medium darstellt, also etwa ein Bild im Film oder eine Wortsequenz auf Tonband, selbst wiederum Medium sein kann, worin etwas anderes sich darstellt, etwa eine Gestalt oder ein Gedanke, soll gelten, «daß der ‹Inhalt› jedes Mediums immer ein anderes Medium ist».[29] Mit anderen Worten: Es gibt nichts als Medien. Sie sind die Sache selbst – und damit nicht mehr medial. Denn von Medien kann nur so lange sinnvoll die Rede sein, wie sie nicht alles sind, wie etwas von ihnen Unterschiedenes, Nichtmediales existiert, was sich in ihnen darstellt oder mitteilt, sonst sind sie Medien von nichts – keine Medien mehr. Der springende Punkt bei McLuhan ist die Unfähigkeit, Medien medial zu denken. Er denkt sie substantiell und kausal – wie die alten Metaphysiker des Schriftzeitalters ihre Wesenheiten. «Das Medium ist die Botschaft»:[30] Diese Formel wäre ein Volltreffer – wenn sie sich gegen den aufmerksam-

28 A. Freud, *Das Ich und die Abwehrmechanismen*, London 1952, S. 125.
29 H. Marshall McLuhan, *Die magischen Kanäle*, Düsseldorf und Wien 1992, S. 18.
30 Op. cit., S. 17.

keitsheischenden Gestus richtete, der bereits in der technischen Funktionsweise der elektronischen Medien steckt und vorab jede ihrer Botschaften überschattet; wenn sie der Bloßstellung der Tatsache diente, daß bei wachsendem Zwang zu massenmedialer Präsenz immer wichtiger wird, *daß* gesendet als *was* gesendet wird. Aber dagegen hat McLuhan nichts; er meint ganz platt ontologisch: Es liegt in der Natur der Medien selbst, daß sie die Botschaft sind. Sie sind das Ansichseiende, die *causa sui*, folglich auch ihr eigener Inhalt. Freilich muß dieser Inhalt, damit er herauskommen kann, zuvor hineingesteckt worden sein. Und so wird die elektronische Verbindung zwischen fernen Orten selbst schon als soziale und moralische Qualität ausgegeben. Durch Telefon, Radio und Fernsehen werde «das Zentralnervensystem zu einem weltumspannenden Netz» und «der schöpferische Erkenntnisprozeß kollektiv und korporativ auf die ganze menschliche Gesellschaft ausgeweitet»,[31] als ob diese technische Ausweitung von sich aus die Menschheit zu neuer Nähe und Herzlichkeit zusammenwachsen ließe. Die den neuen Medien angedichtete Botschaft ist übrigens eine altehrwürdige aus der Blütezeit des Buchdrucks: «Alle Menschen werden Brüder.» Um sie kongenial auszustrahlen, bedurfte Beethoven noch einer ganzen Symphonie. Nun sollen das die elektronischen Medien täglich von selbst besorgen. Sie *sind* diese Botschaft, wird suggeriert.

Um das glauben zu können, muß man allerdings strikt ausblenden, wie das Zusammenwachsen der Menschheit durch Elektrizität sich praktisch vollzieht. Da werden nämlich isolierte Sinnesorgane, vornehmlich Auge und Ohr, an eine Apparatur angeschlossen, die Reize und Impulse nur überträgt, indem sie sie nach mechanischen Gesetzmäßigkeiten zerlegt, kanalisiert, filtert, sei es zu separaten Tönen, zentralperspektivischen Bildausschnitten oder, wo die Technik schon soweit ist, zu meßbarem Fingerdruck. Elektronische Teilhabe oder Kommunikation besteht aus einer Streuung punktueller, ein- und abschaltbarer Ereignisse. Von der konkreten Umgebung des Senders wie des Empfängers sind sie gleichermaßen abgetrennt. Ein Ort, wo beide sich treffen, ist nicht mehr angebbar. Ihre weltumspannende, menschheitsverbindende Kraft gewinnen die elektronischen Medien also nur

31 Op. cit., S. 11.

um den Preis, daß sie Sinne und Erlebnisse in einem Maß und mit einer Perfektion isolieren und dekontextualisieren, wie es in der Epoche des Buchdrucks nie gelungen ist.[32] Was als Überwindung Gutenbergs daherkommt, ist bloß seine Potenzierung. Der Feind steckt überall: sogar in den neuen Medien selbst. Nur darf ihr Pionier das nicht wahrhaben. Um so angestrengter muß er den inneren Feind nach außen projizieren und der Schriftkultur unablässig einen trennenden und zwanghaft sequentiellen Charakter bescheinigen, als hätten Lyrik, Belletristik, Dialektik sich nie in Schrift niedergeschlagen und die Reichhaltigkeit dessen demonstriert, was am Schriftgestell Halt zu finden vermag.

Das Feindbild Gutenberg ist kein Privatproblem. Es gehört seit jener Zeit, wo neue Medien an den Nerv der Schrift zu rühren begannen, zur «Psychopathologie des Alltagslebens», bei McLuhan nur besonders ausdrücklich und siegesgewiß. Gutenberg mag noch so hartnäckig sein. «Bis nahe an eine Katastrophe heran könnten der Alphabetismus und die visuelle Einstellung der Elektrizität und ihrem ‹Gesamtfeld›-Bewußtsein noch längere Zeit Widerstand leisten.»[33] Aber ihre Zeit ist vorbei. Die alphabetische Schrift wird den neuen Aufzeichnungs- und Übertragungstechniken von Telefon, Tonband, Radio und Television weichen. Gutenberg ist der Angegriffene, die Elektronik der Angreifer. Das sah Ted Nelson genau umgekehrt. Die Gutenberg-Welt greift an. Sie ist es, die alle Destruktivkräfte der Gegenwart entfesselt hat, während sich das Medium der Zukunft in der Defensive befindet: der Hypertext. McLuhan hat auf dieses Medium nicht viel gegeben. War nicht auch Hypertext noch Text, nach wie vor der Linearität und Starrheit des Alphabets verhaftet, «nichtlinearer Text» also bloß eine Halbherzigkeit? Dagegen erschienen ihm «nichtlineare Logiken» ebenso wie «nichteuklidische Geometrien»[34] erst jenseits des Textes aussichtsreich. «Ende des Buchzeitalters» hieß für ihn auch Ende des Textes. Für Nelson hieß es nahezu das Gegenteil: Anfang des von Gutenberg befreiten, in seinen naturgemäßen Zustand zurückkehrenden, authentischen Textes.

32 Cf. B. Lindner, *Die Medienprophetien der elektronischen Digitalisierung und die Resistenz von Bild und Schrift*, in: Kulturrevolution, Nr. 45/46, Mai 2003.

33 H. Marshall McLuhan, *Die Gutenberg-Galaxis*, l. c., S. 35.

34 H. Marshall McLuhan, *Die magischen Kanäle*, l. c., S. 104.

Das scheint die realitätstüchtigere Vision zu sein. Daß die Menschheit je wieder vom Alphabet loskommen könnte, dünkte selbst den Urhebern von *Xanadu* zu kühn. Daß sie aber vom Buch emanzipierbar war: demonstrierte er das nicht eigens? Maschinelle Textverarbeitung war möglich. Er setzte dabei auf ein Medium, das bei McLuhan noch im Schatten von Telefon, Radio und Television stand, ihnen allen aber inzwischen den Rang abläuft: den Computer. Damit ist freilich vorab klar, daß der aus der Buchform gelöste Text nicht einfach frei umherschwebt, sondern sogleich in eine neue Form übergeht. Er ist von vornherein programmierter Text. Sofern er also, wie es Nelson vorschwebte, in allen Richtungen lesbar oder doch zumindest mit derart vielen *links* versehen wird, daß ganz entfernte und heterogene Teile assoziierbar und kombinierbar werden, so funktioniert das stets nur nach einem strengen Schema. Alles mit allem verbinden, also auch alle «und», «oder», «aber», würde zu nichts führen. Nur Schlüsselwörter eignen sich, und sie können nur dann etwas taugen, wenn sie von intelligenten Wesen ermittelt werden, die vom Inhalt der zu verbindenden Texten etwas verstehen, in der Lage sind, darin Wesentliches von Unwesentlichem zu scheiden und mit anderem Wesentlichen zu assoziieren – und dann die Resultate ihrer Unterscheidungs- und Assoziationsarbeit in *links* fixieren. Wie weit diese *links* sich aber verschalten lassen, hängt von den Vorgaben des jeweiligen digitalen Programms ab, das seinerseits wiederum aus zahllosen 0-1-Schaltungen besteht, gleichsam den Miniatur*links*, die den Verlauf elektrischer Impulse leiten. Der Textverbund, den sie zustande kommen lassen, mag eindrücklich umfassend sein; von einem «Dokuversum» ist er qualitativ unterschieden. Stets bleibt er partiell und, allen gegenteiligen Beteuerungen zum Trotz, geschlossen. Nur mit dem richtigen Schlüssel läßt er sich öffnen. Man muß seine Software beherrschen, um sie auf neue Texte und Assoziationen hin erweitern zu können, und das bedeutet harte Arbeit. Sich fröhlich einloggen, seine eigenen Texte und Einfälle hinzufügen und den Gesamttext einfach weiterschreiben, wie Kinder es in der Schule mit offenen Geschichten tun: genau das wird keine Software je gestatten.

Deshalb haben die vielen Computerspiele, an denen Hypertext-Programmierer sich mit Vorliebe erproben, von vornherein den faden Geschmack des Surrogats. Statt wie der traditionelle Roman oder

Comic dem Leser eine fertige Geschichte vorzusetzen, die er nur hinnehmen oder weglegen könne, servieren sie ihm einen Text, aus dem er sich seine eigene Geschichte selbst erst herstellen soll: selbst die Prinzessin retten, den Mord aufklären, die versunkene Kultur wiederentdecken, ein gelöschtes Gedächtnis reaktivieren oder sogar selbst erst die Aufgaben wählen, die man lösen will. War der Leser eines Buchs nicht immer bloß der brave Gefolgsmann des Autors? Nun wird er zum kreativen Ko-Autor nobilitiert. Und doch besteht seine ganze Kreativität lediglich in der Wahl von Möglichkeiten, die allesamt schon vorgegeben sind. Die freie Assoziation, um derentwillen das ganze Hypertext-Projekt in Gang kam, ist nur dort wirklich spontan und frei, wo sie jederzeit für Unvorhergesehenes offen ist. Die Hypertext-Praxis besteht darin, Freiheit auf die Wahl zwischen Vorgesehenem zu reduzieren. Wie zwischen Parteien, Telefongesellschaften, Krankenversicherungen, Waschmitteln und Fernsehern, so erst recht im Hyperraum: Ein ganzes Labyrinth tut sich auf, schier unendlich sind die Möglichkeiten, sich darin zu bewegen. Doch alle Wege sind schon vorgegeben, und keiner führt hinaus. Das Programm ist die High-Tech-Version der Vorsehung.

Was wie ein Aufstand gegen die autoritäre Form des Buches aussieht, ist nur ein Überlaufen zu den stärkeren Bataillonen: von der Sequenz der Buchzeilen zur weit strengeren Sequenz des Programms. Gibt es etwas Sequentielleres als die Abfolge seiner Schaltungen? Stellt man sie optisch dar, so ergeben sich kilometerlange 0-1-Bandwürmer. Das menschliche Auge kann darin vor lauter Sequenz keine Gestalten mehr erkennen, nichts lesen,[35] weshalb sie denn auch maschinell durchlaufen und zu Zeichen, Bildern oder Tönen konfiguriert werden. Und weil die Elemente, aus denen sie sich zusammensetzen, so klein und so viele sind, ist kaum mehr wahrnehmbar, auf wie mechanisch-sequentielle Weise sie zustande kamen.

Zur Identifikation mit dem Angriff der neuen Medien gehört, sich darüber, daß überhaupt erst durch ihn das geschmähte alte Prinzip zur vollen Entfaltung kommt, geradezu vorsätzlich zu täuschen. Am

35 Hier erst findet jenes drastische Umschlagen von Gestalt in Sequenz statt, das nach de Kerkhove aufs Konto des Alphabets geht und wovon ausgerechnet die Computertechnologie durch ihre «Ganzheitlichkeit» wieder erlösen soll; siehe oben, S. 87, Fn. 31.

Beispiel des Films, dessen Bestandteile ja statische Photos oder Zeichnungen sind, hat McLuhan vorgeführt, wie man das macht. «Läßt man nun eine Reihe solcher statischer oder bildartiger Räume genügend schnell rotieren, dann stellt sich die Illusion einer organischen Ganzheit oder eines Wechselspiels der Räume ein. Somit wird das Rad schließlich das Mittel, mit dem unsere Kultur sich von der Maschine wegbewegt. Aber erst als die Elektrizität auf das Rad angewandt wurde, geschah es, daß das Rad sich wieder mit der organischen Form verschmolz.»[36] Und schon ist die «Illusion der organischen Ganzheit» von wirklicher organischer Ganzheit nicht mehr zu unterscheiden, die simulierte Lebendigkeit des Films so gut wie das pralle Leben selbst – und Beweis dafür, daß die neue globale Organizität zum Greifen nahe gerückt ist. Das gleiche Denkmuster waltet, wo über der Schnelligkeit, mit der eine Maschine die Schaltungen eines Programms durchläuft, deren tote Mechanik vergessen wird und der Textverbund, der dann auf einem Bildschirm erscheint, als leibhaftige Erscheinung freier, naturgemäßer Gedankenassoziation firmiert.[37]

36 H. Marshall McLuhan, *Die Gutenberg-Galaxis*, l. c., S. 55.

37 Die soziologische Variante dieses Denkmusters lieferte, nahezu zeitgleich mit McLuhans und Nelsons Version, Daniel Bell mit seinem Schlagwort von der «postindustriellen Gesellschaft». Wenn die Maschinen klein, bedienungsfreundlich und kompliziert genug geworden sind, daß sie nicht mehr schnaufen und dampfen und von schwitzenden Proletariern bedient werden; wenn sie weniger, dafür qualifiziertere Arbeitskräfte erfordern, zur Abwanderung von Beschäftigten aus dem Gebrauchsgütersektor in den der Dienstleistung, Verwaltung, Bildung führen und selbst in diese Sektoren nachrücken, so daß allmählich die ganze Arbeitswelt maschinisiert wird und der Computer auch noch zum Lieblingsinstrument der Freizeit avanciert, dann, so die kühne Folgerung, ist das Maschinenzeitalter vorüber und die Gesellschaft nicht mehr industriell. Daß derart plump überstürzte Schlüsse Anfang der sechziger Jahre Glauben finden konnten, ist schon erstaunlich genug; erstaunlicher nur noch, daß «Gutenberg-Galaxis», «nichtlinearer Text» und «postindustrielle Gesellschaft» bis heute Säulen des gesellschafts- und medientheoretischen Diskurses sind: immun gegen jedes vernünftige Argument, weil offenbar unerläßlich für die Identitätsbildung unter High-Tech-Bedingungen. Sie suggerieren ein neues Zeitalter und helfen ignorieren, daß der enorme Wandel der alten kapitalistischen Welt nicht im mindesten zur Überwindung ihrer Grundstrukturen geführt hat. Das nannte man früher Ideologie: «notwendig falsches Bewußtsein».

Keine Frage, daß *Memex* unter dem Eindruck der Übermacht des Films projektiert wurde. Es ist ein Versuch, den Text vor dem Film zu retten – mit den Mitteln des Films. Wenn der Film stehenden Bildern das Ansehen der Lebendigkeit zu verschaffen vermag, warum soll dann stehenden Texten nicht Gleiches widerfahren können? Die Identifikation mit der siegreichen neuen Technik ist keine andere als bei McLuhan, das Feindbild ist das gleiche, nur die Gewichte sind anders verteilt. Die Väter des Hypertexts hingen noch an der Schrift. Man kann sie doch nicht einfach zugrunde gehen lassen. Und so wurden gerade an sie, das Bedrohte, höchste Befreiungs- und Rettungserwartungen geknüpft.

Freie Assoziation

Bei Marx war «freie Assoziation» noch ein Schlüsselwort großer Sozialutopie. Er meinte damit «eine Assoziation, worin die freie Entwicklung eines jeden die Bedingung für die freie Entwicklung aller ist»,[38] einen gesamtgesellschaftlichen Zustand, auf den hinzuarbeiten nach wie vor das Humanste und Vernünftigste ist, was man tun kann, auch wenn seine volle Herstellung über alle Kräfte geht und ihn der globale Kapitalismus im 21. Jahrhundert noch viel unwahrscheinlicher gemacht hat als zu Marx' Zeiten. Die freie Assoziation aller Texte ist hingegen nur noch ein armseliger Schatten solcher Utopie: ein Reich der Freiheit, das die Grundstrukturen der alten kapitalistischen Welt unbehelligt läßt, lediglich auf Bildschirmen erscheint, «freie Entwicklung» auf «freies Verlinken» herunterbringt, nichts Schöneres kennt als eine mausklickende Spezies von Lesern und Schreibern, die über Texte, Programme ebenso kreativ verfügt wie ein schrankenloser Souverän über ein Fertiggericht – ohne daß diese Utopie irgend realitätsnäher wäre als die Marxsche. Im Gegenteil: Nur durch ein Wunder, das der Verwandlung von Brot und Wein in Leib und Blut Christi nicht nachstünde, könnte aus einzelnen programmierten Hypertexten ein «Dokuversum» allgemeinen freien Verwebens und Fortspinnens werden.

38 K. Marx/F. Engels, *Manifest der Kommunistischen Partei*, 1848, Marx-Engels-Werke, Bd. 4, Berlin 1977, S. 482.

Wo sich dennoch der ganze utopische Elan an die Schrift bindet, muß sie als etwas besonders Rettungsbedürftiges, Zerbrechliches erfahren worden sein. Von Zerbrechlichkeit aber weiß nur, wer schon erlebt hat, wie etwas zerbricht – oder zumindest brüchig wird. Wenn dieses Etwas hier der Gestellcharakter der Schrift genannt wird, so ist dabei stets an das Metaphorische dieser Redeweise zu denken. Im Unterschied zu Gängelwagen, Autos, Häusern, die so lange Gestelle sind, wie ihr Material bruchfest ist und die Statik stimmt, ist Schrift nur so lange Gestell, wie man *an sie glaubt.* Nicht in dem vordergründigen Sinn, daß man alles für richtig hält, was geschrieben steht. Es geht vielmehr um einen vorbegrifflichen, nahezu physiologischen Elementarglauben, der mit aller Selbstverständlichkeit auf Schrift als Halt, Fortbewegungsmittel und Zufluchtsstätte des Denkens setzt und die Ruhe und Geduld mit sich bringt, die ihr Studium verlangt.[39] Die Schriftkultur hat besagten Glauben bis zur Unmerklichkeit eingeübt. Er fällt erst auf, wo er schwindet. Nur wer sich der Schrift in solchem Glauben nähert, kann Lust aus ihr ziehen, an ihrem Gestell herumbalancieren und -turnen, ihre Zeichen mit all den ganz persönlichen Vorstellungen belehnen, zu denen sie angeregt haben, ihren linearen Verlauf mit all den Assoziationen und Abschweifungen umspielen, ohne die es kein teilnehmendes Lesen gibt – und worin ungleich mehr Raum für Unvorhergesehenes und Überraschendes ist als in jedem Hyperroman. Wo letzterer zum Inbegriff des geistigen Abenteuers stilisiert wird, besteht zum herkömmlichen Leseabenteuer bereits ein durch neue Medien gebrochenes Verhältnis. Man vermag es nicht mehr wirklich zu erleben. Aber man ist durchaus noch so weit mit Schrift vertraut, daß man ihr spezifisches Abenteuer als etwas verspürt, was einem entzogen

39 Das Sprichwort «Papier ist geduldig» besagt übrigens nicht nur, daß jeder Unsinn sich aufschreiben läßt, ohne daß das Papier sich sträubt, sondern auch, daß Papier jener Geduld, die zur Selbstklärung der Gedanken unerläßlich ist, eine angemessene Unterlage gibt. Bildschirme strahlen nie die gleiche Ruhe aus. Selbst wenn sie nicht mehr flimmern, so hören sie doch nicht auf, selbst Licht zu geben. Sie reflektieren es nicht nur. Für den lesenden Organismus ist das nicht einerlei. Mentales Reflektieren braucht eine reflektierende Fläche, keine blendende.

ist. Man vermißt es.[40] Deshalb kann man sich nicht neutral zum Buch verhalten. Man verübelt ihm, was es einem vorenthält. Man lehnt sich gegen das Schriftgestell auf, weil man sich nicht mehr darauf zu lehnen weiß. Und den Ersatz, den man sich fürs Entgangene verschafft, gibt man, trotzig wie ein enttäuschter Liebhaber, als das viel Bessere aus: Wie stumpfsinnig ist doch das autoritäre lineare Lesen gegen das kreative nichtlineare, wie furchtbar bedroht doch die von Gutenberg auf Linie gebrachte Schrift die freie Entfaltung des lebendigen Textgewebes!

So wird die gedruckte Schrift für das verantwortlich gemacht, was die neuen Medien ihr angetan haben, der Angegriffene als Angreifer imaginiert, Gutenberg als Bedroher der Kultur ausgegeben – damit aber nur kaschiert, wer der wirkliche Angreifer ist, mit dem die Textverarbeitung des 20. Jahrhunderts von Anfang an identifiziert ist. Die technologische Entfesselung der Schrift und ihre Entmachtung als Leitmedium sind nur zwei Seiten desselben Prozesses: des Auseinanderbrechens des Schriftgestells in Partikel der Textverarbeitung. Was da verarbeitet wird, ist sozusagen Schrift mit gebrochenem Rückgrat, zwar gefügig genug, um sich in digitale Programme zu integrieren, ohne daß ihre Partikel jedoch irgend aufgehört hätten, starre Zeichenfolgen zu sein. Die gepriesene nichtlineare Schrift ist nur die zerkleinerte lineare. Schrift an sich kommt von der Linearität nicht los, ebensowenig wie davon, toter Buchstabe, geistloses Gestell zu sein. Wen das anödet, wer mehr von ihr verlangt als ein Gestell, nämlich die freie Assoziation, den lebendigen Geist selbst, der bekommt weniger: Bruchstücke des Gestells.[41]

40 Gewiß wird sich dieses Verlustgefühl bei einer Generation, die von klein auf Fernsehbilder wahrnimmt, aber kaum mehr Bücher kennt, verringern. Verschwinden jedoch wird es nicht. Solange überhaupt noch Schrift eingeübt und die Erfahrung gemacht wird, daß ihre Zeichen Grabstätten einer Bedeutung sind, die lebendiges Bewußtsein jederzeit wieder auferwecken kann, solange sich also noch etwas davon mitteilt, daß Schreiben und Lesen etwas mit Zaubern zu tun haben, wird Schrift nicht aufhören, jenes Abenteuer zu verheißen, das ihre Entzauberung durch neue Medien verblassen läßt.

41 In gewisser Hinsicht sind Buchstaben natürlich immer schon Bruchstücke gewesen. Als «Totenacker für das Skelett der Sprache» hat Ivan Illich die alte semitische Konsonantenschrift bezeichnet (I. Illich/B. Sanders, *Das Denken*

Und dennoch läßt sich nicht leugnen, daß die maschinelle Textverarbeitung enorm viel gebracht hat: zwar kein «Dokuversum», wohl aber die Erfassung einer Unmenge von Texten, inzwischen auch umfassender Bildbestände, samt höchst effizienter Suchmaschinen. Hypertext im Nelsonschen Sinne, der durch eine Fülle von *links* selbst schon all seine semantischen Zusammenhänge offenlegen, sich selbst gleichsam schon in interpretiertem Zustand präsentieren sollte, ist das selbstverständlich nicht; nur eine Datenmasse, aus der jeder sich zieht, was ihn interessiert. Aber ist damit ein Grunddesiderat des ganzen Projekts, nämlich der optimale Zugriff auf Texte, nicht so gut wie erfüllt? Es ist doch phantastisch, Goethes oder Nietzsches gesammelte Werke auf einer CD zu haben und durch Eingabe eines Stichworts jedes gewünschte Zitat aufrufen zu können. Rechnet man hinzu, daß weltweit Bibliotheken und Museen verdatet und verdrahtet werden, ihre globale Vernetzung nur noch eine Frage der Zeit ist, steht dann nicht etwas zu Gebote, was für das unrealisierbare «Dokuversum» mehr als entschädigt und traumhafte wissenschaftliche und publizistische Arbeitsbedingungen schafft? Die Antwort wäre ein uneingeschränktes Ja, hätte die fabelhafte neue Verfügungskraft nicht ihre diabolische Kehrseite. Schrift hat nämlich, nicht anders als Stein oder Holz, ihre eigene Schwerkraft. Das war ja Platons geniale Entdeckung. Das Aufgeschriebene ist äußerlich gewordenes, totgestelltes Gedächtnis, und doch schaut es die Lesenden an, als wäre es das Innere, Lebendige selbst und lädt dazu ein, «sich nur von außen vermittels fremder Zeichen, nicht aber innerlich sich selbst und unmittelbar»[42] zu erinnern. Man muß dieser Verführung nicht erliegen, man kann

lernt schreiben. Lesekultur und Identität, Hamburg 1988, S. 20). Die Konsonanten für sich genommen seien tot wie jene Gebeine, die der Prophet Ezechiel in einer großen Vision «über die Ebene verstreut» (Ezechiel 37, 2) liegen sah. Wie diese Gebeine erst durch den Atem Gottes wieder zu lebendigen Leibern zusammenwüchsen, so würden auch die Konsonanten erst durch den hinzutretenden Hauch der Vokale zu lebendiger Sprache zusammengelesen. Doch wie wohlgeordnet in Reih und Glied treten die Konsonanten im Alten Testament zur belebenden Vokalisierung an! Die Metapher vom Totenacker ist für die verstreuten Partikel der Textverarbeitung viel passender.

42 Platon, *Phaidros*, 275 a.

die Schrift als Stütze, ja als Trampolin einer neuen, hochfliegenden Denkweise aufs produktivste nutzen, und doch kommt man nicht umhin, ihrem Zug nach außen Tribut zu entrichten. Durch Schrift ist die menschliche Gedächtnisarbeit auf eine unumkehrbare Weise äußerlicher geworden. Das nach außen Ziehende war zu Platons Zeit allerdings noch ein Fliegengewicht. Ihre volle Schwerkraft gewinnt Schrift erst im technologisch entfesselten Text. Man gebe das Stichwort «Nietzsche» im Internet ein, und schon wird man mit Titeln und Referenzen, mit *links* und Querverweisen förmlich überschüttet. Ihnen gründlich nachgehen heißt sich hoffnungslos verzetteln. Sie bloß flüchtig durchstöbern heißt Gefahr laufen, die Hinweise aufs Wichtigste sehenden Auges zu ignorieren. Je umfassender der Zugriff auf Datenmaterial wird, desto mächtiger greift es seinerseits auf den Nutzer zu. Ständig lockt es mit einer Fülle von Möglichkeiten, die von der konkreten Recherche nur ablenken. Bei ihr bleiben kann nur, wer sich wie mit Scheuklappen an allen verheißungsvollen Querverweisen vorbei seinem Ziel entgegenklickt, wie ein treuer Ehemann an allen Verführungen der Straße vorbei nach Hause strebt.

Doch zahlt sich solche Standhaftigkeit auch aus? In Scheuklappen steckt immer auch die Gefahr der Ignoranz. Wer weiß, vielleicht war eine der vielen liegengelassenen Möglichkeiten gerade das *missing link*, das zu einer ganz neuen Sicht der Dinge geführt hätte. Schon der Zugang zu fünfzig bis hundert Fernsehkanälen ist von der ständigen Unsicherheit begleitet, ob man aktuell auch wirklich das optimale Programm erwischt hat, und läßt beim kleinsten Spannungsabfall den Blick zur Fernbedienung wandern. Bei einem Textbestand, der ein Vielfaches an Wahlmöglichkeiten bietet, ohne daß seine einzelnen Passagen je so imperativisch Aufmerksamkeit zu heischen vermögen wie bewegte Bilder, potenziert sich das Problem. Jedes *link* ist wie eine Aufforderung zum *zapping*, jedes markierte Wort zieht in andere Texte, die eine spannendere Lektüre verheißen als der gerade geöffnete, jeder Schlüsselbegriff schreit gleichsam danach, auch in anderen Zusammenhängen aufgesucht zu werden, und nur der Kraftaufwand beharrlicher Weigerung gegen solche Seitensprünge versetzt in die Lage, dem angefangenen Text konstant bis ans Ende zu folgen. Ständig muß der Zugriff gegen sein eigenes Abdriften kämpfen. Um so interessanter wird er. Die ganze Textverarbeitung dreht sich um ihn, als wäre Zugreifen schon so gut wie Begreifen. Die Differenz zwischen beiden verschwimmt. Ob die drastisch gestiegenen Zugriffsmöglichkeiten auf Texte das Niveau ihrer Interpretation auch nur irgend gehoben haben, Goethe beispielsweise, seit es sein Werk auf CD-ROM gibt, auch nur um einen Deut besser verstanden wird, ist keine Frage, die der Hypertext-Diskurs ernsthaft stellt. Daß Zugreifen lediglich eine unerläßliche, aber auch banale Voraussetzung für Begreifen ist, nicht anders als das Herausgreifen eines Buchs aus dem Regal, während erst wenn der Text aufgeschlagen ist, die eigentliche, die geistige Arbeit an ihm beginnt: das wird ihm fremd. Was ist die stets umstrittene Textauslegung einzelner schon gegen das unumstrittene logistische Raffinement einer globalen Textverarbeitungsmaschinerie? Je mehr Energie und Know-how in deren Perfektionierung gehen, desto mehr erscheint sie als Zweck ihrer selbst, der technisch gestützte Zugriff auf den Text als die eigentliche Textarbeit und die Textinterpretation wie deren Wurmfortsatz.

Von Anfang an hat die Schwerkraft der profanen Schrift darin bestanden, sich an die Stelle des lebendigen Gedankens zu setzen, den sie doch bloß totstellt. Aber erst mit der Entfesselung der Schrift zur Datenmasse nähert sich diese Schwerkraft ihrem Maximum. Bush und Nelson sind ihr voll aufgesessen. Deshalb wurde es ihnen so leicht, maschinell erzeugte Textgebilde mit lebendigem Geist zu verwechseln. Gerade damit freilich haben sie etwas gezeigt, was ihnen völlig fernlag: die Reichweite von Platons Schriftkritik. Im antiken Athen war sie noch eine «unzeitgemäße Betrachtung». Seither ist ihre Aktualität signifikant gestiegen. Aber erst in der Textverarbeitung des 20. Jahrhunderts ist ihr ein adäquater Gegenstand zugewachsen. Glücklich, wer vom Zugriff auf die Textbestände aller Welt so wenig erdrückt, gelähmt oder zerstreut wird, daß er geistig dabei mehr gewinnt als verliert. Es gibt solche Glücklichen, aber sie müssen verdammt gut balancieren können: sich weit mehr gegen die Schwerkraft der Schrift stemmen, als es Platon und seine Zeitgenossen je nötig hatten.

5

KRYPTO-ONTOLOGIE DER SCHRIFT

Schrift als Rhizom (Deleuze)

Die Befreiung der Schrift vom Buch: Hätte diese Idee nur ein paar überspannte Informatiker bewegt, die ihre Computer überschätzten – man könnte sie getrost zu den Akten legen. Aber sie zog Kreise. Nur wenige Jahre nachdem das Wort «Hypertext» für sie erfunden war, ging sie bereits in einer gänzlich anderen geographischen und kulturellen Umgebung um. Sie wurde zum Ferment eines philosophischen Ansatzes, der Kants berühmte Definition von Aufklärung als «Ausgang des Menschen aus seiner selbstverschuldeten Unmündigkeit» auf eine nie gekannte Weise wörtlich nahm. *Jegliche* Form von Bevormundung sollte aufhören: nicht nur die der Bürger durch die Staatsmacht, der Lohnarbeiter durch das Kapital, der Zöglinge durch die Erzieher, der Frauen durch die Männer, wie das Repertoire gängiger Herrschaftskritik es vorsah, sondern ebenso die der Revolutionäre durch Gewerkschaften und Parteien, der Kranken durch die Ärzte, der Triebe durchs Ich. Marxismus und Psychoanalyse erscheinen in solchem Licht als halbe Sachen, die ihren eigenen Befreiungsimpuls hintertreiben, indem sie übers Proletariat und das Unbewußte doch wieder nur neue Aufseher setzen; selbst der Anarchismus verdient diesen Namen nicht, solange er das menschliche Ich die Rolle des Polizisten der Triebregungen weiterspielen läßt. Das ist die Denkweise von Gilles Deleuze: an Radikalität anscheinend nicht zu überbieten.

Man kann sich die Milieus kaum unterschiedlicher denken: Hier ein amerikanisches High-Tech-Labor, wo an *Xanadu* getüftelt und über *Computer Lib* schwadroniert wird, dort Paris um das Jahr 1968, wo ein Generalstreik kurzzeitig ganz Frankreich lahmlegte. Das Faszinierende an diesem Streik war, daß er nahezu ohne organisierende Instanzen funktioniert hatte. Für Deleuze eine Bestätigung seines Ansatzes und ein ungemein hoffnungsvolles Zeichen: Solidarisches kollektives Handeln ohne Bevormundung schien möglich zu sein. Das gab neuen Mut, nicht nur einzelne Bevormundungen anzuprangern, sondern die ihnen allen gemeinsame innere Logik, die Wurzel des Übels, zu erfassen. Mut war hier in der Tat nötig, drängte sich doch über kurz oder lang eine Frage auf, bei der einem durchaus schwindlig werden kann: Wie, wenn die Logik der Bevormundung, zu Ende gedacht, nichts anderes ist als die Logik selbst? Begriffliche Allgemeinheiten, unter die eine Vielheit von Einzeldingen subsumiert wird, Repräsentanzen, die an die Stelle von vielem treten, was sie unter sich befassen: was sind sie anderes als «Vormünder»? Auch sie gehören also gestürzt, wenn es ernstlich aufs Ende der Unmündigkeit abgesehen ist, und wo könnte man besser dazu ansetzen als dort, wo sie sich in signifikanter und geschichtsmächtiger Weise verfestigt haben: also dort, wo begonnen wurde, sie *festzuschreiben*? Erzählt und fabuliert wurde auch schon Jahrtausende vorher. Aber jenes begriffliche Kastensystem von Über- und Unterordnungen, Ursachen und Wirkungen, Identitäten und Gegensätzen, in das das abendländische Denken die gesamte Realität glaubte hineinstopfen zu können, gewann seine Festigkeit, Verbindlichkeit, Dominanz erst, als man es im Medium der Schrift vor sich hinstellte und gegen alle Zweifel zu stabilisieren suchte. Und so hakt Deleuze, ganz ähnlich wie McLuhan, bei den alten Griechen ein, nur daß er die Misere nicht plump aufs Alphabet schiebt, sondern die Denkform, die sich damit wie keine andere verbunden hat, als das eigentliche Problem ausmacht. Der Mythos bedurfte lange überhaupt keiner Schrift; der *logos* von Anfang an der alphabetischen. Sie ist sein Geburtshelfer, hat zur Verfestigung eines logischen Bevormundungssystems derart signifikant beigetragen und ist selbst so tief davon durchdrungen worden, daß die abendländische Buchkultur Deleuze als zuinnerst logozentrisch erscheint. Wer sie angreift, so sein Verdacht, trifft den Logozentrismus am Nerv.

In dem berühmten Pamphlet *Rhizom* hat er, gemeinsam mit seinem Freund Félix Guattari, diesen Angriff unternommen. «Ein erster Buchtyp ist das Wurzelbuch. Der Baum ist bereits Bild der Welt, oder besser: die Wurzel ist Bild der Baumwelt. Das ist das klassische Buch.» «Das Gesetz des Buches ist dasjenige der Reflexion: das Eine, das zwei wird.» «Aus Eins wird zwei: jedesmal, wenn wir dieser Formel begegnen, ob sie nun Mao als Strategie ausgegeben oder man sie so ‹dialektisch› wie möglich begriffen hat, haben wir es mit dem reflektiertesten, ältesten klassischen Denken zu tun, das völlig abgenutzt ist.» «Die binäre Logik ist die geistige Realität des Wurzelbaums. Sogar eine so ‹fortschrittliche› Disziplin wie die Linguistik hält an diesem Grundmodell des Wurzelbaums fest»; «selbst noch die Psychoanalyse [...] und den Strukturalismus, ja noch die Informatik»[1] sehen die Autoren darin befangen. Und die avancierte Literatur? «Die Wörter eines Joyce, denen man zu Recht ‹Vielwurzligkeit› nachsagt, brechen die lineare Einheit der Wörter, sogar der Sprache nur auf, um im gleichen Zuge eine zyklische Einheit des Satzes, des Textes oder des Wissens herzustellen. Nietzsches Aphorismen brechen die lineare Einheit des Wissens nur auf, um im gleichen Zuge auf die zyklische Einheit der ewigen Wiederkehr zu verweisen, die im Denken als Nichtgewußtes anwesend ist. Man sieht also, daß auch ein System gebündelter Wurzeln nicht wirklich mit dem Dualismus, mit der Komplementarität von Subjekt und Objekt, Natur und Geist bricht.»[2] Daher muß ein ganz anderes System her. «Ein solches System kann man Rhizom nennen.»[3]

Wörtlich heißt das griechische *rhizoma* (oder *rhiza*) zwar Wurzel. Aber Deleuze und Guattari übersetzen etwas anders. «Knollen und Knötchen sind Rhizome. Pflanzen mit großen oder kleinen Wurzeln können in vielerlei Hinsicht rhizomorph sein [...] Auch die Tiere sind es, wenn sie Meuten bilden, z. B. die Ratten. Ein Bau ist in allen seinen Funktionen rhizomorph: als Wohnung, Vorratslager, Rangiergelände, Versteck und Ruine.» «Jeder beliebige Punkt eines Rhizoms kann und muß mit jedem anderen verbunden werden.»[4] «Ein Rhizom verknüpft unaufhörlich semiotische Kettenteile, Machtorganisationen, Ereignisse in Kunst, Wissenschaft und gesellschaftlichen Kämpfen», «und man kann keinen radikalen Einschnitt zwischen den Zeichensystemen und ihren Objekten ansetzen».[5] Ferner gilt

1 G. Deleuze/F. Guattari, *Rhizom*, Berlin 1976, S. 8 f.
2 Op. cit., S. 10.
3 Op. cit., S. 11.
4 Ibid.
5 Op. cit., S. 12.

ausschließlich das «Prinzip der Vielheit: nur wenn das Viele als Substantiv, als Vielheit behandelt wird, hat es keine Beziehung mehr zum Einen als Subjekt und Objekt, als Natur und Geist, als Bild und Welt. Vielheiten sind rhizomatisch.»[6] «Jedes Rhizom enthält Segmentierungslinien, nach denen es geschichtet ist, [...] aber auch Deterritorialisierungslinien, auf denen es unaufhaltsam flieht. [...] Diese Linien verweisen ununterbrochen aufeinander.»[7] Insofern betreibt das Rhizom eine nie endende, in ständiger Revision begriffene Kartographie seiner selbst – im Gegensatz zum Wurzelbaum, wo in einer monotonen «Logik der Kopie und der Reproduktion»[8] sich immer bloß ein übergeordnetes Prinzip in dem unter ihm Befaßten abbildet. «Karten, nicht Kopien machen»[9] ist daher die Losung. Die Kartographie kann die Form der Geographie annehmen. Dann liest sie sich so: «Das Abendland unterhält eine privilegierte Beziehung zum Wald und zur Rodung.» «Der Orient zeigt ein anderes Muster: eher ein Verhältnis zu Steppe und Garten.» «Ist nicht der Orient, besonders Ozeanien, ein Modell, das in jeder Hinsicht dem abendländischen Baummodell entgegengesetzt ist?»[10] Die rhizomatische Kartographie kann aber auch Schrift im engeren Sinne bedeuten. «Wir lesen und schreiben nicht mehr in der herkömmlichen Weise.» «In einem Buch gibt's nichts zu verstehen, aber viel, dessen man sich bedienen kann. Nichts zu interpretieren und bedeuten, aber viel, womit man experimentieren kann.» «Das Buch hat aufgehört, ein Mikrokosmos nach klassischer und abendländischer Art zu sein.» Es «ist kein Wurzelbaum, sondern Teil eines Rhizoms».[11]

Es ist gewiß unbillig, von einem Manifest zu verlangen, was nur eine detaillierte Ausarbeitung leisten könnte. Aber programmatische Kürze kann den Vorteil haben, Autoren, die zum Ausufern neigen, in den *status confessionis* zu versetzen: sie kenntlich zu machen. Das tut *Rhizom* in dankenswerter Weise. Dort der logische Baum, wo

6 Op. cit., S. 13.
7 Op. cit., S. 16.
8 Op. cit., S. 20.
9 Op. cit., S. 21.
10 Op. cit., S. 30.
11 Op. cit., S. 40.

zuerst immer ein Singular, eine Wurzel, ein Stamm da ist, woraus dann ein Plural an Ästen und Zweigen (meistens je zwei) nach dem immergleichen deduktiven Schema hervorgeht. Hier das dezentrale, nach allen Seiten gleichzeitig wuchernde Rhizom. Dort die starre Einheit, die ihren abstrakten Gegensatz in die Welt setzt und die Dualismen von Geist und Natur, Subjekt und Objekt produziert, hier die lebendige Vielheit, das konkrete In- und Auseinanderwimmeln von Partikeln und Linien; dort die gestanzte Kopie, hier die offene Karte, dort der verknöcherte Okzident, hier der pulsierende Orient, dort das geschlossene Buch, hier das über sich hinauswachsende. Der Generalangriff auf die dualistische Logik könnte kaum dualistischer ausfallen. Die Autoren bemerken das natürlich. «Wir stützen uns auf einen Dualismus nur, um einen anderen zurückzuweisen», ist ihre Ausrede, fadenscheinig die Behauptung, ihre Dualismen seien welche, «durch die wir lediglich hindurchgehen».[12] Deleuze[13] kommt niemals jenseits von ihnen an. *Differenz und Wiederholung*, sein philosophisches *opus magnum*, ist von vornherein auf Dualismus vereidigt. «Die Differenz und die Wiederholung sind an die Stelle des Identischen und des Negativen, der Identität und des Widerspruchs getreten.» «Der Vorrang der Identität [...] definiert die Welt der Repräsentation. Das moderne Denken aber entspringt dem Scheitern der Repräsentation wie dem Verlust der Identitäten und der Entdeckung all der Kräfte, die unter der Repräsentation des Identischen wirken.»[14] Ständig abstrakte Entgegensetzungen: neu gegen alt, Differenz gegen Identität. Das Programm ist, Differenz und Wiederholung von ihren Vormündern zu befreien, auf die die Baumlogik sie vorab fixiert hat, nämlich die Differenz auf ein Identisches, *wovon* sie differiert, die Wiederholung auf ein Ereignis oder eine Struktur, *wovon* sie die Wiederholung ist. Dieses «Wovon», diese Abhängigkeit soll aufhören. Es ist nichts Geringeres intendiert als der Exodus in ein noch ungedachtes Neuland: das der «Differenz an sich selbst»[15] und der «Wiederholung für sich selbst».[16] Und wie

12 Op. cit., S. 33.

13 Im folgenden wird von Guattari abgesehen.

14 G. Deleuze, *Differenz und Wiederholung*, 1968, dt. München 1992, S. 11.

15 Op. cit., S. 49.

16 Op. cit., S. 99.

sollte man anders dorthin gelangen, als daß man hier und jetzt beginnt, aus der Spur der eingefahrenen metaphysischen Denkwege herauszutreten? Es ist denn auch geradezu das Markenzeichen des Deleuzeschen Denkens, wie die Grammophonnadel auf einer Schallplatte zu laufen, deren Loch nicht genau in der Mitte sitzt: eine Art philosophisches *scratching*, längst ehe Discjockeys daraus eine musikalische Mode machten.

«Die Wiederholung ist nicht die Allgemeinheit.» «Wiederholen heißt sich verhalten, allerdings im Verhältnis zu etwas Einzigartigem oder Singulärem, das mit nichts anderem ähnlich oder äquivalent ist.»[17] Schon diese zwei Sätze machen schwindlig. Die Rückbesinnung auf das Singuläre, von dem Wiederholung einst ausgegangen ist, längst ehe sie diversen «Allgemeinheiten», will sagen Schablonen, Ordnungen, Gesetzen, subsumiert wurde, erheischt spontane Zustimmung. Doch bleibt sie sogleich im Halse stecken, denn, mit Verlaub, wie wird das Singuläre hier bestimmt? Gewiß, es kann mit nichts anderem identisch sein, sonst wäre es nicht singulär. Aber weil es singulär ist, soll es auch nichts anderem ähnlich oder äquivalent sein? Sind denn Identität, Ähnlichkeit und Äquivalenz dasselbe? Unfug. Von «Allgemeinheit» zu reden ist nur sinnvoll, sofern sie das Identische an verschiedenem Singulären ist, also dasjenige, wodurch es nicht *nur* singulär ist, sondern anderem, wovon es sich unterscheidet, auch ähnlich. Die Ähnlichkeit gehört ebenso zum Singulären wie zum Allgemeinen. Schlechterdings Singuläres, Inkommensurables wäre nicht einmal benennbar. Deleuze könnte gar nicht sagen, was er sich unter einem Rhizom vorstellt, wenn es *nur* singulär wäre, weshalb er es auch brav «baumlogisch» definiert: In allen Rhizomen muß «jeder beliebige Punkt [...] mit jedem anderen verbunden werden» können; das macht die Singulären einander ähnlich.

Genaue Verhältnisbestimmungen von Identität, Ähnlichkeit und Äquivalenz sind allerdings nichts für Deleuze. Das wäre ja Vormundslogik, während es auf dem Exodus ins Ungedachte darauf ankommt, schlechterdings Neues zu denken. Etwa eine Wiederholung, die sich jedes Jahr, bei jeder neuen Gedenkfeier, weiter «nach innen stülpt», so

17 Op. cit., S. 15.

daß es «nicht die Feier des 14. Juli» ist, «die den Sturm auf die Bastille erinnert oder repräsentiert, vielmehr ist es der Sturm auf die Bastille, der im voraus alle Jahrestage feiert und wiederholt».[18] Als *Bonmot* für die Wucht, mit der sich besagter Sturm in die französischen Nerven eingedrückt hat, mag das hingehen; aber es wird, bierernst, wie ein bewiesenes Argument genommen: «Es gibt keinen ersten Term, der wiederholt würde; und noch unsere Kinderliebe zur Mutter wiederholt andere Lieben, die wir als Erwachsene für andere Frauen empfinden».[19] Die nach innen gestülpte, «für sich selbst» gewordene Wiederholung soll wirklich an keine zeitliche Abfolge, an kein Äußeres mehr gebunden, derart in sich eingesponnen sein, daß Wiederholung und Wiederholtes eins werden. Begründet wird das so, daß man wieder einmal für einen Moment nicken kann. «Es gibt also nichts Wiederholtes, das von der Wiederholung isoliert oder abstrahiert werden könnte, in der es sich bildet, aber auch verbirgt.» Ganz recht; ein Ereignis ist erst von dem Zeitpunkt an ein wiederholtes, wo es tatsächlich wiederholt wird. Vorher ist es eben bloß ein Ereignis. Doch schon im nächsten Satz steht für das «Wiederholte» unversehens «nackte Wiederholung», und alles dreht sich: «Es gibt keine nackte Wiederholung, die von der Verkleidung selbst abstrahiert oder erschlossen werden könnte. Dasselbe Ding verkleidet und ist verkleidet.»[20] Das ist, als würde man sagen: Weil es keine nackten Kleider gibt, gibt es auch nichts Nacktes, was durch sie eingehüllt wird. Die Kleider sind selbst das Bekleidete, das Feigenblatt ist das Geschlecht, die Hose das Bein, damit das Bein aber auch wiederum selbst Hose. Es gibt überhaupt nur noch Klamotten, die unablässig einander be- und verkleiden.

Die Differenz traktiert Deleuze nach derselben Methode wie die Wiederholung. Das abendländische Denken habe Differenz einzig als ein Sich-Absetzen von einem Vorgegebenen, Vorgesetzten zu begreifen vermocht. «Die Platoniker sagten, das Nicht-Eine unterscheide sich vom Einen, nicht aber umgekehrt, da sich das Eine nicht dem entzieht, was sich ihm entzieht: und die Form unterscheide sich, auf

18 Op. cit., S. 16.
19 Op. cit., S. 34.
20 Op. cit., S. 35.

der Gegenseite, von der Materie oder vom Untergrund, nicht aber umgekehrt, da die Unterscheidung selbst eine Form ist.»[21] In diesem Denkschema, so Deleuze, bedeutet sich unterscheiden soviel wie unerlaubt abweichen, gleichsam aufständisch sein gegen die gegebene Einheit: eine Art «Verstoß und Sünde». Seine eigene «Philosophie der Differenz» tritt an, um «die Differenz ihrem Stand der Verfluchung zu entreißen»,[22] und zwar anders, als es die abendländische Metaphysik tat, die die Differenz lediglich in die Ordnung des Wurzelbaums eingefügt habe, als sei sie eigentlich bloß etwas Begriffliches. «Es war vielleicht der Fehler der Philosophie der Differenz von Aristoteles über Leibniz bis Hegel, daß sie den Begriff der Differenz mit einer bloß begrifflichen Differenz verwechselte, indem sie sich mit der Einschreibung der Differenz in den Begriff überhaupt begnügte. In Wirklichkeit hat man, solange man die Differenz in den Begriff überhaupt einschreibt, keine singuläre Idee der Differenz und bleibt nur beim Element einer bereits durch die Repräsentation vermittelten Differenz stehen.»[23]

Erstaunlich: Die zu sich selbst gekommene Differenz soll «singuläre Idee» sein, also das, was der Scholastiker Duns Scotus *haecceitas* (Diesheit) nannte[24] – ohne den geringsten Argwohn, es könne sich bloß um ein weiteres metaphysisches Konstrukt handeln oder einfach nur um ein hölzernes Eisen, das weder singulär noch Idee ist. Damit nicht genug. «Die Differenz ist nicht das Verschiedene. Das Verschiedene ist gegeben. […] Sie ist das, wodurch das Gegebene als Verschiedenes gegeben ist. Die Differenz ist nicht das Phänomen, sondern das Noumenon, das dem Phänomen am nächsten kommt.»[25] Man reibt sich die Augen. Noumenon ist bei Kant der Name für das «Ding an sich», also für dasjenige, was den Erscheinungen zugrunde liegt, sie ermöglicht, aber selbst nicht erscheint, also nur gedacht, nicht wahrgenommen werden kann. Und dieser metaphysische Begriff aus dem Arsenal «des ältesten Denkens, das

21 Op. cit., S. 49.
22 Op. cit., S. 50.
23 Op. cit., S. 46 f.
24 Cf. G. Deleuze/C. Parnet, *Dialoge*, 1977, dt. Frankfurt am Main 1980, S. 99 f.
25 Op. cit., S. 281.

völlig abgenutzt ist», soll das begriffliche Neuland des noch Ungedachten erschließen? Für Deleuze kein Problem, wenn «Ding» durch «Intensität» ersetzt wird. «Die Intensität ist die Form der Differenz als Grund des Sinnlichen. Jede Intensität ist differentiell, Differenz an sich selbst», und «die Differenz oder die Intensität (Intensitätsdifferenz) ist der zureichende Grund des Phänomens, die Bedingung dessen, was erscheint».[26] Kein argumentatives Feigenblatt deckt die Blöße dieser Behauptung; nicht der Hauch eines Beweises dafür, wie Intensitätsdifferenzen je etwas anderes als graduelle Unterschiede, also empirisch sein sollen.

Wo der Exodus aus der alten Baumlogik die Schwelle zum ungedachten Neuland erreicht, treten zur Begrüßung das Ansich, das Fürsich, das Noumenon, die singuläre Idee, der zureichende Grund an – all die alten metaphysischen Bekannten, vor denen Reißaus genommen wurde. Nur stehen sie nun in ramponierter Gestalt da, nämlich ohne jenes Elementarmaß an Konsistenz, auf das das alte Denken sie immerhin verpflichtet hatte. Sie vertragen es schlecht, wenn man ihnen einfach einen anderen Inhalt eingibt: statt Ding an sich Intensität an sich, statt Einheit Differenz. Das ist wie neuen Wein in alte Schläuche füllen – weder besonders effizient noch besonders revolutionär. Gewiß, Aristoteles lag schief; er hat Differenz und Vielheit immer schon auf eine vorgängige Einheit bezogen und diese Einheit zudem in unzulässiger Weise zum Stifter der Vielheit überhöht. Und trotzdem führt nichts an Aristoteles' trockener Bemerkung vorbei, daß alles, was irgend benannt werden soll, im Moment der Benennung als «unteilbar und der Zahl nach eines»[27] genommen werden muß. Es mag im nächsten Moment schon ein anderes geworden sein und sich als höchst teilbar erwiesen haben; für diesen Moment aber muß es als «Dies da»[28], als dieses bestimmte Eine gelten, ja für die Benennung muß es dieses Eine *sein.* «Denn nicht Eines bezeichnen heißt gar nichts bezeichnen. Wenn die Benennungen aber nichts bezeichnen, ist die Unterredung mit anderen

26 Op. cit., S. 282.

27 Aristoteles, *Kategorien*, II, 1 b.

28 Op. cit., V, 3 b.

aufgehoben, in Wahrheit sogar die mit sich selbst.»[29] Auch Deleuze kann sich da drehen und wenden, wie er will. Die Vielheit an Stelle der Einheit setzen bedeutet nichts anderes, als daß die Vielheit, heiße sie Plateau, Rhizom oder sonstwie, nun selbst als Einheit firmiert. Nur deshalb kann er so wortreich darüber werden.

Die Überhöhung der Einheit zum Stifter und Konsistenzprinzip des Vielen kann man loswerden. Die Einheit selbst abschütteln zu wollen ist zwecklos – und nicht einmal in jeder Hinsicht wünschenswert. Denn Einheit ist mehrdeutig. Das wurde im 2. Kapitel am Kainszeichen demonstriert. Wenn ein Kollektiv sich durch dieses Zeichen einer höheren Macht zuschreibt, unterwirft es sich ihr nicht nur, sondern sucht auch Zuflucht bei ihr. Einheit bedrückt und bedroht nicht ausschließlich; sie kann auch Schutz und Halt geben. In diesem Fall verliert sie nicht etwa das Gewaltsame, aber sie ragt darüber hinaus, genauso wie Recht nie ohne Gewalt ist und sie dennoch weit transzendiert. Das Gewaltmoment in den logischen Verfahrensweisen der Subsumtion und Abstraktion ist nicht zu leugnen, ebensowenig wie eine gewisse Hierarchie im Wortgeflecht. Nomina, die ein «Dies da» benennen, sind gleichsam verbale Chefs; ein ganzer Schwarm von Bediensteten verschiedenen Ranges – Prädikate, Adjektive, Pronomina, Präpositionen etc. – eilt zu ihrer Präzisierung hinzu. Aber es gilt auch das Umgekehrte: Die Nomina sind ohnmächtig ohne ihren Hofstaat; dessen Hinzueilen ist auch erste Hilfe an einem Bedürftigen. Die Dialektik von Herrschaft und Knechtschaft, der zufolge der Herr vom Knecht ebenso abhängig wie der Knecht vom Herrn, dieser auch Knecht des Knechts, jener auch Herr des Herrn ist – sie geht zwar in Wirklichkeit nie so schön auf, wie Hegel es suggeriert hat.[30] Aber wo es um das Verhältnis von Denkformen und Begriffen geht, verläuft sie dennoch ungleich symmetrischer als dort, wo zu Sklaven- oder Lohnarbeit angetrieben wird. Das Bezogensein moderner Individuen auf den globalen Markt, auf dem sie sich behaupten oder untergehen können, ist ein manifestes Gewaltverhältnis. Das Bezogensein von Attributen auf Dinge, von Prädikaten auf Nomina ist zwar nicht ohne

29 Aristoteles, *Metaphysik*, IV, 1006 b.

30 Insofern bleibt der alte Vorwurf, daß hier Herrschaftsverhältnisse beschönigt werden, bestehen; cf. G. W. F. Hegel, *Phänomenologie des Geistes*, l. c., S. 145 ff.

Hierarchie; aber die Gewalt darin geht gegen Null und hat zugleich den gegenteiligen Aspekt der Hilfeleistung: Ohne die Differenzierung, die sie an einem vorgegebenen Identischen vornehmen, käme menschliche Kommunikation über das infantile Stadium der Aneinanderreihung von Nomina und Demonstrativpronomina nicht hinaus.

Jenes Wortgeflecht, das wir Sprache nennen, hat mit den flüchtigen Empfindungen und Vorstellungen, die durchs Nervensystem geistern, selbst schon das getan, was später die profane Schrift mit der Sprache tat: Es hat sie *gestellt.* Dieses Gestell ist nicht ohne Gewalt und Hierarchie, aber es geht darin nicht auf. Es ist weder Wurzelbaum noch Rhizom. Es wuchert zwar, aber nicht nach allen Seiten, sondern nur an festen Strukturen entlang, die ihrerseits durchs Wuchern modifiziert, aber nicht zerstört werden. Und wie der Lesende nur dann, wenn er sich ans Schriftgestell hält, fähig ist, daran zu turnen und sich darüber hinauszuschwingen, so ist der Denkende aufs Wortgestell verwiesen. Er muß die Verfahren der Abstraktion, Subsumtion, Prädikation, die sich seit Jahrtausenden eingespielt haben, praktizieren, um ihr Ungenügen zu verspüren. Neben ihnen denken wollen ist wie neben den eigenen Körper treten wollen. Nur wer sich auf ihr Gestell zu lehnen weiß, kann über sie hinausdenken. Fürs Denken gilt nicht minder als für die Gesellschaft, daß das «Reich der Freiheit» nur auf dem «Reich der Notwendigkeit als seiner Basis aufblühn kann».[31]

Das wollten schon die Väter des Hypertextes nicht wahrhaben. Der Text sollte aufhören, Gestell zu sein, um wahrhaft Text zu werden. Deleuze treibt diesen Wunsch auf die Spitze: Der *logos* soll aufhören, Gestell zu sein, damit man endlich frei denken kann. Daher das kühne Vorhaben, die Differenz sowohl semantisch als auch praktisch aus ihrer Knechtsstellung, dem Bezogensein auf Identisches, zur «Differenz an sich selbst» zu befreien. Das ist etwa so, als wollte man den Kreis aus der Schmach seines gekrümmten Daseins zum aufrechten Gang der Geraden befreien, damit er endlich wahrer Kreis sei. Ebensogut könnte man der Materie ihre Schwere verübeln. Hier geht Radikalopposition in bloße Renitenz über. Deleuzes Sturmlauf gegen den Logozentrismus macht denn auch den Eindruck einer genialischen,

31 K. Marx, *Das Kapital,* Bd. III, Marx-Engels-Werke, Bd. 25, Berlin 1977, S. 828

von Gelehrsamkeit strotzenden, von Einfällen und Assoziationen überquellenden Trotzreaktion. In der typischen Trotzphase tun Jünglinge dreierlei. Sie sehen die Prinzipien der Alten überscharf und einseitig; sie verweigern sich ihnen völlig; und sie verhalten sich dabei wie die Alten selbst. So nimmt Deleuze zum einen im *logos* einzig den starren, zu fällenden Wurzelbaum wahr. Zum anderen verweigert er sich dagegen bis zur argumentationsfreien Hermetik. Etwa so: «Das Wiederkehren an sich ist der Untergrund der nackten Wiederholungen, wie das Wiederkehren im anderen der Untergrund der bekleideten Wiederholungen ist. Andererseits garantiert das Spiel, das die Verteilung der Trugbilder steuert, die Wiederholung jeder numerisch geschiedenen Kombination, da die verschiedenen ‹Spielzüge› nicht ihrerseits numerisch geschieden, sondern bloß ‹formal› unterschieden sind, so daß alle Resultate in der Zahl eines jeden enthalten sind, und zwar gemäß der Verhältnisse zwischen Impliziertem und Implizierendem, die wir gerade in Erinnerung gerufen haben, wobei in Übereinstimmung mit der formalen Unterscheidung der Spielzüge jeder davon im anderen wiederkehrt, zugleich aber auch an sich wiederkehrt, in Übereinstimmung mit der Einheit des Spiels der Differenz.»[32] Jede Hoffnung, der Kontext werde solche Passagen blitzartig erhellen, darf man getrost fahren lassen. Es gilt hier, was Deleuze in *Rhizom* vom Buch sagt; es gibt darin «nichts zu verstehen, [...] zu interpretieren und zu bedeuten». Man sitzt hier vor einem Schreibfluß, den man nur noch andächtig oder mitleidig verfolgen kann. Er klärt sich nicht mehr zu überprüfbaren Argumenten, ist schlechterdings nicht mehr kritisierbar, beschreibt statt dessen eine fortstürzende Fluchtlinie, die der Autor selbst am besten charakterisiert hat: «Flucht ist eine Art von Delirium. Delirieren heißt aus der eingefahrenen Furche oder Spur treten (‹ausflippen›).»[33]

32 G. Deleuze, *Differenz und Wiederholung*, S. 372.

33 G. Deleuze/C. Parnet, *Dialoge*, l. c., S. 48. Foucault mußte sich einigermaßen dumm stellen, als er eine gemeinsame Podiumsdiskussion mit Deleuze folgendermaßen eröffnete: «Ein Maoist sagte mir: ‹Ich verstehe, warum Sartre auf unserer Seite steht [...]. Auch dich verstehe ich so einigermaßen; du hast dich eben immer mit dem Problem der Einsperrung beschäftigt. Aber Deleuze kann ich wirklich nicht verstehen.› Diese Frage hat mich sehr erstaunt, denn für mich gibt es da keine Unklarheit» (Gespräch zwischen Michel Foucault

Gerade am Punkt der äußersten Renitenz gegen den abendländischen *logos* kommt jedoch auch der dritte Aspekt der Trotzreaktion zur Geltung: sich verhalten wie die Alten selbst. Das Schreiben will nämlich selbst schon dasjenige praktizieren, worüber es schreibt. Nicht bloß dekretieren, daß es nicht länger Subjekt und Objekt, Geist und Natur gebe, keine Einheit mehr, nur noch Vielheit, keine Gestalten, nur Linien, Intensitäten und Ströme; sondern selbst Intensität und Strom *sein.* «Schreiben heißt ja Fluchtlinien ziehen, die keineswegs imaginär sind, denen man notwendig folgen muß, weil Schreiben uns darin in Wirklichkeit engagiert, uns in sie einsteigen läßt.»[34] «Schreiben ist ein Strom, der sich mit weiteren Strömen vereinigt [...]. Ein Strom ist etwas Intensives, Plötzliches und Wandelbares, zwischen Schöpfung und Zerstörung. Nur als deterritorialisierter kann ein Strom sich mit den übrigen Strömen verbinden, die wiederum ihn deterritorialisieren wie er sie. [...] Urheberin dieses Werdens ist die Fluchtlinie. Fluchtlinien haben kein Territorium. Das Schreiben vollzieht die Konjunktion, die Transmutation der Ströme – wodurch das Leben dem Ressentiment der Personen, Gesellschaften und Staaten sich entzieht.»[35]

Hier wird Schrift auf Deleuzesche Weise reflexiv: Sie deliriert über sich selbst. Als Gestell, als Bedeutungsträger sagt sie sich tot. Aber zugleich suggeriert sie diesen Tod als Anfang ihres wahren Lebens, als seien ihre Linien die wahren Lebenslinien, ihre Schwünge eingeschwungen in das allseitige Pulsieren, Strömen und Wuchern, welches die Wirklichkeit zu einem einzigen großen Rhizom macht, und dieses Rhizom umgekehrt eine lebendige Lineatur, die sich unablässig fortschreibt und überschreibt. Die Wirklichkeit ist der Welttext, die uni-

und Gilles Deleuze: Die Intellektuellen und die Macht, in: M. Foucault, *Von der Subversion des Wissens*, Frankfurt am Main 1987, S. 106). Um so freimütiger seine Rezension von *Differenz und Wiederholung*: «Das Denken ist nicht mehr ein offener Blick auf Formen, die in ihrer Identität hell und klar umrissen sind; das Denken ist Geste, Sprung, Tanz, äußerstes Abseits, gespannte Dunkelheit» (in: Le Nouvel Observateur, zit. n. G. Deleuze, *Differenz und Wiederholung*, l. c., Klappentext).

34 Op. cit., S. 51.

35 Op. cit., S. 57.

versale Kartographie ihrer selbst – ohne Autor, Anfang und Ende.[36] Und während Deleuze ans Niederreißen der Dämme «zwischen den Zeichensystemen und ihren Objekten» geht, die die abendländische

36 *Der Tod des Autors* (1968) ist gewiß nicht der stärkste Text Roland Barthes', aber einer, der besonders stark die zeitgenössische, zumal französische Gefühlslage traf: die Abneigung gegen die Überhöhung der großen Dichter und Romanciers zu Genies, die alles aus sich und ihren unablässig originellen Einfällen schöpfen. Dagegen machte Barthes geltend, «daß ein Text nicht aus einer Reihe von Wörtern besteht, die einen einzigen, irgendwie theologischen Sinn enthüllt (welcher die ‹Botschaft› des *Autor*-Gottes wäre), sondern aus einem vieldimensionalen Raum, in dem sich verschiedene Schreibweisen [*écritures*], von denen keine einzige originell ist, vereinigen und bekämpfen. Der Text ist ein Gewebe von Zitaten aus unzähligen Stätten der Kultur.» Daher «kann der Schreiber nur eine immer schon geschehene, niemals originelle Geste nachahmen. Seine einzige Macht besteht darin, die Schriften zu vermischen und sie miteinander zu konfrontieren, ohne sich jemals auf eine einzelne von ihnen zu stützen» (R. Barthes, *Der Tod des Autors*, in: *Texte zur Theorie der Autorschaft*, Stuttgart 2000, S.190). Hier wird das Kind mit dem Bade ausgeschüttet – so getan, als täten Schriftsteller, Maler, Komponisten nichts anderes als Barmixer: ein paar Ingredienzien zusammenschütten und verrühren. Mag sich jeder ambitionierte Barmixer heute auch als Künstler geben; überkom mene Worte, Töne, Farben zu stimmigen Gebilden zu fügen ist dann doch noch etwas anderes als einen Drink mischen, nämlich Komposition. Selbstverständlich kann man nur komponieren (*componere* = zusammensetzen), was schon da ist. Aber man unterschätze nicht die dabei zu erbringende synthetische Leistung. Wenn überhaupt irgendwo, steckt die Originalität des Autors in ihr. Shakespeare hat *Romeo und Julia* dem *Decamerone* entnommen, Brecht den *Kaukasischen Kreidekreis* der Bibel. Aber was haben sie daraus gemacht! Nach Barthes wären sie nichts als Kopisten und Mixer. Doch die Pointe ist, daß er es ohne die bekämpfte kompositorische Originalität gar nicht aushält. Nachdem er sie dem Autor rundweg abgesprochen hat, schlägt er sie, im Übermaß, dem Leser zu. «Der Leser ist der Raum, in dem sich alle Zitate, aus denen sich eine Schrift zusammensetzt, einschreiben, ohne daß ein einziges verlorenginge.» «Der Leser ist ein Mensch ohne Geschichte, ohne Biographie, ohne Psychologie. Er ist nur der *Jemand*, der in einem einzigen Feld alle Spuren vereinigt, aus denen sich das Geschriebene zusammensetzt» (op. cit., S.192). Und wenn die Vereinigung dieser Spuren mehr als ein großes Kuddelmuddel geben soll, müßte der Leser ein Genie mit synthetischen Fähigkeiten sein, wie sie auch der überschwenglichste Geniekult Autoren kaum je zu unterstellen wagte.

Metaphysik auf widernatürliche Weise in der rhizomatischen Wirklichkeit gezogen habe, beschwört er das, was er so heftig bekämpft, eigens wieder herauf: die alte philosophische Ontologie, und zwar in einer so zugespitzten Form, wie sie Platon und Aristoteles schon nicht mehr vertreten mochten. Diese beiden nämlich hielten die Unterscheidung zwischen Gedanken und ihren Objekten, zwischen bloß Gedachtem und auch unabhängig vom Denken Seiendem für ein unaufgebbares Kriterium aller Realitätsprüfung – im Gegensatz zu ihrem großen Vorgänger Parmenides. «Dasselbe ist Denken und dasjenige, worauf der Gedanke sich richtet»,[37] lautet dessen berühmter Satz. Deleuze läßt ihn, schrifttheoretisch gewendet, wiederkehren. Dasselbe ist Schrift und dasjenige, was sie beschreibt. Text ist Rhizom, Rhizom ist Text.

Indem die Vielheit als solche, die «Differenz an sich selbst», jeden Bezug auf Identität kündigt, wird sie selbst das, womit sie nichts mehr zu tun haben will: Identität *par excellence*. Die Universalrenitenz schlägt um. Sie verhält sich wie die alte, ja wie die älteste philosophische Ontologie, und sie wäre nicht Trotzreaktion, stritte sie nicht genau dieses aufs heftigste ab. Dualismus? Kommt nur noch als Instrument zu seiner eigenen Abschaffung vor. Identität, Negation, Repräsentation? Sind nicht mehr sie selbst, sondern nur noch «simuliert»,[38] wenn sie im neuen Denkregister der Differenz wiederkehren. Das sind natürlich faule Ausreden; und doch ist selbst daran noch etwas Wahres. Die neue Ontologie ist nicht einfach bloß die wiedererstandene alte. Zum einen tut sie so, als wäre sie keine; insofern simuliert sie tatsächlich, nur das Gegenteil dessen, was sie vorgibt. Zum anderen läßt sie jenes philosophische *scratching* nicht, das ihr einen besonderen *thrill* gibt und macht, daß sie, leicht delirierend, immer etwas neben der Spur läuft. So sind ihr zufolge Text und Rhizom ja eigentlich identisch. Aber der Text im engeren Sinne, nämlich der von Menschen geschriebene, ist doch noch ein bißchen «identischer». Er ist nicht bloß Strom, sondern soll auch «die Transmutation der Ströme» vollziehen, «wodurch das Leben dem Ressentiment der Per-

37 Parmenides, Fragment 11, 34, in: J. Mansfeld (Hg.), *Die Vorsokratiker I*, Stuttgart 1983, S. 320.

38 G. Deleuze, *Differenz und Wiederholung*, l. c., S. 374.

sonen, Gesellschaften und Staaten sich entzieht». Seine Linien sind also nicht jene Allerweltslinien, die sonst überall das Weltrhizom durchziehen. Es sind beruhigende, befriedende Linien, Fluchtlinien auch insofern, als sie Zuflucht vor «dem Ressentiment» bieten. Was in sie eingegangen ist, ist geborgen, um nicht zu sagen, gerettet.

Spätestens hier erinnert man sich an *Xanadu*, den entfesselten Text als letzte Zufluchtsstätte in einer vom abendländischen Denken verwüsteten Welt. «The real dream is for everything to be in the hypertext.» Diesen Traum träumt Deleuze auf seine Weise mit. Sein Rhizom ist Hypertext *par excellence*, nämlich der aus dem Käfig der Computerprogramme in die freie Wildbahn wuchernder Natur und sozialer Kämpfe entlassene. Dessen Brennpunkt: Paris im Mai 1968, der Generalstreik ohne Überbau. «Diejenigen, die handeln und kämpfen, haben aufgehört, repräsentiert zu werden, sei es von einer Partei, sei es von einer Gewerkschaft, die sich anmaßen, deren Bewußtsein zu sein. Wer spricht? Wer handelt? Es ist immer eine Vielfalt – selbst in *einer* sprechenden und/oder handelnden Person. Wir alle sind ‹Gruppen›. Es gibt keine Repräsentation mehr, es gibt nur Aktion: die Aktion der Theorie und die Aktion der Praxis in einem Netz von Beziehungen und Übertragungen.»[39] Revolution, so Deleuze, ist nur dann erfolgreich, führt nur dann nicht wieder zu neuer Bevormundung, wenn sie rhizomatisch verfährt. Ein allseitiges Partisanentum schwebt ihm vor. Sich selbst sieht er als dessen philosophischen Exponenten, Nietzsche als seinen Vorläufer: als den radikaleren, revolutionäreren Denker als Marx.

Doch Partisanentum als solches ist nicht minder gegen das Umschlagen ins Gegenteil gefeit als «Differenz an sich selbst», und schon Deleuzes gelegentliche Neigung zu martialischer Ingenieursterminologie ist ein Indikator dafür. Dem «Staatsapparat» wird eine «Kriegsmaschine» entgegensetzt, «die etwas ganz anderes ist»,[40] aus lauter Kettengliedern besteht und zu dem Jubelruf «wir kennen nur noch Verkettungen»[41] animiert. Hieß es im *Kommunistischen Manifest* von den Proletariern nicht immerhin noch, sie hätten «nichts […] zu ver-

39 Gespräch zwischen Michel Foucault und Gilles Deleuze, l. c., S. 107.
40 G. Deleuze/F. Guattari, *Rhizom*, l. c., S. 39.
41 Op. cit., S. 36.

lieren als ihre Ketten»?[42] Noch bedenklicher freilich ist diese inhaltliche Bestimmung: «Ein Rhizom kann an jeder beliebigen Stelle gebrochen und zerstört werden; es wuchert entlang seinen eigenen oder anderen Linien weiter.»[43] Das hatten Militärstrategen im Pentagon schon beherzigt, ehe es formuliert war. Mitte der sechziger Jahre legten sie das ARPANET an: eine Verbindung zwischen den wenigen großen Computerstationen im Lande, die mit allen entscheidenden militärischen Informationen und Plänen gefüttert waren. Das geschah zunächst aus Effizienzkalkül: um sich den Bau weiterer aufwendiger Computer zu ersparen und die vorhandenen miteinander kompatibel zu machen. Aber sobald das Netz geknüpft war, zeigte sich sein strategischer Wert. Jede Station war mit jeder anderen verknüpft. Keine war zentral. Fiel eine aus, so liefen die Nachrichten über die anderen weiter, womit es der Sowjetunion unmöglich wurde, bei einem Atomangriff auf einen Schlag die gesamte Informationszentrale der USA lahmzulegen.[44] Das ARPANET war ein hochtechnologisches Partisanenstück, aber ersonnen im Zentrum der Weltmacht Nummer eins – revolutionär nicht nur in technischem Sinne. Es wendete die dezentrale Gegenwehr, das letzte Mittel, das Erniedrigten und Unterdrückten gegen eine Übermacht von Besatzern bleibt, in ein Mittel der Mächtigsten um. Das war ein Umsturz in aller Stille, aber von einer Tragweite, die erst allmählich deutlich wird. Damit nämlich begann die neoliberale Kehre des High-Tech-Kapitalismus, das Partisanentum von ganz oben. Den befürchteten sowjetischen Atomangriff hat das ARPANET nie auffangen müssen. Statt dessen wurde es für den Publikumsverkehr geöffnet. Aus dem ARPANET wurde das Internet. Aus der militärischen Defensive ging es zur zivilen Offensive über und einem Sieg entgegen, der jeden militärischen in den Schatten stellt. In kürzester Zeit hat sich das Internet zu einem globalen Rhizom ausgewachsen. Staaten können zwar rechtlich geregelte Zonen darin einrichten und versuchen, die Verbreitung von Pornographie und Gewaltdarstellung, die Organisation krimineller Vereinigungen und das Herunterladen

42 K. Marx/F. Engels, l. c., S. 493.

43 G. Deleuze/F. Guattari, l. c., S. 16.

44 ARPA = Advanced Research Projects Agency. Cf. K. Hafner/M. Lyon, *Arpa Kadabra. Die Geschichte des Internet*, Heidelberg 1997.

von Daten mit Eigentumstiteln partiell einzudämmen. Als Ganzes läßt sich das Internet nicht mehr in den Griff bekommen. Es ist tatsächlich so etwas wie die Kartographie der globalen Deregulierung. Die allerdings ist keine Kartographie ihrer selbst, sondern eine *von etwas*: der massenmediale Klartext des global expandierenden neoliberalen Kapitalismus. Deleuzes und Guattaris *Rhizom* aber liest sich unter solchen Bedingungen wie eine philosophische Deregulierungsfibel, als Anleitung zu jener Art von *brainstorming* und Kreativitätstraining, wie sie bei Managerschulungen gang und gäbe sind.

Schrift als Spur (Derrida)

Ein Frontalangriff auf den abendländischen *logos*, der selbst wieder in Ontologie umschlägt, kann nicht ganz so radikal gewesen sein, wie er zunächst schien. Woran gebrach es? War Deleuze mit seinem Plädoyer für Linien und Ströme doch noch zu sehr der alten *logos*-Linearität verhaftet, auch wenn er unter «Fluchtlinien» nichts Sequentielles mehr verstand? Hafteten seine ständigen äußeren Entgegensetzungen – Vielheit gegen Einheit, Karte gegen Kopie, Kriegsmaschine gegen Staatsapparat etc. – doch noch zu sehr an der Oberfläche, um etwas so tief Sitzendem wie dem abendländischen Denken wirklich an die Wurzel zu kommen? Es geht offenbar auch anders, wie der Weggefährte Jacques Derrida beweist. Er stellte sich derselben großen Aufgabe, aber auf eine bedächtigere und nachhaltigere Art, die den Eindruck zu erwecken wußte, als mache erst sie vollen Ernst mit der Nichtlinearität, die im Hypertext und Rhizom über ein Stückwerk der Linearität nicht hinauskam. «Was es heute zu denken gilt, kann in der Form der Zeile oder des Buches nicht niedergeschrieben werden», heißt es in der gut fünfhundert Seiten starken *Grammatologie*; «ein derartiges Unterfangen käme dem Versuch gleich, die moderne Mathematik mit Hilfe einer Rechenschiebermaschine bewältigen zu wollen.»[45] Linie bedeute nicht nur Folgerichtigkeit von Buchstaben und Gedanken. Vielmehr sei es so, «daß die Linearität der Sprache nicht ohne den vulgären und weltlichen Begriff der Zeitlichkeit (der homogenen, von der Form des Jetzt und dem Ideal der kontinuierlichen, geradlinigen oder zirkulären Bewegung beherrschten Zeit-

45 J. Derrida, *Grammatologie*, l. c., S. 155.

lichkeit) auskommt».[46] Die Linie ist dermaßen innig mit allen Verstehensvollzügen verknüpft, daß sie als das schlechterdings Selbstverständliche gilt. Das aber, so Derrida, macht sie zum unverstandenen blinden Fleck. «Das rätselhafte Modell der *Linie* ist also gerade das, was die Philosophie, als sie ihren Blick auf das Innere ihrer eigenen Geschichte gerichtet hielt, nicht sehen konnte. Diese Nacht hellt sich in dem Augenblick ein wenig auf, wo die Linearität – die nicht der Verlust noch die Abwesenheit, sondern die Verdrängung des mehrdimensionalen symbolischen Denkens ist – ihre Unterdrükkung lockert.»[47]

Erst die Umbrüche der Wissenschaft und Kunst im 19. und 20. Jahrhundert ergaben diese Lockerung und ermöglichten so viel Distanz zur Linie, daß sie überhaupt als Problem wahrnehmbar werden konnte. Zwischen linearem und nichtlinearem Denken, zwischen Wurzelbaum und Rhizom kann man nämlich nicht wählen wie zwischen Schwarzbrot und Weißbrot. Die Linearität hat den gesamten Denkvollzug – auch den ihrer Kritiker – durchdrungen. Die Schrift, in ihrer Abfolge piktographischer, ideographischer und schließlich phonetischer Zeichen, ist buchstäblich «auf Linie» gebracht, zur Außenseite eines auf strikte Folge eingeschworenen Denktypus degradiert worden. Es nützt nichts, einfach bloß neue Schreibmedien oder Schriftzeichen zu erfinden. Der Denktypus selbst ist aufzubrechen – und wiederzugewinnen, was durch ihn seit Jahrtausenden verstellt ist: der «Zugang zur Mehrdimensionalität und zu einer de-linearisierten Zeitlichkeit».[48] Dazu allerdings «müs-

46 Op. cit., S. 153.

47 Op. cit., S. 153.

48 Op. cit., S. 156. Insofern konnte Derrida gelangweilt abwinken, wenn die jüngere Generation der Hypertextler ihm ankreidete, immer noch an der überlebten Buchform zu haften, statt auf ihr zukunftsträchtiges nichtlineares Medium umzusteigen (cf. G. P. Landow, *Hypertext. The Convergence of Contemporary Critical Theory and Technology*, Baltimore 1992, S. 3 ff.). Derrida steht mit seinem antiquierten Medium als der ungleich Radikalere da, solange zwei seiner Gesichtspunke überzeugen: 1. Zum wirklich Neuen gelangt man nur vom Alten aus. 2. Das intendierte Neue ist so radikal anders, daß eine ihm kongeniale Schriftform vorerst gar nicht abzusehen ist – und man daher bis auf weiteres getrost das Bücherschreiben fortsetzen kann.

sen ‹viertausend Jahre linearer Schrift› Schicht für Schicht abgetragen werden»,[49] und dieses Verfahren «der Destruierung und, wenn nicht der Zerschlagung, so doch der De-Sedimentierung» ist inzwischen unter dem Titel «der Dekonstruktion aller Bedeutungen, deren Ursprung in der Bedeutung des Logos liegt»,[50] mehr als bekannt geworden.

Was aber soll, wenn man die lineare, durch den *logos* verstellte, auf seine Außenseite reduzierte Schrift «Schicht für Schicht» abträgt, zum Vorschein kommen? Das Entscheidende, nämlich die unverstellte, nicht mehr auf Linearität, zeitliche und logische Sequenz getrimmte Schrift. Sie ist nicht wie ein kostbarer archäologischer Fund vorgestellt, sondern als der Angel- und Wendepunkt, worin dem Denken einzig die Kehre zur Durchbrechung des Logozentrismus gelingen kann. Einen gebe es, der diesem Punkt schon sehr nahe gekommen sei: Freud. «Eine jede irgendwie beachtenswerte psychologische Theorie muß eine Erklärung des ‹Gedächtnisses› liefern», heißt es bereits im frühen *Entwurf einer Psychologie* von 1895.[51] Schon dort aber fällt eine Metaphorik auf, die sich, wie Derrida zeigt, gleich einem Leitmotiv durch Freuds ganzes späteres Werk ziehen wird. Er versteht Gedächtnis als etwas, was sich durchs Nervensystem «bahnt». Mehr noch: als «Bahnbrechung».[52] Bahnungen aber entstehen unter Druck. Sie sind Auswege in auswegloser Lage. «Die [...] vorgezeichnete Bahn öffnet einen Leitungsweg»[53] zur Abfuhr übermäßigen Erregungsdrucks – und wird durch Wiederholung ausgebaut. Je genauer Freud aber diese Bahnen erschließt, desto mehr, so Derrida, bedient er sich «einer Metaphorik der geschriebenen Spur»,[54] begreift er Gedächtnisspuren als elementare Seelenschrift, als «einen ‹Vorrat›», den sich das Nervensystem gegen Einbrüche anlegt. «Die bedrohliche Veraus-

49 Op. cit., S. 152.

50 Op. cit., S. 23.

51 S. Freud, *Aus den Anfängen der Psychoanalyse*, 1887–1902, Frankfurt am Main 1962, S. 308.

52 J. Derrida, *Freud und der Schauplatz der Schrift*, in: ders., *Die Schrift und die Differenz*, 1967, dt. Frankfurt am Main 1972, S. 307.

53 Op. cit., S. 308.

54 Op. cit., S. 306.

gabung oder Präsenz werden mit Hilfe der Bahnung und der Wiederholung hinausgeschoben.»[55]

Damit sind bereits die drei Hauptmerkmale beisammen, die Freud für Derrida zu einem so bahnbrechenden Schrifttheoretiker machen. Bahnen zerteilen ungebahntes Gelände; insofern markieren sie Differenzen. Solange sie intakt sind, schieben sie zudem die Überschwemmung oder Zerstörung dieses Geländes hinaus; insofern gewähren sie Aufschub. Und schließlich kräftigen sie sich durch Wiederholung, was sie nicht könnten, wäre das Anlegen erster Bahnen nicht auch schon das Anlegen ihrer Wiederholung: «ihre Möglichkeit ist bereits im Widerstand da, den die psychischen Neuronen *beim ersten Mal* aufbieten».[56] Derrida läßt diese drei Merkmale allerdings so zusammenschießen, daß daraus etwas wird, worauf noch niemand zuvor gekommen ist: eine Differenz, die darin besteht, Aufschub zu sein und, damit nicht genug, Wiederholung von Anfang an, etwas ebenso Ursprüngliches wie Nachträgliches, etwas, wofür sich weder ein Subjekt noch ein Substrat angeben läßt, etwas, wofür die herkömmliche Sprache nicht ausreicht und daher ein neues Kunstwort hermuß: *différance*.[57]

Das geht so schnell, daß man kaum merkt, wie hier mit Freud umgesprungen wird. Dieser hat zwar schon im Frühwerk von Bahnungen gesprochen, den Ernstfall der Gedächtnisspur bekanntlich aber erst relativ spät, in *Jenseits des Lustprinzips*, herausgearbeitet: Es ist der traumatische Wiederholungszwang. Es gibt keine nachdrücklichere Form des Gedenkens als die zwanghafte Wiederholung eines erlittenen Schocks. Zu dessen Abfuhr versucht das Nervensystem Bahnungen anzulegen. So macht es *ihm* ein Gedächtnis – und *sich*. Die Angst, die nachträglich als Schutzmaßnahme gegen ihn entwickelt wird, besteht aus solchen Bahnungen. Angst ist Erinnerung an schon Erlittenes. Sie wiederholt es, damit es nicht wiederkehrt. Erinnerung findet statt, um aufzuhören. Ihre Spuren bilden sich, um Überwältigendes loszuwerden: um es zu vergessen. Als Aufschub stellen sie sich erst einer späten existenzphilosophischen Fernsicht dar, aus der sich alles

55 Op. cit., S. 310.

56 Ibid.

57 Selbstredend ist es nicht übersetzbar, wird je nach Kontext mit «Differenz» oder «Aufschub» wiedergegeben oder unübersetzt stehengelassen.

Leben dazu egalisiert, bloß den Tod hinauszuschieben: wie der Herzschlag den Herzstillstand, so die Gedächtnisspur den finalen Nervenzusammenbruch. Die ursprüngliche Physio-Logik des Gedächtnisses hingegen ist keine beschaulich-melancholische Existenzphilosophie; sie weiß nichts von «dem» Leben als solchem, von Aufschub und Tod im allgemeinen, wohl aber von Schreck, Schock und Schmerz im ganz besonderen. Weil sie bereits zugeschlagen haben, sich *nicht* aufschieben ließen, kommt der Mechanismus des Wiederholungszwangs überhaupt nur in Gang. Er schiebt nicht auf, sondern weg. Er ist Erleiden *und* Abwehren. Schmerz fühlen und sich dagegen sträuben sind eins. Derrida sagt ja selbst: «es gibt nicht *zunächst* präsentes Leben, das sich *anschließend* zu schützen, zu verzögern und im Aufschub vorzubehalten begänne».[58] Nur ist das Leben, von dem er spricht, nicht mehr das konkrete, das Freud analysiert, sondern ein existentialistisch dekonturiertes, das sich wie ein Stück Wachs nach allen Seiten ziehen, dehnen, stauchen und in sich zurückbiegen läßt. «Der Aufschub bildet das Wesen des Lebens. Vielmehr: da der Aufschub (*différance*) kein Wesen ist, weil er nichts ist, ist er *nicht* das Leben, wenn Sein als *ousia*, Präsenz, Wesenheit/Wirklichkeit, Substanz oder Subjekt bestimmt wird. Das Leben muß als Spur gedacht werden, ehe man das Sein als Präsenz bestimmt.»[59]

Phantastisch, wie sich die Begriffe hier gleichsam die Bälle zuspielen: Weil Bahnung oder Spur für Differenz sorgt, *ist* sie Differenz; weil sie den Zerfall des Lebens hinausschiebt, *ist* sie Aufschub; der Aufschub *ist* Leben, dieses Leben aber ist wiederum *kein* Leben, wenn man sich darunter etwas Seiendes, Präsentes denkt; als Spur besteht es lediglich im Vorbehalt seiner selbst. Weil die Spur aber auf Wiederholung angelegt ist, *ist* sie auch schon die Wiederholung ihrer selbst, jenes Ursprünglich-Nachträgliche, das sich selbst immer schon voraus liegt beziehungsweise hinterherhinkt und sich nicht auf traditionelle Gegensatzpaare wie Sein–Nichts, Vorher–Nachher oder Präsenz–Absenz verrechnen läßt. Und was könnte es Widerborstigeres, mit dem gesamten linearen Denken des Logozentrismus Unvereinbareres geben als diesen *différance*-Ansatz? Zeigten die Begriffe, mit denen er

58 Op. cit., S. 311.

59 Ibid.

jongliert, nur nicht eine bestimmte Art mentaler Gefräßigkeit, die schon bei Deleuze auffiel. Sie haben die unwiderstehliche Neigung, ihre Beziehung auf anderes zu verschlucken und sich an dessen Stelle zu setzen. Das geschieht bei Derrida nicht durch einfache Dualismen. Er ist ein Meister der Metapher. Es ist ja durchaus erhellend, wenn er die «Metaphorik der geschriebenen Spur» bei Freud verfolgt und aufzeigt, wie sie ihm bei der Aufklärung der Gedächtnisvorgänge immer unentbehrlicher wurde, ja daß Gedächtnis im Sinne dieser Metaphorik bereits ein Schriftphänomen war, ehe es überhaupt zu Worten fand. Aber im Handumdrehen *sind* damit die neuronalen Bahnungen Schrift, das ganze Freudsche Unbewußte wird zu einem «Schauplatz der Schrift», und es kommt nun nur noch darauf an, die geschriebene Spur wörtlicher zu nehmen als Freud selbst und die erschließende und umstürzende Kraft der Schriftterminologie nicht nur für psychische Prozesse, sondern fürs gesamte Dasein zu entfalten. Eingewickelt in eine allgemeine *Grammatologie*, verliert Freuds Theorie jede konkrete Verbindlichkeit. Sie haftet an nichts, sie haftet für nichts. Die traumatische Gewalt, der zentrale Bezugspunkt all ihrer Überlegungen zur Gedächtnisspur, verflüchtigt sich zu einem verschwindenden Grollen und Wetterleuchten am geistigen Horizont, und die entscheidenden Begriffe stülpen sich, wie Deleuze sagen würde, nach innen. Anders ausgedrückt: Sie fressen ihre eigene Relationalität auf. Dasjenige, *worin* sich die Bahnung bahnt, dasjenige, *wovon* die Spur Spur, die Wiederholung Wiederholung ist, ist wie weggeblasen, und die Spur als solche, Spur an sich, «Urspur», die nach Abzug von allem, was eine Spur erst zur Spur macht, übrigbleibt, beginnt in tausend metaphorischen Nuancen ihr grammatologisches Eigenleben zu entfalten.

Um es angemessen würdigen zu können, empfiehlt sich eine kurze Rückbesinnung auf die Anfangsgründe der Spur: sozusagen auf ihr kleines Einmaleins. Alle Hunde sind Tiere, aber nicht alle Tiere sind Hunde. Daran wird auch die radikalste Dekonstruktion nichts ändern. Entsprechend gilt: Alle Schrift ist Spur, aber nicht jede Spur ist Schrift. Spuren, so wurde im 2. Kapitel gezeigt, sind physische Rückstände, Überbleibsel, Fragmente. Man kann sie lesen. Dann nimmt man sie als Rückstände von etwas, was selbst nicht unmittelbar physisch präsent ist: zum Beispiel einen bestimmten Fußabdruck als Spur des Mammuts, einen umgeknickten Baum als Spur des Unwetters, einen Rest Asche als Spur des Feuers, eine Narbe als Spur des Messers. Man muß freilich schon wissen, was ein Mammut, Unwetter, Feuer, Messer ist, damit man ihre Spuren lesen kann. Aber daraus folgt keineswegs, daß alles, was gelesen wird, deshalb schon Schrift sei. Haben das Mammut und das Unwetter geschrieben? Natürlich nicht. Erst ein menschliches Kollektiv, dem Schreiben zu einer fest ritualisierten Praktik geworden ist, kann überhaupt auf den Gedanken kommen, das Eindrücken von Füßen in den Boden sei wie das Eindrücken von Zeichen in eine Schreibfläche. Eine Kulturtechnik wird dabei auf Naturvorgänge übertragen, Schrift als Metapher verwendet – und über eine spezifische Differenz hinweggesehen. Das Mammut und das Unwetter hinterlassen wohl Spuren, aber unwillkürlich. Sie sind keine Subjekte, die das wollen. Es ist ihnen gleichgültig. Kainszeichen hingegen sind ganz und gar nicht gleichgültig, sondern eine über Leben und Tod entscheidende Notwehrmaßnahme. Notwehr ist einerseits etwas Ungewolltes. Man ist zu ihr gedrängt, sie geschieht nicht freiwillig. Notwehr ist andrerseits in höchstem Maße gewollt. Nichts will man sehnlicher als sich retten. Das Kainszeichen zeigt beides: die Not, aus der es kommt, und die Wehr, die es ist. Es ist das Zeichen des Todes, aber es bedeutet dessen Abwendung.

Bedeuten ist zunächst einmal ein Tun, eine Geste: ein beschwörendes Sich-Ausstrecken gegen etwas, was sich außerhalb der eigenen Reichweite oder Verfügung befindet. Genau das ist der originale Wortsinn des lateinischen *intendere*: sich ausspannen in Richtung auf etwas. Und vielleicht hat sich dieser Sinn nirgends so deutlich erhalten wie in der uralten Figur des Betens mit ausgestreckten Händen. Sie spannt sich ebenso begehrend wie abwehrend nach dem Heiligen aus, beschwört in ein und derselben Bewegung zugleich die Ankunft seiner rettenden Kraft wie das Fernbleiben seiner vernichtenden Gewalt.[60] Noch das subtilste Bedeuten und Deuten kommt von dieser

60 Für diesen archaischen Doppelsinn der *intentio* hat niemand stärkere Worte gefunden als Rilke: «Glaub nicht, daß ich werbe. / Engel, und würb ich dich auch! Du kommst nicht. Denn mein / Anruf ist immer voll Hinweg; wider so starke / Strömung kannst du nicht schreiten. Wie ein gestreckter / Arm ist mein Rufen. Und seine zum Greifen / oben offene Hand bleibt vor dir / offen, wie Abwehr und Warnung, / Unfaßlicher, weit auf» (R. M. Rilke, *Duineser Elegien*, VII, 85 ff.).

elementaren Physiologie des Intendierens nicht vollständig los. Bedeutung ohne jedes zeigende Hindeuten gibt es nicht. Und *intentio* endet nicht in betenden Händen oder im ausgestreckten Zeigefinger; sie schlägt sich in ihrer Umgebung nieder, hinterläßt Spuren darin. Sie kann sich nicht ausdrücken, ohne sich irgendwo einzudrücken. Die Eindruckstelle ist nicht das Intendierte, sondern bloß sein Substitut, dem sich die Intention stellvertretend eindrückt. Aber dadurch wird der Eindruck selbst intentional. Er ist gleichsam ein geronnenes Zeigen, verweist auf das Intendierte, bedeutet es, repräsentiert es. Die Wunde, die wir Kainszeichen nennen, ist nicht das Heilige, empfängt aber dessen volle Bedeutung, indem sie blutend aufspringt. Deshalb ist sie nicht nur physische Spur, nicht nur ein Rückstand von Muskelkraft und scharfem Stein, sondern semantisch aufgeladene, intendierte Spur – und nur deshalb Schrift. Es gibt keine intentionslose Schrift.

Lesen setzt voraus, daß geschrieben worden ist. Sein Elementarvorgang besteht darin, einem materiellen Eindruck die in ihn eingedrückte Bedeutung zu entnehmen, sie herauszulesen, gleichsam wiederzuerwecken. Solches Lesen kann schwerlich begonnen haben, bevor es Kainszeichen gab. Spuren hingegen sind viel älter. Naturwesen und Naturgewalten haben längst Spuren hinterlassen, Fußstapfen eingedrückt, einander Wunden geschlagen, ehe eine bestimmte gestische Art der Verwundung zur Urform der Schrift wurde. Sobald aber Schrift in der Welt ist und aus ihr herausgelesen werden kann, ist das Verfahren des Lesens auch übertragbar auf alles, was nicht Schrift, wohl aber Spur ist. Schrift ist der intentionale Sonderfall von Spur. Eine Spur kann aber auch intentionslos, naturwüchsig zustande kommen. Wer sich gleichwohl lesend zu ihr verhält, sieht sie an, als ob sie Schrift wäre, als ob eine Intention, Bedeutung in sie hineingelegt worden wäre, die es herauszulesen gälte. Die Bruchstelle im umgeknickten Baum ist Spur des Unwetters, und wer weiß, was Unwetter ist, kann es an ihr ablesen. Doch das Unwetter hat sich nicht in den Baum eingeschrieben, die Bruchstelle nicht mit Bedeutung aufgeladen, und wer gleichwohl eine solche Bedeutung aus ihr herauszulesen meint, liest sie in Wahrheit hinein.

Herauslesen und Hineinlesen sind anfangs nicht scharf voneinander unterschieden, und die Urschrift, das Kainszeichen, ist nicht nur

Objektivation einer menschlichen Intention, das beschwörende Bedeuten des ersehnten Schutzes, sondern zugleich Suggestion einer übermenschlichen Intention: daß da eine göttliche Macht ist, die tatsächlich schützt. Indem aus dem Kainszeichen die menschliche Intention, verschont zu werden, herausgelesen wird, wird zugleich die göttliche Intention, Verschonung zu gewähren, hineingelesen. Diese Indifferenzstelle von Herauslesen und Hineinlesen ist die Geburtsstätte der Magie. Magie ist überspanntes Spurenlesen. Der vom Unwetter geknickte Baum wird als Zorn der Naturgewalten gelesen, der Fußabdruck oder Reißzahn des Raubtiers als sein Vernichtungswille, die ungewöhnliche Sternenkonstellation als Unheil, die Ratte als die von den Göttern gesendete Pest, das Haarbüschel oder der Spieß des Feindes als Sitz seiner Lebenskraft etc. Man lernt sich überhaupt nur in der Welt zurechtzufinden, indem man sie als ein Geflecht von Bedeutungen kennenzulernen versucht, von menschenähnlichen Intentionen, auf die man beschwörend einzuwirken trachtet. Worte wie Hylozoismus oder Animismus besagen nicht nur, daß aller Stoff belebt ist, sondern daß lebendige Intentionen in ihm sitzen, die *mich* betreffen, *mir* Gutes oder Böses wollen, wobei dieses archaische «Ich» sich natürlich viel mehr als Bestandteil seines Kollektivs empfand als ein modernes.

Die kulturübergreifende Bedeutung des Gewitters ist hier besonders instruktiv. Daß es sich über uns, mir zusammenbraut, Blitze niederfahren läßt und mit Donnerschlägen begleitet, ohne uns, mich direkt zu meinen, war vollkommen undenkbar. Selbst dem durchschnittlichen modernen Seelenhaushalt fällt es ja noch schwer, darin nichts als elektrische Entladungen wahrzunehmen, die es in keiner Weise auf ihn abgesehen haben. Wieviel schwerer dem archaischen. Die menschliche Selbst- und Weltwahrnehmung hatte zunächst einmal gar keine andere Chance, als von sich auf ihre Umgebung zu schließen, sich in diese Umgebung gleichsam hineinzulegen, wenn sie sie als etwas Verständliches, Bedeutendes erfassen wollte. Und so war es ihr lange Zeit, vielleicht die ganze Steinzeit über, ein Ding der Unmöglichkeit, sich eine Kraft vorzustellen, die wirkt, sich eindrückt, Spuren hinterläßt, *ohne* dabei zu intendieren. Erst wenn die menschliche Wahrnehmung so viel Distanz zu sich gewinnt, so selbstbezüglich wird, daß sie zu bemerken beginnt, wie projektiv sie verfährt, wie sehr sie ihrer Umgebung nur entnimmt, was sie selbst hineingelegt hat, kann sie fähig werden, über den Tellerrand ihrer eigenen Intentionalität so weit hinauszublicken, daß ihr die Möglichkeit intentionsloser Ursachen und Naturprozesse dämmert. Das ist ein enormer Aufklärungsschritt: hinaus über jenes wilde Lesen in der Natur, jene archaische Magie, die zwischen Hinein- und Herauslesen keinerlei Differenz kennt. Ein ungleich sachlicheres Naturverhältnis wird möglich, wenn sich zeigt, daß das Lesen in buchstäblichem Sinn, also das Herauslesen einer zuvor hineingelegten Bedeutung, und das Lesen in metaphorischem Sinn, nämlich das Hineinlesen einer Bedeutung, zweierlei sind.

Um so erstaunlicher, daß Derrida genau diese Unterscheidung in Frage stellt und auf höchstem philosophischen Niveau an den magischen Indifferenzpunkt von Herauslesen und Hineinlesen, von Schrift und Spur, von buchstäblich und metaphorisch zurückkehrt. Die alte theologische Vorstellung vom «Buch der Natur» sei bereits nahe daran gewesen, die spezifische Eigenheit der Schrift zu erkennen. Nur daß ihr theologisches Koordinatensystem diese Einsicht zugleich verstellt habe, weil es die Schrift der Natur lediglich als linearen Niederschlag eines göttlichen *logos* zu fassen wußte, der immer schon als eine Präsenz und Fülle des Sinns fix und fertig vorhanden ist und sich durch Einschreiben lediglich an einen anderen Ort verpflanzt, aber nicht qualitativ verändert. So komme Schrift nicht wirklich als sie selbst zum Vorschein. Sie bleibe eine Funktion des Sprechens: «unmittelbar an die Stimme und an den Atem gebunden. Ihr Wesen ist nicht grammatologisch, es ist pneumatologisch.»[61] Mit anderen Worten: Sie bleibt Metapher für *logos* – und damit subaltern. «Metapher» aber, so Derrida, ist selbst noch logozentrisch gedacht, solange sie die zweite Geige spielt und lediglich als ein Sekundäres, von einer wörtlichen, authentischen Bedeutung Abgeleitetes firmiert. Aus diesem Bezug zu einem vorgegebenen Identischen sei sie erst einmal zu lösen. «Dabei gilt es folgendes Paradoxon zu beachten: die Schrift natürlich und universal, intelligibel und zeitlos zu nennen ist metaphorisch; als Schrift im eigentlichen Sinne wird die sinnlich wahrnehmbare und endliche Schrift bezeichnet; also wird sie von der Kultur, der

61 J. Derrida, *Grammatologie*, l. c., S. 33.

Technik und dem künstlich Gefertigten her gedacht, ist menschliches Verfahren, List eines zufällig verkörperten Wesens oder einer endlichen Kreatur. Wohl bleibt diese Metapher rätselhaft und verweist darauf, daß der ‹eigentliche› Sinn der Schrift der einer ersten Metapher ist. Dieser ‹eigentliche› Sinn kann von denen, die diesen Diskurs führen, noch nicht gedacht werden. Nicht der eigentliche und der figürliche Sinn sollen vertauscht, sondern der ‹eigentliche› Sinn der Schrift müßte als die Metaphorizität selbst bestimmt werden.»[62]

Und was heißt «Metaphorizität selbst»? Nun, es ist bei Derrida nicht grundsätzlich anders als bei Deleuze. Wer mit etwas so Neuem und Großem wie dem Sturz des Logozentrismus befaßt ist, erachtet bestimmte alte logozentrische Gepflogenheiten als unter seiner Würde: etwa zu erläutern, was man meint, oder zu begründen, was man behauptet. Deleuze setzte ihnen frontal seine delirierende Antithetik entgegen. Sie hatte Schwung, war aber auch dermaßen angreifbar, daß ihr nur eines blieb: alle Hinweise auf ihre flagranten Inkonsistenzen und Selbstwidersprüche renitent als subalternes logozentrisches Gezänk zu ignorieren. Derrida hingegen nimmt erst einmal allen Angreifern den Wind aus den Segeln; er greift sich selbst an. Dekonstruktion? Das ist kein kurzer Umsturz, sondern ein langwieriges Abtragen – «Schicht um Schicht» – von «viertausend Jahren linearer Schrift» und der ihr verbundenen Denkweise, und zwar mit den Mitteln dieser Schrift und Denkweise. Andere haben wir nicht. Der Logozentrismus muß sich selbst abtragen: dort, wo seine Linearität brüchig ist, einhaken, dahinterkommen, sich unter den Putz greifen, wobei das, was er zutage fördert, sogleich davon bedroht ist, doch wieder bloß logozentrisch dargestellt und damit verstellt zu werden. Wer Derrida vorwirft, das Dekonstruktionsverfahren sei paradox, rennt offene Türen ein. Nichts paradoxer zum Beispiel als sein Buchtitel *Wie nicht sprechen.*[63] Er formuliert einerseits eine Frage: Wie mache ich es, daß ich nicht spreche? Etwas sagen, gar etwas aussagen wollen, womöglich etwas Gültiges, heißt immer schon, sich ins Fahrwasser logozentrischer Verkürzungen, Verzerrungen, Vergröberungen zu begeben. Ein radikal selbstkritisches Denken kann das nicht wollen. Ebenso-

62 Op. cit., S. 30 f.

63 J. Derrida, *Wie nicht sprechen. Verneinungen*, 1987, dt. Wien 1989.

wenig freilich kann es verhindern, daß «Wie nicht sprechen» zugleich auch den gegenteiligen Sinn hat, nämlich den des Ausrufs: Wie denn nicht! Sprechen ist unvermeidlich. Und so ist der Mensch, jenes Tier, dessen spezifische Mitgift der *logos* ist, einerseits unfähig, nicht zu sprechen, zu schreiben, sich auszudrücken, andrerseits aber ebenso unfähig zu dezidiert verbindlicher Äußerung. Kein Gesprochenes und Geschriebenes, dem je unbedingte, unbeschränkte Wahrheit und Geltung zukäme. Deshalb gehört für Derrida zu jeder verantwortlichen Äußerung, daß sie sich selbst ins Wort fällt, sich unter Vorbehalt stellt, ihren Geltungsanspruch aufschiebt, vorerst *nichts sagen will.* Wie das Leben im allgemeinen, so die Dekonstruktion im besonderen: Sie ist der unablässige Vorbehalt und Aufschub ihrer selbst. «Ich mache mir also über hunderte von Seiten hinweg das Leben mit einer Schreibweise schwer, die zugleich beharrlich und elliptisch ist, die [...] auch das aufnimmt, was ausgestrichen ist, die jeden Begriff in eine unendliche Kette von Differenzen hineinzieht, die sich mit derart vielen Vorsichtsmaßnahmen, Referenzen, Anmerkungen, Zitaten, Zusammengeklebtem, Zusätzen umgibt oder belastet, daß das ‹Nichts-sagen-Wollen› [...] keine sehr geruhsame Tätigkeit ist.»[64]

Auch keine sehr belangvolle; lediglich eine gut immunisierte. Wer sich vorab selbst bezichtigt, nichts sagen zu wollen, was ficht den noch an? Wie soll man ihn beim Wort nehmen, wenn er jedes seiner Worte schon unter Vorbehalt gestellt hat? Herausbekommen oder gar durch einschlägige Zitate belegen wollen, was er vertritt? Da steht man immer schon als der Dumme, Unsensible, Zurückgebliebene da, der noch glaubt, ein Autor müsse etwas sagen, während dieser Autor gerade demonstriert, daß alle, die etwas sagen wollen, noch nicht die volle Verantwortung des Denkens übernommen haben. Hundertprozentig immun sind freilich auch dekonstruierte Begriffe nicht. Auch sie kommen nicht umhin, etwas zu meinen, etwas zu bedeuten, sonst wären sie nichts als Stimmengewirr oder Gekritzel. Und «Metaphorizität» *bedeutet* etwas: Übertragung als solche. Sie steht bei Derrida in engstem Zusammenhang mit Spur als solcher. Wo Spur ist, war Übertragung. Schrift ist Spur, also Übertragungs-

64 J. Derrida, *Positionen*, 1972, dt. Wien 1986, S. 50 f.

rückstand, somit von Anfang an metaphorisch. Die Metapher ist hier das Ursprüngliche, die Sache selbst. Dafür steht das Wort Metaphorizität. Es soll helfen, die Schrift «dem klassischen Diskurs zu entreißen»[65] und die ursprüngliche Bewegung darin aufzudecken: eine Urübertragung, Urspur, Urschrift, die längst geschrieben sein soll, ehe sie «mit der Einkerbung der Gravur, der Zeichnung oder dem Buchstaben, einem Signifikanten also, in Verbindung gebracht wird».[66] «Auch ist die Spur, von der wir sprechen, so wenig *natürlich* [...] wie kulturell, so wenig physisch wie psychisch, so wenig biologisch wie geistig. Sie erst ermöglicht das Unmotiviert-Werden des Zeichens und damit alle späteren Gegensätze zwischen der *physis* und ihrem Anderen.»[67] «Es geht hier nicht um eine bereits konstituierte Differenz, sondern, vor aller inhaltlichen Bestimmung, um eine reine Bewegung, welche die Differenz hervorbringt. *Die (reine) Spur ist die différance.* Sie ist von keiner sinnlich wahrnehmbaren, hörbaren oder sichtbaren, lautlichen oder graphischen Fülle abhängig, sondern ist im Gegenteil deren Bedingung.»[68]

Derrida deliriert nicht wie Deleuze; er verkündet. Er pflegt nicht den Gestus des Ausgeflippten, sondern den des Sehers. Er weiß wohl, daß das, was er offenbart, nach «den Gesetzen der Identitätslogik [...] widersprüchlich und unzulässig»[69] ist. Aber das soll gerade gegen die bornierte Identitätslogik sprechen und für ihre Dekonstruktion. Träte Derrida dabei doch nur weiter aus der Identitätslogik heraus, als er vorgibt. Er tut aber etwas, was innerhalb dieser Logik schon seit Jahrtausenden gang und gäbe ist; nur daß es von ihm eine neue Textur, ein bis zur vollständigen Undurchsichtigkeit dicht gewobenes Kleid bekommt. Das griechische Wort *hypostasis* heißt wörtlich das Daruntersthende, Standhaltende, die Grundlage, lateinisch: *substantia.* Hypostasieren bedeutet soviel wie eine Grundlage unterstellen, wo keine ist. Wie das geht, hat die abendländische Metaphysik in großartiger Weise vorgeführt, und zwar von Anfang an. Die Entdeckung, daß jene höhe-

65 J. Derrida, *Grammatologie*, l. c., S. 81.

66 Ibid.

67 Op. cit., S. 83.

68 Op. cit., S. 109.

69 Op. cit., S. 107.

ren Mächte und Götter, auf die der Mythos alles Seiende zurückführte, unzuverlässige, unglaubwürdige Gesellen sind und geradezu eine Aufforderung darstellen, die wahren Gründe der Dinge zu erforschen, war ja zugleich die Selbstentdeckung des *logos*. Die begründende Rede begann, gestützt auf ihre schriftliche Objektivation, ein Gespür für sich selbst zu bekommen, für die Eigenart des Begrifflichen, seine schier unbegrenzte Abstraktionskraft, seine Fähigkeit, sich vom Hier und Jetzt abzulösen, scheinbar über Raum und Zeit erhabene Gedanken fassen, Einsichten, die wirken, als seien sie durch nichts bedingt, immer und überall gültig. Und das alles konnte der *logos* nicht bemerken, ohne davon – also *von sich* – fasziniert zu sein. Seine Selbstentdeckung hebt also nicht als nüchternes Registrieren seiner Kapazitäten an, sondern, wie Nietzsche immer wieder betont hat, durchaus autosuggestiv, geradezu rauschhaft. Wenn man begreifen will, welcher *drive* von Thales an ins griechische Denken gekommen ist, wie es sich in nur wenigen Generationen in jene Höhen der Abstraktion zu schwingen vermochte, die durch Parmenides, Heraklit, Anaxagoras, Platon und Aristoteles markiert sind, dann muß man diesen *logos*-Rausch mitrechnen.

Schwerlich aber kann man von etwas berauscht sein, ohne es zu überschätzen. Nicht einmal verlieben kann man sich, ohne daß die geliebte Person für den Liebenden mehr wird, als sie ist. Und das sollte bei der *philo-sophia*, der Liebe zur Weisheit, anders gewesen sein? Daß die Selbstentdeckung des *logos* nicht ohne Selbstfaszination und Selbstüberschätzung zu haben war, gehört geradezu zur Frühblüte, um nicht zu sagen, zum Jugendcharme der griechischen Philosophie. Die Fähigkeit des *logos*, von empirischen Dingen Vorstellungen und Begriffe zu abstrahieren, suggerierte ihm, er könne auch *sich selbst* von der gesamten Körperwelt ablösen. Wenn er in der Lage war, von allen raumzeitlichen Beschränkungen und Bedingungen abgelöste, immer gültige Einsichten zu formulieren, mußte dann nicht auch sein Organ, die Seele, zumindest ihr denkender Teil, immerwährend – unsterblich sein? Und selbst wenn dieses Denkvermögen durch sein Gebundensein an einen sterblichen, irritierbaren Körper entscheidend getrübt war: mußte es dann nicht zumindest Abkömmling eines übermenschlichen *logos* sein, der die Welt im Innersten zusammenhält? Auf diese Fragen haben Parmenides, Anaxagoras, Platon und Aristoteles, nicht zu reden vom christlichen Platonismus, unbeschadet aller sonstigen Differenzen, einhellig mit Ja geantwortet – und damit demonstriert, was Logozentrismus ist: den *logos*, die begründende Rede, zum Weltgrund, Weltzentrum, Weltsinn hypostasieren. Man sollte denken, er habe das nicht nötig. Ist er nicht auch so schon großartig genug? Daß nervliche Erregung sich in bestimmten Lebewesen im Laufe von Jahrtausenden zu Formen sedimentieren konnte, in denen sich Natur vorstellen, deuten, kultivieren läßt, Formen der Abstraktion, Subsumtion und Prädikation, die wir Denkformen nennen: grenzt das nicht an ein Wunder?

Allerdings haben diese wunderbaren Formen in doppelter Hinsicht ein Eigengewicht. Zum einen haben sie sich zu tief ins Nervensystem eingegraben, als daß ihr Grundbestand noch stark modifizierbar wäre. Aussichtslos, sie einfach durch andere Formen auswechseln zu wollen. Zum anderen machen sie alles, was sie vorstellen und deuten, zu *ihrer* Vorstellung. Deuten heißt: *für mich* stellt sich die Sache so und so dar. Denken kann nicht anders, als seine Umgebung, seine Inhalte, die Welt auf sich zu beziehen. Es hat etwas unausrottbar Ptolemäisches.[70] Insofern verfährt der *logos* stets logozentrisch. Aussichtslos, ihn davon kurieren zu wollen. Aber er könnte von dieser seiner «Krankheit» nichts wissen, wäre er *nur* logozentrisch. Allein schon das menschliche Gedächtnis, das bereits bei Platon gelegentlich mit Erkenntnisvermögen gleichgesetzt wird, läßt sich keineswegs auf eitel Linearität und Sequenz verrechnen. Ständig macht es Abwesendes anwesend, Vergangenes gegenwärtig, Früheres zu Späterem und stellt sich quer zur zeitlichen Abfolge. Aristoteles hat daraus die paradoxe Formel des *hysteron-proteron* gewonnen: Es gibt Dinge, die zugleich früher und später sind, allerdings nur in verschiedener Hinsicht, etwa früher «der Natur und dem Wesen nach» und später «dem Erkennen nach».[71] Erkennende Wesen entdecken oft erst spät, was der Sache nach längst existiert. Wahrnehmen, Erkennen, Erinnern durchkreuzen unablässig die zeitliche Abfolge, aber sie hebeln sie keinen Moment aus. Daß diese Abfolge selbst dekonstruierbar sei, daß «der Natur nach» in derselben Hinsicht etwas

70 Cf. meine Ausführungen zum «ptolemäischen Skandal», in: C. Türcke, *Der tolle Mensch. Nietzsche und der Wahnsinn der Vernunft*, l. c., S. 26 ff.

71 Aristoteles, *Metaphysik*, 1019 a und 1018 b.

zugleich früher und später sein könnte, war für Aristoteles ein Unding und ist es bis heute.

Nie also kann der *logos* aufhören, logozentrisch zu sein, sollte er auch noch so verbissen versuchen, sich selbst «Schicht für Schicht» abzutragen. Wohl aber kann er aufhören, sich zum Weltgrund und Weltsinn aufzuspreizen, und erst diese Hypostasierung erfüllt den Tatbestand des Logozentrismus. Die Metaphysik hat zwischen logozentrisch und Logozentrismus nicht unterschieden. Die Verbindlichkeiten der begründenden Rede waren ihr das sichere Unterpfand für die Existenz eines *logos*artigen Weltgrundes. Die Dekonstruktion unterscheidet ebensowenig zwischen beiden. Aus der Unhaltbarkeit des Logozentrismus folgen für sie das Ungenügen der begründenden Rede, die Minderwertigkeit identitätslogischer Gesetzmäßigkeiten und die Neigung, lieber ein Spiel mit ihnen zu treiben als ihnen zu folgen.[72] Um so bemerkenswerter, wie unfrei «das Spiel der *différance*» am Logozentrismus klebt. Es ist sein Affenspiel. Es äfft, es spielt Hypostasieren – und *über*spielt damit die Tatsache, daß es nichts anderes *tut* als Hypostasieren. Sogar noch mehr als die kritisierte Metaphysik. Deren Hypostasen – absolute Idee, Wahrheit, Weltgrund, Gott oder

72 Schon den jungen Nietzsche hat diese Vorstellung fasziniert. «Jenes ungeheure Gebälk und Bretterwerk der Begriffe, an das sich klammernd der bedürftige Mensch sich durch das Leben rettet, ist dem freigewordenen Intellekt nur ein Gerüst und ein Spielzeug für seine verwegensten Kunststücke; und wenn er es zerschlägt, durcheinanderwirft, ironisch wieder zusammensetzt, das Fremdeste paarend und das Nächste trennend, so offenbart er, daß er jene Nothbehelfe der Bedürftigkeit nicht braucht, daß er jetzt nicht von Begriffen, sondern von Intuitionen geleitet wird» (F. Nietzsche, *Über Wahrheit und Lüge im außermoralischen Sinne*, KSA 1, S. 888). Das allerdings ist genau der Punkt des Überschwangs, wo Nietzsches Vernunftkritik, will sagen, sein überfeines Gespür für das Unzulängliche der identifizierenden, subsumierenden, prädizierenden Verfahrensweisen des *logos*, in die hybride Vision eines artistisch-intuitiven Menschentypus umschlägt, für den es kein Reich der Notwendigkeit mehr gibt, weil er die Gesamtheit seiner Lebensbedingungen zu seinem Spielmaterial herabsetzt. Diesen Typus – im Werk Nietzsches ist er eine Vorform des Übermenschen – weiterzudenken, auszugestalten und zu zelebrieren ist eine der Hauptattraktionen des französischen Nietzscheanismus geworden. Überall, wo im Umkreis von Foucault, Kristeva, Deleuze, Derrida «die Differenz» als Markenzeichen eines von der Identitätslogik emanzipierten Denkens

wie sie auch heißen – werden ausdrücklich dafür gerügt, nicht weit genug gegangen, noch zu vordergründig gedacht, bloße Oberflächen geblieben zu sein, hinter denen sich das Eigentliche abspielt: jene Bewegung der Urspur, die als reines *metapherein*, Übertragen ihrer selbst, als ihr eigener Aufschub und Vorbehalt nicht mehr identitätslogisch zu fassen – transmetaphysisch ist.

Freilich kann selbst Derrida von einem Urübertragen, aus dem die Differenz von eigentlich und metaphorisch selbst erst hervorgegangen sein soll, nicht reden, ohne damit eine allererste Hervorbringung zu meinen, wie man umgekehrt die Redeweise, in der am Anfang der Bibel die Schöpfung dargestellt ist, Urmetaphorik nennen mag. «Und Gott sprach: Es werde Licht! Und es ward Licht.»[73] Die Vorstellung, Gott habe sich am Weltanfang durch sein Wort in etwas anderes als sich, nämlich die Natur, übertragen, die Natur sei seine Metapher, die Metapher schlechthin, funktioniert allerdings nur auf den Kredit, daß

und Handelns firmiert, schwingt die Imagination dieses Typus mit, wird Nietzsche gerade an der Stelle bestärkt, wo sein kritisches Potential in Größenwahn umkippt. Adorno hat hier genau das Gegenteil getan: entschieden die Bremse gezogen. Das Ungenügen der Identitätslogik herausarbeiten? Allerdings; aber nur mit ihren eigenen begrifflichen Mitteln, ohne sich vorzugaukeln, sie könne sich selbst abtragen, ihre Begriffe abstreifen und dann nichtlinear, «das Fremdeste paarend und das Nächste trennend», herumschwadronieren. – Von den Weichenstellungen, die der Diskursstratege Habermas vorgenommen hat, ist eine der irreführendsten die, Adorno auf die Seite des französischen Nietzscheanismus zu schieben, als sei die Vernunftkritik der *Negativen Dialektik* selbst schon auf der schiefen Bahn, auf der Foucault, Deleuze und Derrida dann nur noch einen Schritt weitergegangen seien: sozusagen als die radikaleren Adornos (cf. J. Habermas, *Der Diskurs der Moderne*, Frankfurt am Main 1985, S. 144 ff. und 219 ff.). Diese These war deshalb so bestechend, weil im Streit zwischen Frankfurter Diskurstheoretikern und Pariser Dekonstruktivisten für beide Seiten zustimmungsfähig. Ersteren galt sie Argument dafür, von Adornos Vernunftkritik ganz die Finger zu lassen, letzteren, bei ihr nicht stehenzubleiben. Und so konnten die Frankfurter die Pariser der Vernunftzerstörung bezichtigen wie umgekehrt die Pariser die Frankfurter eines flachen Rationalismus – und dabei über Adorno ganz einig sein. Dessen angeblich unhaltbare Zwischenposition ist jedoch die reflexive Warte, von der aus schlagartig erhellt, wie sehr beide Seiten mit ihrer Kritik an der jeweils anderen recht haben.

73 Genesis 1, 3.

er selbst, Gott, in diesem Prozeß das ganz und gar Unmetaphorische ist, das sowohl überträgt als auch übertragen wird. Nicht einmal die Urmetapher kann ohne Bezug auf etwas Unmetaphorisches gedacht werden, sonst überträgt sich rein gar nichts. Doch um solche Kleinigkeiten kümmert sich das «Spiel der *différance*» nicht; es treibt noch weiter ins Ursprüngliche hinaus als die gesamte Schöpfungstheologie: gleichsam ins Vorschöpferische, nämlich ins reine Sich-Übertragen oder, graphologisch gesprochen, Sich-Eintragen, Sich-Einschreiben, ohne daß irgend angebbar wäre, wer da was wohin überträgt oder schreibt. Und wer das gern wissen möchte, wird unter diejenigen gerechnet, die noch die falschen, identitätslogischen Fragen stellen, der *différance* noch nicht gewachsen sind. Sie auf den Prüfstand heben, erkunden wollen, was sie *ist*? Wie subaltern logozentrisch. Ihre Pointe ist doch gerade, ungreifbar, nicht identifizierbar, unkritisierbar zu sein. Eine fast perfekte Immunisierungsstrategie – wäre diese Behauptung nur nicht stets auch in umgekehrter Richtung lesbar: Das Ungreifbare, weder Identifizierbare noch Kritisierbare, ist *sie*, die *différance*. Selbst Derrida könnte nicht auf Hunderten von Seiten über sie wortreich werden, unterstellte er nicht immer schon, daß sie *etwas ist* – und nicht bloß ein leeres Wort. Dabei verfährt er nicht anders als die Theologen, wenn sie vom verborgenen Gott, dem *deus absconditus*, reden, beteuern, er sei unfaßbar, entziehe sich gänzlich unserer Vernunft – und dabei immer unverdrossen unterstellen, daß *er* es ist, der sich entzieht. In all seiner Unfaßlichkeit bleibt er selbstverständlich die unangetastete Grundlage all dessen, was das christliche *Credo* von ihm aussagt. Die *différance* ist noch um eine Umdrehung mysteriöser als dieser Gott. Sie ist dasjenige, was übrigbleibt, wenn man vom Schöpfungsakt den Schöpfer und das Geschaffene abzieht und auch noch leugnet, daß das, was zurückbleibt, ein Schöpfungsakt sei.[74]

74 So konnte sich Derrida selbst dann noch mißverstanden geben, als Habermas ihm Affinitäten zu jenen jüdischen Traditionen nachwies, die die Schrift Gottes, die Thora, als das Menschen Gemäßere gelegentlich höher veranschlagen als Gott selbst (J. Habermas, l. c., S. 214 ff.). Die Urspur ist nämlich so gestrickt, daß sie noch jeder denkbaren Urmitteilung der Thora als meilenweit vorausliegend deklariert werden kann und ermöglicht, ständig mit der Schrifttheologie von Juden- und Christentum zu kokettieren und den Verdacht, Theologie zu betreiben, zugleich als haltlos zurückzuweisen. – Wie Habermas und

Als die abendländische Metaphysik den *logos* hypostasierte, da lebte sie zwar über ihre Verhältnisse; denn begründende Rede, so wohlgesetzt sie auch sein mag, ist nur selbst etwas, sofern sie sich auf anderes bezieht, als dessen Darstellung und Deutung sie fungiert, und nichts berechtigt dazu, dieses ihr relatives Dasein zu einem absoluten zu überhöhen. Aber was hier überhöht wurde, war immerhin das höchste Vermögen der Menschheit. An einer Spur hingegen gibt es weit weniger zu überschätzen als am *logos*, sie ist ungleich «relativer» als er, zumal wenn es sich um die Urspur handelt: einen imaginären Strich, den niemand in nichts gezogen hat. Da muß sich die Hypostasierung unverhältnismäßig viel heftiger aufblähen. Auffällig, wie folgsam sie in die Fußstapfen des Theologen Hugo von St. Viktor tritt und die kleine Mogelei mitvollzieht, die dieser beging, als er das Bild von der Weltschöpfung als Inschrift erfand: «Dieses sinnliche Universum ist gleichsam ein Buch, geschrieben mit dem Finger Gottes, das heißt durch göttliche Kraft geschaffen.»[75] Schreiben kann man erst, wenn etwas da ist, *in das* man schreiben kann. Die Schöpfung aus dem Nichts als Schreiben ins Nichts darzustellen ist selbst unter theologischen Vorzeichen widersinnig. Selbst der göttliche Finger kann nicht etwas ins Nichts schreiben, sowenig wie es Gott gelingt, einen Stein zu schaffen, der so schwer ist, daß er ihn selbst nicht fortzubewegen vermag.

Und wie im Himmel, so erst recht auf Erden. Schrift ist nie anders möglich, als daß jemand etwas in etwas einschreibt. *Sich* einschreiben kann niemand unmittelbar. In eine Liste oder ein goldenes Buch trägt man selbstverständlich nicht «sich» ein, sondern seinen Namenszug. Solch abkürzende, verdichtende Redeweise ist völlig legitim, genauso

Derrida in späteren Jahren ihre Differenzen auf sich beruhen ließen, ist übrigens kaum weniger irritierend als ihr Disput. So gewiß es von Souveränität zeugt, daß sie den Streit irgendwann leid waren und sich lieber aufs Gemeinsame besannen, und so wenig Nachrufe der Ort sind, jemandem am Zeuge zu flicken, so drängt sich dennoch die Frage auf: Was bewog Habermas, in einer ersten Reaktion auf Derridas Tod ausgerechnet die «klärende Wirkung» hervorzuheben, die dessen Werk angeblich gerade in Deutschland verheiße (J. Habermas, *Ein letzter Gruß*, in: Frankfurter Rundschau, 11.10.2004, S. 10)?

75 Hugo von St. Viktor, *Eruditio didascalica* VII, 4, zit. n. H. Blumenberg, l. c., S. 53.

wie wenn man sagt: «Der Schock hat sich mir für immer eingraviert» – solange man dabei keinen Augenblick vergißt, es nur mit einer Metapher zu tun zu haben, sonst wird im Nu der Schock zum intendierenden Subjekt – und die Metapher zum okkultistischen Glaubenssatz. In einem kulturellen Umfeld, wo die Redensart, daß eine Sache, Person oder Bedeutung «sich einschreibt», dermaßen gebräuchlich, selbstverständlich, zur Mode wird, daß ihr metaphorischer Charakter verblaßt, daß sie wie bare Münze daherzukommen beginnt, als wäre es tatsächlich so, da gelangt die Sprache an jenen Punkt, wo ihr Natur und Gesellschaft zum Tummelplatz sich selbst ziehender Spuren und sich selbst schreibender Schriften werden und auf High-Tech-Niveau der Animismus fröhliche Urständ feiert.[76] Die kleine identitätslogische Frage, ob denn Spur und Schrift tatsächlich gleichzusetzen sind, ist unter der Würde der *Grammatologie.* Die *différance* suggeriert vielmehr die Indifferenz von Schrift und Spur; sie kehrt an jenen magischen Punkt der Welterschließung zurück, wo man sich die Natur dadurch vertraut zu machen versuchte, daß man alle Spuren als Schrift, als intendiert, bedeutend, als Wink interpretierte und ein Spurenlesen veranstaltete, das zwischen Hineinlesen und Herauslesen nicht

76 Das Wort «Telegraphie», wörtlich: Fernschrift, ist davor gefeit. Es steht für eine Technik, die von Menschen Geschriebenes mit hoher Geschwindigkeit an einen fernen Ort überträgt und dort lesbar macht. Das Wort «Photographie», wörtlich: Lichtschrift, suggeriert hingegen, daß das Licht selbst schreibt. Nicht von ungefähr hieß das erste photographisch illustrierte Buch *The Pencil of Nature.* Dieser Titel ist großartig – als Metapher. Doch sein Autor, William Henry Fox Talbot, nahm ihn wörtlich, als wäre das Licht tatsächlich der Griffel, «by Which Natural Objects May Be Made to Delineate Themselves without the Aid of the Artist's Pencil». So sei Talbots eigenes Landhaus «das erste, von dem man sagen kann, daß es sein eigenes Bild gezeichnet habe» (zit. n. B. Busch, *Belichtete Welt. Eine Wahrnehmungsgeschichte der Fotografie,* Frankfurt am Main 1995, S. 190 und 192). Natürlich schreibt Licht nicht. Es schlägt sich nieder. Und nur an den – aufs Ganze der Natur gerechnet – wenigen und winzigen Stellen, wo Menschen es geschickt auffangen, hinterläßt es Konturen von Objekten. Sofern es dabei in einem übertragenen Sinne als *pencil* fungiert, so sind es die Photographen, die ihn führen und machen, daß er Gegenstände aufzeichnet. Doch das Wort Photographie ist ein authentisches Echo des Zaubers, den ihre ersten Bilder auf die Betrachter ausübten. Es ist animistisch aufgeladen und lädt nachgerade dazu ein, seiner Metaphorik auf den Leim zu gehen.

unterschied. Und ist nicht *différance* ein Zauberwort, hat nicht die Reflexion, die sich darum dreht, die etwas Geheimnisvolles, sich selbst Verleugnendes, keiner Identitätslogik Zugängliches zum Angelpunkt erhebt und es umkreist wie eine Prozession das Allerheiligste, den Gestus des Schamanenhaften? Wie sonst hätten sich ganze geisteswissenschaftliche Konsortien der *Grammatologie* verschreiben können, als sei sie die große philosophische Zäsur, die Offenbarung des neuen Denkens?

Schrift als Marke

Offenbar trifft die Hypostasierung der Schrift zur Urspur den Nerv einer Zeit, in der es auf unerhörte Weise schwierig geworden ist, Spuren zu hinterlassen. Gerade weil eine ganze audiovisuelle Maschinerie ständig aufzeichnet, droht die Fülle des Aufgezeichneten in ihrem nahezu bodenlosen Magen unterzugehen. Gerade weil die Bild- und Tonsequenzen, die sie unablässig aufs Publikum abschießt, ungleich tiefer ins Nervensystem eindringen als Buchstabenfolgen, die einzelnen Eindrücke sich dabei jedoch permanent überstürzen, überlagern, verwischen, ehe sie sich setzen können, tendiert sie dazu, eher abzustumpfen als nachhaltige konturierte Eindrücke zu hinterlassen. Damit hat sie auch die Schrift unter einen historisch neuen Druck gesetzt, unter dem ihre ältesten Eigenschaften wieder in den Vordergrund drängten. In den 1880er Jahren, als die Schreibmaschine erfunden und absehbar wurde, daß die menschliche Handschrift über kurz oder lang zu einem Überbleibsel der vorindustriellen Epoche verkümmern würde, da ausgerechnet erlebte die Handschrift eine unerwartete Wiederbelebung. Durch die industrielle Massenproduktion tendierten die Läden zu Lagern, die Waren zu Stapeln, der Tausch zum anonymen Akt, so daß alles abhanden zu kommen drohte, was einst zum Einkaufen gehörte: daß man die Ladenbesitzer kannte, von ihnen persönlich die Waren angepriesen, zugemessen, abgewogen bekam, mit ihnen ein Schwätzchen über das Wetter und die laufenden Neuigkeiten hielt und so ein Vertrauensverhältnis zu ihnen entwickelte. Und deshalb kamen findige Unternehmer auf die Idee, ihre Dutzendwaren als etwas ganz Persönliches und Besonderes auszugeben: als Marken. Nicht mehr schmackhafte Suppe als solche, sondern *Campbell's Soup*, nicht bloß Konserven, sondern die von Heinz, nicht einfach Haferflocken, sondern *Quaker-Oats*.[77] Zur Marke aber kann eine Ware nur werden, wenn sie verpackt wird und einen Namenszug bekommt. Der geschriebene Eigenname, der auf der altägyptischen Narmer-Platte zur Durchbruchstelle der Lautschrift geworden war, gewinnt in völlig neuem Kontext etwas von seiner alten Aura zurück. Er beginnt an die Stelle des Ladenbesitzers zu treten. Deshalb muß sein Schriftbild etwas Persönliches haben. Es muß wirken, als wäre es die Handschrift des Firmeninhabers, der eigens sein Produkt signiert hat und sich selbst für dessen Güte und Besonderheit verbürgt. Es muß aber nicht nur das Bild einer Handschrift abgeben, sondern sich auch mit dem gemalten oder photographierten Bild einer Person verbinden, die die Markenqualität noch einmal sinnfällig macht. «Aunt Jemina» mit ihrem in schwarzer Hautfarbe strahlenden prallen Gesicht vermenschlicht *Quaker-Oats*-Haferflocken «für eine Bevölkerung, die sich vor der Industrialisierung fürchtet», «Dr. Brown» oder «Old Grand-Dad» sind zur Stelle, um die Seriosität oder Bekömmlichkeit der Marke zu garantieren, die sie verkörpern.[78]

Unter den neuen Anonymitätsverhältnissen des kapitalistischen Markts beginnt eine ähnliche Komplementarität zu walten wie auf der altägyptischen Narmer-Platte. Dort vermochte das Bild zwar die Heldentaten Narmers darzustellen, aber nicht zu sagen, daß er es ist, der sie vollbracht hat. Dazu bedurfte es des Namenszeichens. Aber umgekehrt wäre dieses Zeichen ohne die Taten, für die es steht, abstrakt und nichtssagend. Nicht anders bei der Marke. Der Name für sich, ohne daß er durch etwas Schönes, Gesundes, Beglückendes verherrlicht wird, ist leer, wie umgekehrt die Vorstellung jenes Schönen in der Luft hinge, wäre sie nicht an einem Eigennamen festgemacht. Nur daß unter modernen Bedingungen das Namenszeichen kein eingemeißeltes Piktogramm ist, sondern die schwungvolle Unterschrift. Sie graphisch so zu gestalten und mit einem Porträt zu versehen, daß sie glauben macht, hier wende sich jemand persönlich an seine geschätzte Kundschaft: das ist der Beginn des Markendesigns – und damit dessen, was man inzwischen allenthalben «Logo» nennt. Das ist

77 Cf. N. Klein, *No Logo!*, Gütersloh 2001, S. 28.
78 Op. cit., S. 28.

natürlich ein Kürzel für Logogramm – und durchaus ein Anlaß zum Staunen. Ausgerechnet dort, wo die Krise der alphabetischen Schrift ihre ersten großen Schatten vorauswirft, meldet sich das Logogramm, jene Frühform profaner Schrift, die jahrhundertelang in Wappen, Siegeln, Allegorien und Kalligraphien nur noch ein eher marginales Dasein gefristet hatte, mit der ganzen Wucht industrieller Dynamik zurück. Und nur für diese seine industrielle Form ist das Kürzel «Logo» angebracht. Dessen Ausgangspunkt ist der phonographische Namenszug, und es gestaltet ihn in doppeltem Sinn bildlich: richtet sein Schriftbild suggestiv her und reichert es mit weiteren bildlichen Versatzstücken, zunächst von Personen, bald auch von Gegenständen, an.

Hatte im alten Sumer und Ägypten das kommunikative Ungenügen des Bildes dazu geführt, daß in seinem Raum piktographische, ideographische und schließlich phonographische Elemente zu keimen begannen, so führt nun umgekehrt ein neues kommunikatives Ungenügen der Phonographie dazu, daß in ihren Raum piktographische Elemente zurückkehren und sich an den phonographischen Namenszug ankristallisieren. Von Anfang an geschah das mit knallhartem ökonomischen Kalkül, nämlich um Massenprodukte an Käufermassen zu bringen. Und entsprechend war die ästhetische Maxime, das Logo so knapp und prägnant wie möglich zu gestalten, damit den Kunden in Sekundenschnelle klar werde, was sie kaufen sollten. Aber suggeriert wurde dabei zunächst das Gegenteil von Tempo und Kalkül: Gemütlichkeit, Betulichkeit, vorindustrielle menschliche Nähe. Je mehr freilich die Bevölkerung in die kapitalistischen Produktions- und Konsumverhältnisse eingeübt wurde, desto weniger hatte die Markenwerbung den Schein des Vorindustriellen nötig, und er verblaßte zusehends, als der Film seinen Siegeszug antrat, neue Wahrnehmungsmaßstäbe setzte und das Logo dazu nötigte, sich ihnen anzumessen, mit der Schnelligkeit und dem Nachdruck zu wirken, die eine Filmeinstellung haben muß, wenn sie die wenigen Sekunden ihrer Dauer dazu nutzen will, sich tief einzuprägen.

Dafür haben die Werbefachleute inzwischen einen drastischen Namen erfunden: *branding*. Logos müssen, wenn sie ihre Chance wahrnehmen wollen, nicht nur durch und durch zeitgemäße, sondern auch derart scharfe und prägnante Züge haben, daß sie sich ruckartig mitteilen – gleichsam einbrennen. Damit aber beginnen sie die Geschichte der Schrift im Zeitraffer rückwärts zu durcheilen. Gerade dort, wo sie besonders zeitgemäß, raffiniert, ausgetüftelt sind, bekommen sie das Ansehen von Brandzeichen und rühren die Vorgeschichte der Logographie wieder auf: Schrift als das archaische Eigenzeichen, das ein Stamm seinem Vieh, ein Herrscher seinen Sklaven einbrennt oder -schneidet. Damit nicht genug. Um das *branding* herum hat sich längst eine ganze Markenpolitik entwickelt, die darauf aus ist, nicht bloß einzelnen Produkten ein Markenzeichen zu verschaffen, sondern ganzen Firmen oder Konzernen eine Markenidentität. Man finanziert Sport- und Kulturevents, Kataloge und Bücher unter der Bedingung, daß sie das Logo des Sponsors tragen, man bringt dieses Logo mit Kriegsbildern, sozialen oder ökologischen Mißständen in Verbindung, um zu zeigen, daß man für Frieden, Gerechtigkeit und eine gesunde Natur ist. Man reklamiert ganze Landschaften, kulturelle Besonderheiten, soziale Einstellungen, Lifestyles für sein Logo. Und wenn man das *branding* so professionell betrieben hat, daß schon die flüchtigste Wahrnehmung des Logos genügt, um es zu identifizieren – für den Bruchteil einer Sekunde den *Swoosh* von Nike, den Stern von Mercedes, das M von McDonald's sehen, und man weiß Bescheid –, dann ist der Umschlagspunkt erreicht, wo das *branding* durch eine Marke in die Selbstmarkierung durch eine umfassende Firmenidentität übergeht, und es tut sich auf dem avanciertesten Stand des Logos die älteste Dimension der Schrift auf: sich selbst ein Zeichen anbringen, durch das man sich dem Schutz einer höheren Macht unterstellt.

Das geschieht keineswegs nur metaphorisch. Naomi Klein hat bemerkt, «daß zur markenpolitischen Strategie von Nike ein Symbol gehört, das wie ein Häkchen aussieht. Nike hakt die Räume ab, die es geschluckt hat. Supermärkte? Abgehakt. Hockey, Baseball, Fußball? Abgehakt. Abgehakt. Abgehakt. T-Shirts? Abgehakt. Hüte? Abgehakt. Unterwäsche? Abgehakt. Schulen? Badezimmer? Abgehakt. Abgehakt. Da der Konzern im Branding von Kleidung führend ist, überrascht es nicht, daß er auch bei der letzten Grenzüberschreitung der Markenpolitik führend ist, dem Branding von menschlichem Fleisch. Nicht nur haben Dutzende von Nike-Angestellten einen Swoosh auf die Waden tätowiert, in den Tattoo-Salons der USA ist der Swoosh die meistgefragte Tätowierung.»[79] In den siebziger Jahren, als die hochindustrialisierten Lebensverhältnisse einen Grad von Informalität erreicht hatten, daß es schien, als könne jeder sich herrichten und kleiden, wie er wolle, hätte kaum jemand den Drang und Zwang zu Abzeichen, Emblemen, Insignien für möglich gehalten, der in den neunziger Jahren vor allem unter Jugendlichen um sich griff. Irokesenschnitt oder Glatze, rote oder schwarze Schnürsenkel, Haargel, Turnschuhe, T-Shirts, Jeans dieser oder jener Firma, das Label dieser oder jener Musikgruppe: auf einmal wurden solche Merkmale zur streng überwachten Bedingung dafür, zu einer bestimmten Gruppe oder Szene gehören zu dürfen. Was ein Jahrhundert zuvor als Markenzeichen klein angefangen hatte, stieg nun in den Rang eines sozialen Charakters auf. «Charakter» heißt, wörtlich übersetzt, Prägung. Und die Tendenz geht dahin, alles, was nicht durch eine Marke geprägt ist, als charakterlos erscheinen zu lassen. Längst ist das Logo nicht mehr aufs Kommerzielle beschränkt. Es ist in alle Poren des sozialen Verkehrs eingedrungen. Keine Behörde, Bürgerinitiative oder Fortbildungseinrichtung kommt mehr ohne Logo aus, und selbst die kleinen Zeichen, mit denen Jugendliche sich von anderen zu unterscheiden suchen, und sei es auch nur das Loch im Hosenbein oder Hemdsärmel, nehmen sich aus wie Logos. Ohne Logo sein heißt unmarkiert sein, ein unbeschriebenes Blatt, ohne Zugehörigkeit, ohne Identität sein – verloren sein.

Schrift gewinnt unter solchen Bedingungen ihren Elementarsinn von Spur zurück, und die Spur ist am nachdrücklichsten dort, wo sie nicht nur auf Kleidungsstücke oder ins Gedächtnis eingedrückt wird, sondern in lebendiges Fleisch. Deshalb ist das Beispiel von Nike so instruktiv. Wenn Angestellte und Kunden sich freiwillig mit dem *Swoosh* tätowieren lassen, spielt die Firma tatsächlich die Rolle einer sinnstiftenden höheren Macht, in deren Kraftfeld man eintritt, indem man sich ihr Zeichen in die Haut ätzen läßt. Es ist tatsächlich das Kainszeichen, das hier wiederkehrt, aber als Mode. Marken sind zwar im Kapitalismus des 20. Jahrhunderts zu real existierenden höheren Mächten aufgestiegen, aber jeder merkt doch auch, wie vordergründig und armselig der Sinn ist, den sie stiften, wie sehr er im Stich läßt, sobald man wirklich in Not ist. Moden sind, wie Walter Benjamin so schön

79 Op. cit., S. 73.

sagt, die «geheimen Flaggensignale der kommenden Dinge»,[80] und in der weltweit expandierenden Mode des Tattoo und Piercing artikuliert sich ein Gespür für kommende Spurlosigkeit. In einer architektonischen Umgebung der glatten Flächen von Beton, Metall, Glas und Plastik, wo nichts haftenbleibt, in einer medialen Umgebung von Bildschirmen und Displays, wo Bilder und Töne ebenso jäh erscheinen wie wieder verschwinden, wo ein Druck auf die falsche Computertaste ganze Dateien löscht, droht doppelte Spurlosigkeit. Nicht nur, daß man in dieser Welt keine Spuren mehr hinterlassen kann, die darauf hindeuten, daß man darin gelebt hat – weswegen bei Jugendlichen das heftige Bedürfnis umgeht, an Beton-, Metall- und Glaswänden Schrammen, Macken, Farbe zu hinterlassen, kein öffentliches Gebäude und Verkehrsmittel unbesprüht zu lassen oder kurz vor der Inbetriebnahme stehende Kinos, Einkaufszentren, Fabriken für eine Nacht zum Schauplatz einer rauschenden Technoparty zu machen. Umgekehrt droht diese Welt auch ihrerseits, je mehr sie sich in Film- und Datenspeichern niederschlägt, um so weniger nachhaltige Wahrnehmungs- und Gedächtnisspuren in den lebendigen Individuen zu hinterlassen. Sich in einer solchen Situation Ringe durch Nase, Lippe oder Bauchnabel ziehen, sich Zeichen in die Haut eingravieren lassen: das heißt, sich selbst zu einem lebendigen Mahnmal gegen Spurlosigkeit zu machen. Der Stich ins eigene Fleisch zieht nicht nur eine äußere Spur, sondern auch eine innere. Er verschafft nämlich eindeutige, klar lokalisierbare Empfindungen, die dem gesamten Nervensystem, vom Gleichgewichtssinn bis zu den höchsten Wahrnehmungsleistungen, eine unzweifelhafte Orientierung geben, um nicht zu sagen, einen Halt. Der Schmerz, den ich verspüre, versichert mich meiner Existenz. Ich erlebe ihn, also lebe ich. *Sentio, ergo sum.* Das ist durchaus ein Akt existentieller Selbstvergewisserung, andrerseits bloß ein Modeschmerz. Er tut weh, aber er ist auch ein schickes Prickeln. Er beschwört den ganzen Ernst des Kainszeichens wieder herauf, aber auf unernste Weise. Er begehrt auf gegen eine spurlos werdende Welt, aber im Dienste der Markenzeichen. Widerstand und Konformismus fallen in ihm bis zur Ununterscheidbarkeit ineinander.

80 W. Benjamin, *Das Passagen-Werk*, Gesammelte Schriften (ed. R. Tiedemann/H. Schweppenhäuser), Bd. V 1, Frankfurt am Main 1982, S. 112.

Vielleicht kommt man der philosophischen Hypostasierung der Schrift, die von Frankreich aus in den siebziger Jahren ihren Siegeszug durch die geisteswissenschaftliche Welt angetreten hat, am ehesten auf die Schliche, wenn man sie als eine etwas überspannte Philosophie der Markenzeichen verstehen lernt. Massenartikel haben nur dann gute Aussichten auf Verkauf, wenn sie als besondere daherkommen. Nicht Benzin oder Auto überhaupt, sondern das spezielle der und der Firma. Das Benzin von Shell ist dadurch definiert, anders zu sein als das von Aral oder BP, obwohl es auch nur ganz gemeines Benzin ist. Seine Identität besteht darin, anders zu sein als die anderen, und genau das ist die philosophische Leistung der Marke: Allgemeines als Besonderes darzustellen, Identität als Differenz. Ihr Namenszug markiert die Differenz als solche, und die hervorzukehren hat man in einer Welt, wo nicht nur die Produkte, sondern auch die Verkaufslandschaften, sogar die globalen Innenstädte einander immer ähnlicher werden, allen Anlaß. Nicht zu reden von den Menschen. Auch sie müssen sich ständig markieren, auffallen, demonstrieren, daß sie anders sind als die anderen, wenn sie unter massenmedialen Perzeptionsbedingungen überhaupt noch als Individuen wahrgenommen werden wollen.

Es ist wohl kein Zufall, daß erst in einer Zeit, wo die Marke von einer Verkaufsbedingung zur allgemeinen Wahrnehmungsbedingung, von einem Zeichen auf Produkten zum umfassenden Identitätszeichen überging, sich auch der philosophische Drang regte, die «Differenz an sich» zu hypostasieren und der Identitätslogik den Abschied zu geben. Das war ein durchaus kritisch gemeintes, wenn auch im Kern undialektisches Unternehmen, das an die politische Abweichungsmentalität anknüpfte, die in den sechziger Jahren von einer über die ganze westliche Welt verbreiteten Protestbewegung erzeugt wurde. Als Parteinahme für den Nonkonformismus in dieser Bewegung, für das Sprechen ohne Vormund, zu dem politisch engagierte Frauen, Gefangene oder Homosexuelle damals ansetzten, war es aller Ehren wert. Als Versuch, die Differenz als solche zu denken und sie als epochale Befreiungskraft zu proklamieren, war es vorab überspannt und machte die Rechnung zudem ohne den Wirt: die kapitalistische Markenwelt. Die exerzierte die Hypostasierung der Differenz ja selbst gerade vor. Und während der Schrift als Buchstabenfolge, als Bedeutungsgestell dabei das Rückgrat brach und jene Entfesselung und Delinearisierung des Textes in Gang kam, für die der Hypertext sprichwörtlich geworden ist, begann Schrift in ihrer ältesten Form, als Marke, als Spur wiederaufzuerstehen und sich als Differenz schlechthin zu definieren.

Das Denken von «Schrift und Differenz», wie es namentlich Deleuze und Derrida zelebrierten, hat diesem sozialen Prozeß die höhere philosophische Weihe verliehen. Differenz an sich selbst, sich selbst schreibende Schrift, Spur als solche: das sind seither Begriffe mit hoher Reputation. Aber zum Faszinosum wurde die Differenz erst, als sie selbst noch einmal so etwas wie eine Marke bekam, nämlich eine besondere Schreibweise, die ihr das Ansehen des bis zur Unfaßbarkeit Ungewöhnlichen gab: *différance*. Sie ist das philosophische Siegel eines neuen Kults. Mag die abendländische Metaphysik auch zusammenbrechen – die Schrift bleibt. Sie ist der ungedachte Untergrund allen Denkens. Wohin wir auch kommen, da ist sie als Urspur, als *différance* immer schon gewesen. Was kann es im Zeitalter drohender Spurenlosigkeit Willkommeneres geben als eine solche Urspur? Daß sie unauffindbar ist, das gerade macht sie so kostbar; es bürgt für ihre Unauslöschlichkeit. Wie keine Identifikation und keine Kritik an sie herankommt, so auch keine mikroelektronische Revolution. Sie ist der *deus absconditus* des Digitalzeitalters: verbirgt sich nicht nur dem identifizierenden Zugriff der an sie glaubenden Gemeinde, sondern verbirgt auch, daß sie ganz identitätslogisch nach dem Muster Gottes gestrickt ist – womit sie obendrein dieser Gemeinde verbirgt, daß sie eine Kultgemeinde ist, und ihr hilft, sich als *scientific community* zu mißdeuten, der es um nichts zu tun sei als die unerbittliche Kritik an allem, was noch identitätslogisch daherzukommen wagt. So kann sich eine Reihe von Mißverständnissen wechselseitig stützen und verstärken und sich zu einem hermeneutischen, um nicht zu sagen, hermetischen Zirkel ganz eigener Art verdichten: Wer nicht eintritt, kann nicht mitreden.

6

DER GENETISCHE CODE

Doppelhelix und «Code»

In Rosetta, einem kleinen Ort im Nildelta, fanden Napoleons Truppen 1799 einen schwarzen Basaltstein mit einer Inschrift in dreifacher Ausfertigung: in hieroglyphischen, demotischen und griechischen Schriftzeichen. Ägyptische Priester hatten, wie sich bald herausstellte, im Jahr 196 vor Christus für nötig erachtet, ein und denselben kultischen Text in drei verschiedenen Idiomen festzuhalten. Offenbar verstand sich schon in der Zeit des Hellenismus die alte ägyptische Schrift nicht einmal am Nil mehr von selbst, und wenige Jahrhunderte später ging die Fähigkeit, sie zu lesen, ganz verloren. Was jedoch blieb, war ihre rätselhafte Bildlichkeit. Die Faszination einer schönen Unbekannten begann von ihr auszugehen. Schon in der römischen Kaiserzeit; da wurden nämlich reichlich Obelisken und Reliefs aus dem unterworfenen Ägypten nach Oberitalien geschafft. Doch selbst das Christentum behielt einen geradezu unverhältnismäßigen Respekt vor jenen Überbleibseln einer versunkenen Epoche, die es eigentlich nur als Götzenwerk hätte erachten müssen. Und als in der Renaissance sich die Christlichkeit lockerte und der Buchdruck im Begriff stand, die alphabetischen Zeichen inflationär und gewöhnlich zu machen, da entstand ein neues Gefühl für den Seltenheitswert der Hieroglyphen. Es wuchs ihnen die Aura einer nur noch erahnbaren höheren Mysterienweisheit zu. «Die ägyptischen Priester benutzten nicht einzelne Buchstaben, um Mysterien zu verkünden, sondern ganze Bilder von Pflanzen, Bäumen und Tieren; denn Gott hat Kenntnis von den Dingen *nicht* durch eine Vielfalt von Denkvorgängen, sondern vielmehr als einfache und bestimmte Form des Dinges.»[1] So mut-

1 M. Ficino, zit. n. R. Wittkower, *Hieroglyphen in der Frührenaissance*, in: ders., *Allegorie und der Wandel der Symbole in Antike und Renaissance*, Köln 1984, S. 222.

maßte Marsilio Ficino. Und Erasmus von Rotterdam: «Denn sie hielten es für eine Profanierung, die Mysterien der Weisheit in gewöhnlicher Schrift dem gemeinen Volke preiszugeben, wie wir es tun. Wenn sie daher etwas für wissenswert erachteten, dann stellten sie es mit Bildern von Tieren oder Sachen dar, jedoch so, daß es nicht für jedermann ohne weiteres verständlich war.»[2]

In die fremde Schönheit der Hieroglyphen ließen sich wunderbar alle ungelösten Welträtsel hineinprojizieren. Andrerseits wurde gerade dadurch der Ehrgeiz angestachelt, ihrer Bedeutung auf die Schliche zu kommen und, nach ihrem Vorbild, auch die Phänomene der Natur als Kalligraphien, als Allegorien eines geheimen Sinns zu lesen. Solche Phantasmagorien und Phantastereien haben die Entfaltung der modernen Naturwissenschaften begleitet wie der Schatten das Licht.[3] Selbst der nüchterne Kant hat die Natur noch unter zwei verschiedenen Gesichtspunkten betrachtet: einerseits als Mannigfaltigkeit von Sinnesdaten, in die nur dadurch Ordnung kommt, daß wir, die vernunftbegabten Lebewesen, sie unter die Regeln unseres Verstandes bringen;[4] andrerseits als einen Reichtum von sinnlichen Gestalten, die erscheinen, als wären sie in sich selbst zweckmäßig strukturiert.[5] In einer Hinsicht immerhin setzte der dreisprachige Basaltstein eine Zäsur. Er entzog der Mystifikation der Hieroglyphen die Legitimation. Insofern war er ein Beutestück der französischen Aufklärung. Wie einst die Obelisken nach Rom, so wurde er nun im Triumphzug nach Paris geführt. Und dort hielt er, was er versprach. Von einem bekannten Code aus, dem griechischen Alphabet, ließ sich ein unbekannter, der hieroglyphische, nahezu Wort für Wort entschlüsseln.

Der Stein von Rosetta hat nicht nur die Ägyptologie ermöglicht. Er gilt seither als Symbol für epochale Entschlüsselungsleistungen. Besonders gern reklamieren Biowissenschaftler ihn für sich. «Was wäh-

2 Erasmus von Rotterdam, *Adagia selecta – Ausgewählte Sprichwörter, II 1, 1*, in: ders., *Ausgewählte Schriften*, Bd. VII, Darmstadt 1972, S. 475.

3 Cf. W. Bock, *Bild – Schrift – Cyberspace. Grundkurs Medienwissen*, Bielefeld 2002, S. 132 ff.

4 Cf. I. Kant, *Kritik der reinen Vernunft*, l. c., Bd. III, S. 97 ff.

5 Cf. I. Kant, *Kritik der Urteilskraft*, l. c., Bd. X, S. 469 ff.

rend des letzten Jahrzehnts in der Genetik geschah», so der Genetiker und Nobelpreisträger George Beadle 1966, «ist mit der Entdeckung des Steins von Rosetta vergleichbar. Die unbekannte molekulare Sprache war in der DNS niedergelegt. [...] die Entzifferung des DNS-Codes hat zutage gebracht, daß wir im Besitz einer Sprache sind, die älter als die Hieroglyphen ist, einer Sprache, die so alt ist wie das Leben selbst, einer Sprache schließlich, die die lebendigste aller Sprachen ist – auch wenn ihre Buchstaben unsichtbar sind und ihre Worte tief in den Zellen unserer Körper verborgen liegen.»[6] Auch in James Watsons 1967 erschienenem Rückblick auf seine große Jugendzeit Anfang der fünfziger Jahre, wo ihm gemeinsam mit Francis Crick die Entdeckung der DNS-Struktur gelang, kommt der Stein von Rosetta vor, aber nur als beiläufige Redensart und zudem verneinend.[7] Nichts deutet darauf hin, daß der Forschungsprozeß damals tatsächlich darin bestanden habe, von einem bekannten Code aus einen unbekannten zu entschlüsseln.[8] Watson schildert vielmehr, wie ein Wust aus ganz disparaten Erkenntnissen, Hypothesen, Indizien, vagen Ver-

6 G. und M. Beadle, *Die Sprache des Lebens*, 1966, dt. Frankfurt am Main 1969, S. 215.

7 Crick sei seit Beginn ihrer Zusammenarbeit überzeugt gewesen, «daß die Proteine nicht der Stein von Rosette für die Entschlüsselung des wahren Geheimnisses des Lebens waren» (J. D. Watson, *Die Doppelhelix*, 1967, dt. Reinbek 1973, S. 35).

8 *Codex* ist das lateinische Wort für Baumstamm, geht dann auf die Holztafel über, in die Schriftzeichen eingekerbt wurden, und schließlich auf die Schrift selbst, vornehmlich mit juridischem Akzent. *Codex iuris* ist die Rechtssatzung. Wählt man dafür eine etwas allgemeinere Terminologie und definiert *codex* als die schriftlich festgehaltenen Regeln eines Kollektivs, so wird verständlicher, warum das Lehnwort «Code» sich semantisch so bequem hat ausdehnen können: von den Rechtsregeln auf die Schrift- und Sprachregeln generell, so daß nun auch die Sprache eines Volks, einer Klasse, einer wissenschaftlichen Disziplin zum «Code» wurden, vor allem aber jene neu erfundenen, die sich nur schreiben, aber nicht sprechen lassen: das Morsealphabet, die mathematischen Programmiersprachen und überhaupt alle verschlüsselten Zeichensequenzen oder «Geheimschriften», die vor Unbefugten geschützt werden sollen. Vor allem in dieser letzten Bedeutung ist «Code» in den Diskurs der Genetik eingegangen: als die Geheimschrift des Lebens, die es zu entschlüsseln gelte.

dachtsmomenten und bestimmten Obsessionen sich durch unvorhersehbare Synergieeffekte schließlich zu einer abenteuerlichen Synthesis fügte.

Die markantesten Teile des Puzzles waren diese: 1. Man wußte zwar, daß die Chromosomen das gesamte Erbgut enthalten und zu gleichen Teilen aus Nukleinsäure und Protein bestehen, aber erst seit der Bakteriologe Oswald Avery 1944 «erbliche Eigenschaften durch gereinigte DNS-Moleküle von einer Bakterienzelle auf die andere übertragen»[9] hatte, gab es ein starkes Indiz dafür, daß die DNS[10] grundsätzlich der Sitz des Erbguts sein könnte und nicht, wie bisher allgemein angenommen, Proteine. 2. Dem Physiker Maurice Wilkins waren sogenannte Röntgenbeugungsaufnahmen der DNS gelungen, die möglicherweise «von einer kristallinen Substanz» zeugten und den Verdacht weckten: Wenn Gene «kristallisieren konnten», dann «mußten sie eine regelmäßige Struktur besitzen, die man auf direkte Weise ermitteln konnte».[11] 3. Der Chemiker Linus Pauling hatte herausgefunden, daß Proteinmoleküle die Struktur einer Helix haben, womit sich eine Analogie aufdrängte: Wenn Proteine stets Helixform haben, warum dann nicht auch die DNS? 4. Noch in anderer Hinsicht war Paulings Fund inspirierend. Er war «ein Produkt des gesunden Menschenverstandes und nicht das Ergebnis komplizierter mathematischer Überlegungen». Er verdankte sich dem «Vertrauen auf die einfachen Gesetze der Strukturchemie. Die Alphahelix war nicht etwa durch ewiges Anstarren von Beugungsaufnahmen gefunden worden. Der entscheidende Trick bestand vielmehr darin, sich zu fragen, welche Atome gern nebeneinander sitzen. Statt Bleistift und Papier war das wichtigste Werkzeug bei dieser Arbeit ein Satz von Molekülmodellen, die auf den ersten Blick dem Spielzeug in Kindergärten glichen. Wir sahen also keinen Grund, warum wir das DNS-Problem nicht auf die gleiche Weise lösen sollten. Alles, was wir zu tun hatten, war, einen Satz Molekülmodelle zu bauen und dann damit zu spielen».[12] 5. Der Chemiker Erwin Chargaff hatte Trennungsmethoden entwickelt, durch

9 J. D. Watson, l. c., S. 35.

10 Desoxyribonukleinsäure; englische Abkürzung: DNA.

11 Op. cit., S. 51.

12 Op. cit., S. 64.

die sich kleinste Mengen von Nukleinsäurebestandteilen (Purine und Pyrimidine) separieren und identifizieren ließen, und dadurch «in der DNS vier Arten von Nukleotiden» dingfest gemacht. «Doch waren die vier Nukleotide nicht absolut verschieden voneinander: Jedes enthielt die gleichen Zucker- und Phosphatbestandteile. Der besondere Charakter jedes Nukleotids lag in seiner Stickstoffbase, die entweder ein Purin (Adenin oder Guanin) oder ein Pyrimidin (Cytosin oder Thymin) war.»[13]

Da sind sie, die vier Stickstoffbasen, winzige Naturelemente, die nur in der Größenordnung von millionstel Millimetern gemessen werden können und bald unter ihren Initialen A, C, G, T als Buchstaben des Lebens prominent werden sollten. Eigentlich ging es jetzt nur noch darum, wie diese Basen zusammengehören. Aber da gab es tausend Möglichkeiten, und, bis man die richtige heraushatte, ein aufreibendes Hin und Her zwischen geduldigem Tüfteln und plötzlichen Eingebungen. «Denn nichts war einfacher, als eine geeignete Reihe von Atomkontakten so zusammenzubasteln, daß jeder einzelne fast akzeptabel aussah, während das Ganze energetisch unmöglich war.»[14] Ohne die Vorstellung eines plausiblen Ganzen, einer bestimmten Gesamtstruktur, zu der sich die Einzelteile fügen könnten, fehlte der Detailarbeit die übergreifende Orientierung. Watson hatte eine solche Vorstellung, um nicht zu sagen, eine Obsession. Seine fieberhafte Bastelei an Molekülmodellen geschah mehr und mehr auf eine bestimmte Figur hin, die ihm in einem ganz wörtlichen Sinne als Vision vorschwebte. Schließlich kamen seine Berechnungen mit ihr überein. Als sich dann auch noch herausstellte, «daß zumindest eine typische, aus zwei komplementären Ketten bestehende Helix stereochemisch möglich war», «aßen wir zu Mittag und versicherten uns gegenseitig, daß eine so hübsche Struktur einfach existieren mußte».[15] Man unterschätze bei der Synthesis, die hier stattfand, nicht den ästhetischen Faktor: die enorme Faszination, die von der ebenso einfachen wie elegant verschlungenen Form der Helix ausging. Sie ergab ein als besonders stimmig empfundenes Bild, und siehe da, die von Chargaff

13 Op. cit., S. 67.
14 Op. cit., S. 180.
15 Op. cit., S. 183.

herausgefundenen Basen ließen sich als regelmäßige, komplementäre Abfolge von A-T- und C-G-Kombinationen in diesen Bildraum zweier einander wie ein Flechtwerk umwindenden Spiralen eintragen. Die Abfolge dieser Elemente hat Buchstabenähnlichkeit, die Doppelhelix selbst hingegen ist weder ein Code noch ein Text oder ein Alphabet, sondern eben eine Figur.

Und warum redete schon ein Jahrzehnt später alle Welt vom «genetischen Code»? Darüber unterrichtet *Das Buch des Lebens* der Molekularbiologin und Wissenschaftshistorikerin Lily E. Kay: eine unerhört kenntnisreiche Sprach- und Metapherngeschichte der Genforschung, die exemplarisch darstellt, wie moderne «Bedeutungsregime»[16] entstehen. Die Einführung der Rede vom genetischen Code, so ihre These, «ist ein ‹Epochenstück›, ein Anzeichen für das Auftauchen des Informationszeitalters».[17] Noch in den vierziger Jahren nannte man das, was in den Genen steckt, allenthalben «biologische Spezifität», nicht Information. Nur einer hatte schon einmal einen kleinen Ausflug in die Vorstellungswelt von Sprache und Schrift unternommen: der Physiker Erwin Schrödinger. Er war fasziniert vom Erbvorgang. Organismen sind bei der Fortpflanzung in der Lage, ihren Nachkommen regelmäßig einen geordneten Satz ihrer eigenen Eigenschaften mitzugeben. Da war etwas, was die Physik nicht erklären konnte. Sie hatte zwar herausgefunden, daß die Elementarbestandteile der Natur, die einzelnen Atome, durch Wärme in ungeordneter Weise hin und her bewegt werden. Erst wenn eine sehr große Zahl von ihnen in ein bestimmtes Magnetfeld gerät, nehmen sie eine Ordnung an und fügen sich zu bestimmten Gasen, Flüssigkeiten oder Festkörpern, deren Zusammenhalt jedoch durch die sogenannte Entropie, will sagen, die Wärmebewegung, «welche auf eine ungleichmäßige Ausrichtung hinarbeitet»,[18] unablässig hintertrieben und schließlich aufgelöst wird. Alle Ordnung, so der physikalische Befund, ist etwas bloß Statistisches: eine Regelmäßigkeit, die sich erst bei großer Zahl einstellt. Wie aber, wenn sich herausstellt, daß diese Art von Regelmäßigkeit beim Erbvorgang gar nicht stattfinden kann,

16 L. E. Kay, *Das Buch des Lebens. Wer schrieb den genetischen Code?* München 2001, S. 133.

17 L. E. Kay, l. c., S. 19.

18 E. Schrödinger, *Was ist Leben?*, 1944, dt. München 1989, S. 43.

weil die Chromosomen, jene winzigen Fädchen, in denen das Erbgut steckt, dafür viel zuwenig Atome enthalten? Dann muß es, so Schrödinger, in der Natur noch eine andere Ordnung geben als die statistische, eine, die die Entropie nicht nur durch große Zahl überspielt, sondern sich ihr im kleinen aktiv widersetzt, wenn auch ohne Chance, sie jemals entkräften zu können.

Zur Bezeichnung dieser anderen Ordnung, die ihm die Grenzen der Physik aufzeigte und die Genetik als die Wissenschaft der Zukunft erscheinen ließ, hatte er vorerst nur ein Hilfswort: «negative Entropie».[19] Er definierte sie zwar mathematisch: «Wenn D ein Maß der Unordnung ist, so kann der reziproke Wert $^1/D$ als direktes Maß der Ordnung betrachtet werden.» Aber dadurch wurde nicht klarer, worin sie eigentlich besteht, genausowenig wie durch diesen Satz: «Der Kunstgriff, mittels dessen ein Organismus sich stationär auf einer ziemlich hohen Ordnungsstufe (einer ziemlich tiefen Entropiestufe) hält, besteht in Wirklichkeit aus einem fortwährenden ‹Aufsaugen› von Ordnung aus seiner Umwelt.»[20] Hier wird Ordnung durch Ordnung erklärt. Schrödinger merkte selbst, daß das nicht weiterführt. Und so umkreiste er die «negative Entropie» mit verschiedenen Metaphern, unter anderem auch so: «In diesen Chromosomen [...] ist in einer Art Code das vollständige Muster der zukünftigen Entwicklung des Individuums und seines Funktionierens im Reifezustand enthalten. Jeder vollständige Chromosomensatz enthält den ganzen Code. [...] Wenn wir die Struktur der Chromosomen einen Code nennen, so meinen wir damit, daß ein alles durchdringender Geist, dem jegliche kausale Beziehung sofort offenbar wäre – wie Laplace ihn sich einmal vorgestellt hat –, aus dieser Struktur voraussagen könnte, ob das Ei sich unter geeigneten Bedingungen zu einem schwarzen Hahn, einem gefleckten Huhn, zu einer Fliege oder Maispflanze, einer Alpenrose, einem Käfer, einer Maus oder zu einem Weibe entwickeln werde.» Solche Redeweise wurde aber sogleich unter Vorbehalt gestellt. «Der Begriff ‹Code› ist selbstverständlich zu eng. Die Chromosomenstrukturen tragen gleichzeitig dazu bei, die Entwicklung, welche sie ahnen lassen, hervorzubringen. Sie sind zugleich Gesetzbuch und ausübende Gewalt, Plan des Architekten und

19 Op. cit., S. 126.
20 Op. cit., S. 129.

Handwerker des Baumeisters.»[21] Und daher war «Code» für Schrödinger nie mehr als eine unter mehreren Metaphern für jene «negative Entropie», deren Inneres ihm verschlossen blieb.

1946 hatte Watson, achtzehnjährig, eine Rezension von Schrödingers Buch gelesen. Seither wollte er «wissen, was ein Gen ist».[22] Im selben Jahr war Crick auf das Buch gestoßen – «[e]in entscheidender Grund, warum er die Physik aufgab und sich mehr und mehr für die Biologie interessierte».[23] Als die beiden 1953 in der Zeitschrift *Nature* ihre zwei ineinander gewundenen Spiralen von A-T- und C-G-Basen als die Gestalt der DNS vorstellten, nahmen sie auch eine terminologische Weichenstellung vor. Sie erklärten es für «wahrscheinlich, daß die präzise Sequenz der Basen der Code ist, der die genetische Information überträgt».[24] Mag diese Wortwahl auch einen Gruß an jenen Mann enthalten, dem die beiden ihr wissenschaftliches Erweckungserlebnis verdankten; sie ging weit darüber hinaus. Für Schrödinger war die genetische Struktur noch *wie* ein Code. Bei Watson und Crick *ist* sie ein Code und überträgt «genetische Information» – ein Begriff, den Schrödinger mied, während ihnen daran lag, ihre große Entdekkung jenem Informationsdiskurs einzugliedern, der seit den vierziger Jahren von den USA aus um sich gegriffen hatte.

Informationsdiskurs

Dieser Diskurs war ein Kind des Zweiten Weltkriegs, der Mathematiker Norbert Wiener einer seiner Pioniere. Er arbeitete zu Beginn der vierziger Jahre, übrigens in der Abteilung von Vannevar Bush, für die amerikanische Flugabwehrartillerie. Unter anderem sollte er ihre Geschütze intelligent machen und «eine Methode finden, die zukünftige Position des Flugzeuges vorherzusagen», um «das Geschoß nicht auf das Ziel abzuschießen, sondern so, daß Geschoß und Ziel im Raum zu einem späteren Zeitpunkt zusammentreffen».[25] Dafür erwies sich ein

21 Op. cit., S. 56 f.

22 E. P. Fischer, *«Was ist Leben?» – mehr als vierzig Jahre später*, in: E. Schrödinger, l. c., S. 18.

23 J. D. Watson, l. c., S. 35.

24 Zit. n. L. E. Kay, l. c., S. 94.

25 N. Wiener, *Kybernetik. Regelung und Nachrichtenübertragung im Lebewesen und in der Maschine*, 1948, dt. Düsseldorf und Wien 1963, S. 30.

Prinzip der Regelungstechnik als entscheidend: die Rückkoppelung. Ein Thermostat zum Beispiel hat «eine Einstellvorrichtung für die gewünschte Raumtemperatur»; «wenn die wirkliche Temperatur des Hauses unter dieser liegt, wird ein Apparat in Gang gebracht, der die Drosselklappe öffnet oder den Zufluß des Heizöls verstärkt und die Temperatur des Hauses bis zur gewünschten Höhe bringt».[26] Wieners Pointe war, diese Art von Regelung als Nachrichtenübertragung zu interpretieren, als «sende» der jeweilige Temperaturstand der Drosselklappe den Befehl, sich zu heben, zu senken oder konstant zu bleiben. Ähnlich mußte es auch mit dem Flugzeug gehen. Wenn sich seine Flugbahn als Sender erfassen ließ, der der Kanone am Boden vorhersagte, wohin sie in welchem Moment ihren Lauf zu richten habe, dann war sein Abschuß so gut wie sicher. Und kamen Organismen etwa ohne solche Sendeprozesse aus? Wenn man sich bückt, um einen Bleistift aufzuheben, «muß es bewußt oder unbewußt eine Nachricht zum Nervensystem geben über den Grad, zu dem der Bleistift zu jedem Augenblick noch nicht erreicht ist».[27] Nur durch ständige Rückkopplung mit ihrem Ziel kann, so Wiener, eine Absicht in die Tat umgesetzt werden. Und Rückkopplung *war* für ihn Nachrichtenverbindung. Ob die Nachricht oder Botschaft (*message*) jeweils «durch elektrische, mechanische oder nervliche Mittel übertragen wird», war demgegenüber zweitrangig, entscheidend vielmehr: «Die Nachricht ist eine zeitlich diskret oder stetig verteilte Folge meßbarer Ereignisse.»[28]

Unter dieser Voraussetzung schien es möglich, alle mechanischen, chemischen, organischen und Verständigungsprozesse als Nachrichtenprozesse zu fassen, zu messen, zu steuern. Und *Kybernetik*, das aus dem Griechischen entlehnte Wort, mit dem Wiener seine neue Wissenschaft benannte, heißt ja «Steuerung». Das englische *government* kommt daher. Die Überzeugung, die Francis Bacon in seiner Sozialutopie *Neu Atlantis* gleichsam träumend vorgetragen hatte, nämlich daß man nur das vollends erkenne, was man selber zu machen oder zu steuern wisse[29] – sie sollte nun zur wissenschaftlichen Realitätstüch-

26 Op. cit., S. 147.

27 Op. cit., S. 34.

28 Op. cit., S. 35.

29 Cf. die Fragment gebliebene Rede des «Vaters des Hauses Salomo» in F. Bacon, *Neu Atlantis*, 1624, dt. Stuttgart 1982, S. 43 ff.

tigkeit erwachen: zu einer Generaltheorie der regelnden Nachricht oder, lateinisch, Information. Dieses Wort sollte so grundsätzlich wie irgend möglich verstanden werden. «Der Begriff des Informationsgehaltes berührt in natürlicher Weise einen klassischen Begriff in der statistischen Mechanik: den der Entropie. Gerade wie der Informationsgehalt eines Systems ein Maß des Grades der Ordnung ist, ist die Entropie eines Systems ein Maß des Grades der Unordnung; und das eine ist einfach das Negative des anderen.»[30] Damit nahm Wiener Schrödingers Reizwort auf und gab ihm seinerseits eine Definition: Negative Entropie ist Information.

Schrödinger sah ungern, wie die besondere Art von Ordnung, die er «negative Entropie» genannt hatte, durch platte Gleichsetzung mit Information doch bloß wieder auf jene physikalisch-statistische Regelmäßigkeit heruntergebracht wurde, von der er sie gerade unterscheiden wollte. Er protestierte, was den Siegeszug des Informationsbegriffs aber nicht aufhielt.[31] Dessen Bedeutungswandel hat es in sich. Ursprünglich hieß das lateinische *informatio* Formgebung, Gestaltung, Bildung, durchaus mit pädagogischem Akzent. Ein informierter Mensch war ein äußerlich und innerlich wohlgebildeter. Dann, unter dem Eindruck von Telegraph und Telefon, wurde «Information» zunehmend auf «Botschaft» oder «Nachricht» eingeengt, und nun wollte die Kybernetik darunter nur noch eine geordnete Menge, eine meßbare Größe verstehen. «Information» wurde hier enger gefaßt denn je, am Punkt ihrer äußersten Beschränktheit aber zugleich aufgespreizt wie nie zuvor: zur Ordnung schlechthin. Damit hieß für Ordnung sorgen soviel wie für Information sorgen, will sagen, für ihre möglichst unverzerrte Übertragung, so wie man es bei Telegraph, Telefon und Radio gelernt hatte. Dort mußte eine Nachricht, etwa ein gesprochenes Wort, so in ein Signal verwandelt werden, daß es sich durch einen Kanal schicken und vom Empfänger wieder in die anfängliche Nachricht zurückverwandeln ließ. Auf diesem Weg war die Nachricht vielfacher Beeinträchtigung ausgesetzt, der Kanal nicht nur der Ermöglicher, sondern stets auch ein Störenfried ihrer Übertragung. Und um die Gesamtheit der Störungen, das «Rauschen»,

30 N. Wiener, l. c., S. 38.
31 L. E. Kay, l. c., S. 127.

messen und abstellen zu können, mußte man auch die Information messen: Parameter für ihre raumzeitliche Lage und Ausdehnung, ihre Häufigkeit, Wahrscheinlichkeit, Verwandelbarkeit in bestimmte Signale, Übertragbarkeit durch bestimmte Kanäle etc. entwickeln. Nur für eines gab es keinen Parameter: ihre Bedeutung. Claude Shannon und Warren Weaver, Wieners Mitstreiter – gelegentlich auch Rivalen –, haben das deutlicher zum Ausdruck gebracht als er selbst: «Tatsächlich können zwei Nachrichten, von denen eine von besonderer Bedeutung ist, während die andere bloßen Unsinn darstellt, in dem von uns gebrauchten Sinn genau die gleiche Menge an Information enthalten.»[32]

An das physische Rauschen kam man mit Meßmethoden heran; es ließ sich weitgehend eliminieren. Aber die Bedeutung war gleichsam das metaphysische Rauschen der Information; und da versagten diese Methoden. Man konnte nur versuchen, die Information selbst, ihren «Betrag», soweit wie möglich von der Bedeutung zu emanzipieren und letztere als zu vernachlässigende Restverunreinigung auszuklammern. Dieser Versuch war aber selbst ein semantisches Husarenstück. Information *hieß* ja längst etwas, ehe der kybernetische Diskurs sie auf seine Weise definierte und mit Bedeutung versah. Und wenn *informatio* ursprünglich Formgebung, Gestaltung, Bildung meinte, dann war sie immer schon *auf anderes* bezogen: ein *subiectum*, welches geformt, gestaltet, gebildet sein sollte. Mit anderen Worten: «Information» ist von Haus aus ein Relationsbegriff. Und das blieb sie auch dann noch, als sie auf «Nachricht» eingeengt wurde. Mag es für die Nachrichten- und Regelungstechniker, die sich einzig um störungsfreie Übermittlung zu kümmern haben, auch egal sein, ob die Information aus einem Grunzen oder bedeutungsgeladenen Sätzen besteht – nur um solcher Sätze willen war die ganze Technik entwickelt worden. Über die erste Telegraphenleitung von Paris nach Lille gingen 1794 Botschaften, von denen Wohl und Wehe der Französischen Revolution abhingen.[33] Selbst im eingeschränkten Sinne von «Nachricht» ist «In-

32 C. E. Shannon/W. Weaver, *Mathematische Grundlagen der Informationstheorie*, 1949, dt. München 1976, S. 18.

33 Cf. D. Daniels, *Kunst als Sendung. Von der Telegrafie zum Internet*, München 2002, S. 20.

formation» immer noch dadurch definiert, Träger eines anderen zu sein, um dessentwillen sie überhaupt nur Information ist. Dieses andere ist ihre Bedeutung. Ja, Information hat nur so lange Bedeutung, wie sie auf ein anderes hindeutet, für ein anderes steht: das Signifikat, dessen Signifikant sie ist. Ein Signifikant ist stets etwas Physisches, ein sinnlich wahrnehmbares Ding oder Ereignis, und sei es bloß ein flüchtiger Ton oder Duft. Sonst könnte er auf nichts hinzeigen. Er hat also stets meßbare Parameter. Aber darin geht er nicht auf. Ebenso gehört zu ihm, daß er sich nicht selbst genug ist, auf anderes verweist, das defizitäre Dasein eines Stellvertreters, eines Repräsentanten führt. Ohne sein nie ganz meßbares Signifikat ist er nicht einmal Signifikant; ohne die nie ganz feststellbare Bedeutung erfüllt er nicht einmal den Tatbestand der Information. Das ist das Ärgernis, gegen das die Kybernetik den semantischen Aufstand probte. Ihr Husarenstreich ist der Versuch, die Information aus der Rolle des subalternen Bedeutungsträgers zu befreien. Einmal mehr spielt sich ab, was wir schon bei der Wiederholung, der Differenz, der Spur, dem Medium erlebt haben: Ein Relationales soll aufhören, relational zu sein und zur Sache selbst werden. Information soll rein hervortreten, ohne jede Störung. Ganz rein aber wäre sie erst, wenn durch Meßmethoden vollkommen erfaßt und frei von jeglichem metaphysischen Rauschen: ohne jede Bedeutung.[34]

Freilich, es kommt nicht zur reinen Information. Sie ist selbst ein unerreichbares Ideal, ein metaphysisches Desiderat, sosehr es auch mathematisch unterfüttert und antimetaphysisch drapiert werden mag. Der Wunsch nach einem vollkommen störungsfreien Dasein ist

34 Wiener und McLuhan sind nachrichtentheoretische Antipoden. Für diesen ist das Medium die Botschaft, ihr Inhalt ein mehr und mehr zu vernachlässigendes Anhängsel. Für jenen ist das Medium bloß der Kanal, ein ständiger Störfaktor, dessen Rauschen soweit wie möglich zu eliminieren ist. Beim einen firmiert das Medium als die Sache selbst, beim anderen die Information. Doch wie ähnlich sind sich die Antipoden. Beide verabsolutieren einen Relationsbegriff. Und beide haben das gleiche Ziel: die störungsfreie Übertragung. Um ihretwillen ist McLuhan so um die Optimierung der Medien besorgt, Wiener um die Minimierung ihres Rauschens. Das vom Ballast des Inhalts gereinigte Medium und die vom medialen Rauschen gereinigte Information sind aber kaum mehr unterscheidbar. Sie sind reine Übertragung ihrer selbst, bei der nur noch interessiert, *daß* gesendet wird, aber nicht, *was.*

die moderne technizistische Form des Wunsches nach einem «Land, wo Milch und Honig fließen».[35] Davon wollten die Beteiligten natürlich nichts wissen. Alles sprach ihnen für die reine Information. Nur sie versprach, universal operationalisierbar zu sein. Und war sie nicht an entscheidenden Stellen schon wirklich geworden? Waren nicht auf ihren Kredit atemberaubende Präzisionsleistungen in der Kriegs- und Computertechnologie erbracht worden? Mußte ihr nicht die Zukunft gehören? Für den jungen Watson war das eine ausgemachte Sache. Noch ehe er mit Crick in *Nature* die Entdeckung der Doppelhelix veröffentlichte, hatte er in einem gemeinsam mit zwei anderen Kollegen verfaßten Brief derselben Zeitschrift bereits «eine neue Terminologie für die Bakteriengenetik» nahegelegt und vorgeschlagen, Worte wie «Transformation, Rekombination, Induktion, Transduktion etc.» «durch den Ausdruck *interbakterielle Information* zu ersetzen»; «damit wird die mögliche zukünftige Bedeutung der Kybernetik auf bakterieller Ebene berücksichtigt».[36]

Das war Sprachpolitik: vorsorglich die siegreichen Begriffe besetzen, auch wenn die eigene Forschungspraxis ihnen noch gar nicht entspricht. Und es zahlte sich aus. Herausbekommen hatten Watson und Crick die Struktur der Doppelhelix ja ganz ohne kybernetische Hilfe. Aber kaum daß sie ihre Entdeckung veröffentlicht und dabei auch noch die Zauberwörter «Code» und «genetische Information» fallenlassen hatten, bot ihnen auch schon der Physiker George Gamow ein gemeinsames Großprojekt an. Noch bedeutender als der Durchbruch, den die beiden erzielt hatten, dünkte ihn die Aufgabe, die sich daraus ergab. Und um die materiellen und geistigen Mittel dafür zusammenzubekommen, war Gamow der richtige Mann: Physikprofessor, Publizist *und* Berater bei diversen Verteidigungsbehörden und Rüstungskonzernen. Der kalte Krieg ging seinem Höhepunkt entgegen, der Verteidigungshaushalt war von 1951 bis 1953 verdoppelt worden, und außer für die Entwicklung neuer Waffensysteme wurden auch Unsummen für sogenannte Kryptoanalyse ausgegeben: jene nachrichtendienstlichen Methoden, die einen verschlüsselten Text in die Buchstabenreihenfolge bringen, worin er seinen Sinn preisgibt. Hier knüpfte Gamow an. In der

35 Exodus 3, 8.
36 L. E. Kay, l. c., S. 94.

Genetik vorgehen «wie beim Knacken von Feindbotschaften im Krieg»,[37] das war seine Vision, und das erste große Etappenziel: von der relativ einfachen Zusammensetzung der DNS aus, bei der nur vier Stickstoffbasen jeweils in Zweierkombinationen auftraten, die Zusammensetzung der Proteine zu erschließen, bei der man mit zwanzig Aminosäuren, bestehend aus Dreierkombinationen, sogenannten Tripletts, zu rechnen hatte. Es stellte sich bald heraus, wie kompliziert das werden würde. «Es gibt $20!=10^{17}$ mögliche Zuordnungen von aa's [Aminosäuren] zu Basentripletts! ... Ich fürchte, ohne die Hilfe elektronischer Computer kann das Problem nicht gelöst werden.»[38]

Gamows eigene Lösungsvorschläge zur Proteinsynthese erwiesen sich als nicht tragfähig. Aber er hat wie kein anderer für den Prozeß ihrer Erforschung die diskursiven Weichen gestellt. «Den Anstrengungen zur ‹Entschlüsselung des Codes› schlossen sich bald auch bedeutende Physiker, Biophysiker, physikalische Chemiker, Mathematiker, Nachrichteningenieure und Computeranalytiker an, deren Projekte wie bei Gamow am Angelpunkt von Waffenentwicklung, *operations research* und Kryptologie angesiedelt waren. Im Verlauf ihrer fünfjährigen Forschung am Code trugen Gamow und seine Mitarbeiter die Tropen der Kommunikationswissenschaften in die Molekularbiologie hinein, sie importierten Informationstheorie, Linguistik und computerbasierte Kryptoanalyse zusammen mit ihrer Verwicklung in Physik und Verteidigung. [...] Organismen und Gene wurden in Begriffen von Botschaften, Wörtern, Buchstaben, Instruktionen und Texten repräsentiert. Die von Gamow beigesteuerten semiotischen Werkzeuge, bald gefolgt von anderen linguistischen Tropen wie Kommas, Wörterbücher, Sinn, Nonsense und falscher Sinn, die Crick, Delbrück und ihre Mitarbeiter bald verwendeten, trugen dazu bei, das Bild des Genoms als Codebuch zu fixieren.»[39]

Anfangs hatten sich die Genetiker die Informations- und Schriftterminologie nur aufgesetzt; nun fingen sie an, in ihr zu *denken.* Buchstabe, Text, Code: diese Wörter firmierten nicht länger als Metaphern; sie gingen in die begriffliche Grundausstattung der neuen Wissen-

37 Op. cit., S. 194.
38 Gamow an Chargaff, 6. Mai 1954, zit. n. L. E. Kay, l. c., S. 194.
39 L. E. Kay, l. c., S. 180.

schaft ein, womit «genetischer Code» exakt das wurde, was Thomas Kuhn ein «Paradigma» genannt hat: eine theoretische Grundeinstellung, die einen Erkenntnis- und Forschungsrahmen abgibt. Ein neues Paradigma, so Kuhn, ist «etwas Grundlegendes, das nicht völlig auf logisch letzte Bestandteile reduzierbar ist»; es muß «neuartig genug» sein, «um eine beständige Gruppe von Anhängern anzuziehen, die ihre Wissenschaft bisher auf andere Art betrieben hatten, und gleichzeitig [...] noch offen genug, um der neuen Gruppe von Fachleuten alle möglichen ungelösten Probleme zu stellen».[40] Seine Paradebeispiele für Paradigmata sind das ptolemäische und das kopernikanische Weltbild, und die Vorstellung vom genetischen «Code» ist in kaum geringerem Maße Weltanschauung als sie, erachtet sie doch die gesamte lebendige Welt als eine im Prinzip lesbare Buchstabenkonfiguration und gibt damit dem Forschungsprozeß, der sie bis ins Detail lesbar zu machen verspricht, seine grundlegende Anschauungsform sowie einen beständigen Antrieb.

Am Anfang des neuen Paradigmas gab es erst einmal eine Durststrecke, nämlich jahrelange vergebliche Versuche, die Proteinsynthese dadurch aufzuklären, daß man Nuklein- und Aminosäuren als überlappende Codes auffaßte. Aber dann kamen die Erfolge, und aus ihnen ist die skripturale Vorstellungswelt nicht wegzudenken. Ein Meilenstein war die Entdeckung, daß zwischen DNS und Aminosäuren ein «Bote» vermittelt, daß also, technischer ausgedrückt, «der Übersetzungsmechanismus nicht direkt die Nukleotid-Sequenzen der DNS in die Proteinsprache überträgt, sondern zunächst von einer Transskription (‹Umschreibung›) *eines* der beiden Stränge in ein einstrangiges Polynukleotid der ‹Boten-Ribonukleinsäure› (Boten-RNS) ausgeht», wobei, wie Marshall Nirenberg herausfand, die Überbringungsleistung sich vornehmlich der Base Uracil (U) verdankt, die in der RNS die Stelle einnimmt, wo in der DNS die Base Thymin (T) sitzt und ermöglicht, daß «die Boten-RNS als Matrize für die Anordnung der Aminosäuren dient».[41] Und war dieser Zusammenhang erst durchschaut, so

40 Th. Kuhn, *Die Struktur wissenschaftlicher Revolutionen*, 1962, dt. Frankfurt am Main ²1976, S. 26 und 25.

41 J. Monod, *Zufall und Notwendigkeit. Philosophische Fragen der modernen Biologie*, 1970, dt. München 1975, S. 168.

war es nur noch eine Frage der Zeit, bis sich alle Aminosäuren in Buchstabenkombinationen darstellen ließen und die Proteinsynthese als geklärt gelten konnte. Zumindest für Bakterien und Viren. Damit aber waren auch komplexere Organismen erforschbar geworden, und als es gelang, einzelne Gene zu isolieren und für bestimmte Erbkrankheiten als ursächlich zu erkennen, eröffnete sich allmählich die Aussicht, den gesamten menschlichen Genbestand zu ermitteln.

Sequenzierung und «Stille Post»

Bei der Erforschung der Proteinsynthese war der Einsatz des Computers unentbehrlich geworden, um Millionen von Kombinationsmöglichkeiten zwischen diversen «Buchstaben» durchzuspielen. Beim internationalen *Human Genom Project*, gestartet 1990 unter der Leitung des amerikanischen *National Institute of Health* (NIH), war er aber noch mehr: von Anfang an forschungskonstitutiv. Craig Venter, zunächst Mitarbeiter des Projekts, hatte schon 1986 mit einer Sequenziermaschine zu experimentieren begonnen, die in der Lage war, die Bestandteile der DNS derart mit verschiedenen Farben markiert darzustellen, daß sich 24 Proben gleichzeitig analysieren und etwa 12 000 genetische «Buchstaben» täglich ermitteln ließen.[42] Beschleunigung wurde damit zum entscheidenden Forschungsfaktor, und Venter vermochte das neue Tempo, das er vorlegte, noch einmal um ein Vielfaches zu erhöhen, als es ihm gelang, seine Maschinen zu fokussieren, nämlich auf «jene drei Prozent des Genoms, die tatsächlich proteincodierende Gene enthalten»[43] und für den Aufbau eines Organismus ungleich aufschlußreicher sind als alle andern. Watson, nunmehr Direktor und Galionsfigur des *Human Genom Project*, versuchte, die neue Methode als «Sache eines hirnlosen Roboters», die «auch von Affen erledigt werden»[44] könne, zu disqualifizieren. Zu spät. Venter ließ sich nicht mehr bremsen, verließ das NIH und gründete TIGR, sein eigenes Unternehmen, das bald auf Hochtouren lief. «Heerscharen von weißgekleideten Technikern [...] bedienten Reihen von Sequenzierautomaten [...] Die einen tippten Befehle in die Computer

42 K. Davies, *Die Sequenz. Der Wettlauf um das menschliche Genom*, 2001, dt. München 2003, S. 84.

43 Op. cit., S. 89.

44 Op. cit., S. 94.

neben den Maschinen, während andere mit Pipetten neue DNA-Proben mischten. [...] Tag für Tag produzierte TIGR am laufenden Band Hunderttausende Buchstaben der DNA-Sequenz, und der anfängliche Bestand von 30 Sequenzierautomaten schwoll bald auf 80 an.»[45] Venters Vorsprung wurde uneinholbar, und die NIH mußte einlenken, damit ihr neuer Chef, Francis Collins, neben Venter stehen durfte, als Präsident Clinton am 26. Juni 2000 den erfolgreichen Abschluß der Sequenzierung mit den Worten verkündete: «Heute lernen wir die Sprache kennen, in der Gott das Leben schuf.»[46, 47]

45 Op. cit., S. 139.

46 Op. cit., S. 327.

47 Als Philosoph, der die Entwicklung der Genetik nacherzählt, ist man in einer mißlichen Lage. Man redet wie der Blinde von der Farbe, hat keines der einschlägigen Experimente selbst gemacht, könnte die meisten davon nicht einmal nachvollziehen, geschweige denn überprüfen. Man übernimmt guten Glaubens die Resultate, die die Fachleute für unumstößlich erachten. Andrerseits gibt es diese Resultate nie pur. Sie haben stets eine sprachliche Fassung, und die bildet nicht einfach ab, sondern deutet. Künstler können ihre Gemälde oder Symphonien wortlos präsentieren und die Deutung anderen überlassen. Naturwissenschaftler müssen ihre Experimente selbst deuten. Erst dadurch werden sie überhaupt zu Resultaten. Gewiß versucht seriöse wissenschaftliche Terminologie so nah wie möglich an den beobachteten Ereignissen zu bleiben. Aber nie ist sie durch ihr Material vollständig gedeckt, und nie verliert sie ganz die Neigung, sich gleichsam etwas zu weit darüber hinauszulehnen. Wenn Genetiker, wie das allenthalben geschieht, ihre Purine und Pyrimidine als «Bausteine» des Lebens bezeichnen, so können sie das nicht, ohne eine Bauintention mitzudenken – und damit ein bauendes *subiectum*, einen Baumeister, wie vage und unpersönlich die Vorstellung von ihm auch sei. Man wird ihn nicht los, wenn man behauptet, das Leben habe keinen Baumeister, weil es selbst der Baumeister *sei*. Er wird dadurch nur mysteriöser. Wie eine sich selbst ziehende Spur oder eine sich selbst schreibende Schrift. Mit letzterer hat man es zu tun, sobald die DNS unmetaphorisch «Code» genannt wird. Wenn dann noch die RNS als «Bote» firmiert, der die DNS «liest», in seinen eigenen Code umschreibt und dann in die «Sprache der Proteine» überträgt, so ist man unversehens mit einer ganzen Naturhermeneutik konfrontiert und kann als Philosoph schlecht sagen, das ginge einen nichts an. Und so steht man vor der kaum lösbaren Aufgabe, den Punkt, von dem an der genetische Diskurs über seine Verhältnisse lebt, so deutlich wie irgend möglich zu bezeichnen – ohne selbst über seine Verhältnisse zu leben. Eine Gratwanderung zwischen Anmaßung und Drückebergerei steht an, und wer dabei nie schwankte, werfe den ersten Stein auf die Strauchelnden.

Das Wort «Gott» ist im genetischen Fachdiskurs nicht beliebt. Aber sein ungeschützter Gebrauch durch einen Präsidenten, dem daran lag, die Sequenzierung des Genoms seinem Land, *God's own country*, gutzuschreiben, verrät vielleicht mehr über das Zustandekommen von «Bedeutungsregimen», als den Fachleuten lieb sein kann. Der erklärte Atheist Watson, beim Festakt im Weißen Haus als Ehrengast in der ersten Reihe, mag bei Clintons theologischen Worten innerlich mit den Augen gerollt haben. Aber sie machten deutlich, daß der Triumph der Informatik in der Molekularbiologie in gewisser Hinsicht auch ein Scheitern war, und zwar gerade im Hinblick auf das, was den kybernetischen Informationsbegriff für die Genetiker so attraktiv machte: seine Strenge. Information als bedeutungsfreier, meßbarer «Betrag» und dieser Betrag als Maß für Ordnung überhaupt, negative Entropie: Zum einen war es selbst ein semantischer Kraftakt, also etwas hochgradig Bedeutungsgeladenes, «Information» auf diese Definition einzuschränken; zum anderen mußten die Kybernetiker das, was sie über Information dachten, ausgerechnet über das mitteilen, was sie aus ihrem eigenen Informationsbegriff als unwissenschaftlich ausschließen wollten, nämlich Bedeutungen. Ferner schlug immer wieder das spezielle Sujet durch, von dem der allgemeine Informationsbegriff abgezogen worden war: die telegraphisch-telefonische Übermittlung. «Der Mensch – eine Nachricht», skandierte Wiener provokativ – und dachte selbst dabei noch als Fernmeldetechniker. Eine Erbsubstanz, die sich fortpflanzen lasse, müsse im Prinzip auch telegraphierbar sein, so daß «die alte Vorstellung der Kinder, [...] mit dem Telegraphen zu reisen, wie man mit Zug oder Flugzeug reist, nicht schlechthin absurd ist». Für das «analysierende Rastern (scanning) des menschlichen Organismus», für die «alle seine Bausteine erfassende Abtastung» müsse nur ein Verfahren erfunden werden, das ihn unversehrt läßt. «Mit anderen Worten: die Tatsache, daß wir das Schema eines Menschen nicht von einem Ort zu einem anderen telegraphieren können, liegt wahrscheinlich an technischen Schwierigkeiten und insbesondere an der Schwierigkeit, einen Organismus während solch einer umfassenden Rekonstruktion am Leben zu erhalten. Sie liegt nicht an der Unmöglichkeit der Idee.»[48]

48 N. Wiener, *Mensch und Menschmaschine. Kybernetik und Gesellschaft*, 1949, dt. Frankfurt am Main 1952, S. 100 f.

Biokybernetisches Fernziel war also, alle Störungen wegzuarbeiten, die den Genbestand eines Organismus daran hindern, sich als meßbarer Informationsbetrag in einer Datenbank zu archivieren und sich so buchstäblich selbst aufzuschreiben. Vorerst allerdings wußten die Genetiker nicht einmal, wie sie genetische Information eindeutig messen sollten. «Vom Gesichtspunkt der Informationstheorie aus hätten die Werke Shakespeares den gleichen Wert, wenn alle ihre Buchstaben von einem Affen zufällig aneinandergereiht würden. Diese fehlende Definition des Informationswerts macht die Verwendung der Information in der Biologie so schwierig. Was ließe sich an der Shakespearschen Information als ‹objektiv› betrachten, das sie von der Information des Affen unterscheidet? Im wesentlichen die Übertragbarkeit. [...] Die biologische Information ist derart beschaffen, daß ihre Übertragung zu ihrer Nachhaltigkeit beiträgt – der Nachhaltigkeit eines Systems, das sie überträgt. Daher ist es Information, die zur Reproduktion des Systems beiträgt und folglich zu ihrer eigenen Reproduktion. Läßt sich eine quantitative Definition für diesen Begriff finden?»[49]

Die Antwort ist nein. Daran ändert auch die Sequenziermaschine nichts. Sie vermag zwar genetische Strukturen in Buchstabensequenzen, wenn man so will, in nachprüfbaren «Beträgen» *darzustellen*, aber keineswegs dasjenige, was Gene dazu befähigt, sich einem ganzen Organismus bestimmend mitzuteilen, als einen «Betrag» zu *erweisen*, geschweige denn als einen, der sich auch noch selbst telegraphiert. Sie ist unerhört erfolgreich in der Quantifizierung von Qualitäten, aber weit davon entfernt, das Quantum als das Geheimnis des Quale zu offenbaren. Genau diese Offenbarung aber schwebte Wiener vor. Um ihretwillen arbeitete er so fieberhaft an der Eliminierung aller möglichen Störungen, jeglichen «Rauschens». Seine Kybernetik hat einen offenbarungsontologischen Grundzug: Information *rein* als Betrag und den Betrag als Ordnung schlechthin hervortreten zu lassen: als Wesen aller Dinge oder, biblisch, als «A und O».[50]

Damit freilich ist sein strenger Informationsbegriff von vornherein

49 J. Monod, *Notizbücher 1953–1963*, Mai 1959, zit. n. L. E. Kay, l. c., S. 292.
50 Apokalypse 21, 6.

so gefaßt, daß dessen Anwendung gar nicht anders kann, als von ihm abzuweichen. Das geschah bei Wiener selbst schon allenthalben, erst recht aber beim Übergang seiner Terminologie in die Genetik. Der nämlich war, informationstheoretisch gesprochen, vornehmlich ein großer Übertragungsfehler. Hier spielte die Informatik selbst «Stille Post». Was ankam, war längst nicht mehr jener strenge Informationsbegriff, der gesendet worden war, sondern ein qualitativ aufgeladener oder, fachterminologisch gesagt, ein durch vielfältiges Rauschen getrübter. Als Wort für genetische Spezifizität bedeutete «Information» immer schon mehr als einen «Betrag». Sprach man gar von genetischem «Code», bestehend aus Buchstaben, Interpunktion, sinnvollen und sinnlosen Fügungen, Transkriptionen und Boten, so war, ob man wollte oder nicht, Semiotik im Spiel. Lesen, ohne daß ihnen das Gelesene irgend etwas bedeutet, dazu sind Menschen überhaupt nicht in der Lage.

Bald nach Erscheinen seiner *Kybernetik* bekam Wiener denn auch Post von Roman Jakobson, einem der führenden Linguisten. «Bei jedem Schritt war ich immer wieder überrascht über die extremen Parallelen zwischen modernen linguistischen Analysen und den faszinierenden Problemen, die Sie erörtern. Das linguistische Schema paßt ausgezeichnet in die von Ihnen analysierten Strukturen, und es wird noch klarer, welche großen Zukunftsaussichten für eine konsequente Zusammenarbeit zwischen moderner Linguistik und den exakten Wissenschaften bestehen.»[51] Zunächst lief diese Zusammenarbeit darauf hinaus, die Zergliederung der Sprache in Morpheme, Phoneme, Grammatik, Syntax, Semantik, Pragmatik etc. auf kybernetischen Exaktheitsgrad zu bringen. «In den späten fünfziger Jahren entwarf Jakobson zusammen mit dem MIT-Schüler Morris Halle und dem bekannten Informationstheoretiker Colin Cherry einen informationstheoretischen Ansatz zur Phonemtheorie. Dazu gehörte eine logische Neu-Beschreibung der Sprache, bei der die Syntax in eine binäre Symbolkette umgewandelt wurde.»[52] Scheinbar ließen alle Gegensätze in der Sprache – wie «hoch/tief, innen/außen, Fakt/Fiktion», aber auch «stimmhaft/stimmlos, scharf/nicht scharf, nasal/

51 Jakobson an Wiener, 24. Februar 1949, zit. n. L. E. Kay, l. c., S. 130.
52 L. E. Kay, l. c., S. 390.

oral, gespannt/ungespannt» – «sich leicht in einen Binärcode konvertieren» und sogar «in Bits quantifizieren»,[53] womit sich die schönsten Aussichten eröffneten: «Nachdem die Kommunikationstheorie die Stufe der phonemischen Information gemeistert hat, kann sie nun an die Aufgabe gehen, den Betrag an grammatikalischer Information zu messen; denn offensichtlich beruht das System grammatikalischer, insbesondere morphologischer Kategorien, ähnlich dem System der distinkten Eigenschaften, auf einem ganzen Spektrum binärer Oppositionen.»[54]

Doch als die Doppelhelix bekannt wurde und Jakobson das Projekt einer «Biolinguistik» in Angriff nahm, kam heraus, daß die Anmessung der Linguistik an kybernetische Standards der Weg war, um die exakten Wissenschaften in den Dienst einer linguistischen Universalvision zu stellen. Jakobson war nun «fasziniert von den auffallenden Isomorphien zwischen dem sprachlichen und dem molekularen Code»,[55] und zwar so sehr, daß er es bei der bloßen Isomorphie nicht aushielt und mehr und mehr dazu neigte, den molekularen Code als Urbild des sprachlichen zu nehmen, und zwar, in ausdrücklicher Anlehnung an George Beadle, als die «Sprache des Lebens» selbst, «die älter als die Hieroglyphen ist, [...] die die lebendigste aller Sprachen ist».[56] Als Jakobson in einer denkwürdigen Fernsehdiskussion (unter anderem mit François Jacob und Claude Lévi-Strauss) bestritt, daß «die linguistische Terminologie in der Literatur der Biologen [...] nur eine Art und Weise zu sprechen, ein metaphorischer Gebrauch» sei, und behauptete, «die Kompositionsgesetze im genetischen Code seien die gleichen wie die Strukturgesetze der indoeuropäischen und semitischen Wurzeln»,[57] da erlebte das Publikum keinen wissenschaftlichen Durchbruch, sondern wie einem großen Gelehrten die philosophische Sicherung durchbrannte.

53 Op. cit., S. 391.
54 R. Jakobson, *Linguistics and Communication Theory*, zit. n. L. E. Kay, l. c., S. 392.
55 Jakobson an Bronowski, 5. Oktober 1967, zit. n. L. E. Kay, l. c., S. 397.
56 R. Jakobson, *Die Biologie als Kommunikationswissenschaft*, zit. n. L. E. Kay, l. c., S. 402.
57 L. E. Kay, l. c., S. 400.

Kants Sicherung

Nichts ist unsicherer in einem Stromkreis als seine Sicherung. Sie schmilzt zuerst, wenn die Temperatur zu hoch wird. Aber als vorsorglich eingebaute Schwachstelle hält sie den Schaden begrenzt. Durch ihre Unsicherheit sichert sie vor Schlimmerem. Ähnlich steht es mit jener philosophischen Sicherung, die wir Kant verdanken. An den zentralen Stellen seiner *Kritik der Urteilskraft*, wo es um die Erkennbarkeit der Ordnung in der Natur und der sie bewirkenden Kräfte geht, hat er gelegentlich eine kleine, unscheinbare Verlegenheitsfloskel eingebaut: «als ob». Nun war Kant zwar noch nicht auf dem wissenschaftlichen Stand der Thermodynamik, aber die Frage Schrödingers, ob es in der Natur ausschließlich physikalische Ordnung gebe oder, auf ihrer Basis, noch eine andere, höhere, stellte sich auch ihm schon in aller Dringlichkeit – in altertümlicher Terminologie zwar, dafür aber in philosophischem Format, nämlich in den Koordinaten des Antinomieproblems. «Antinomie» heißt bei Kant jener Widerstreit mit sich selbst, in den die menschliche Vernunft überall dort gerät, wo sie auf sogenannte letzte Fragen wie den Ursprung des Seins oder der Freiheit stößt. Auch die Naturwissenschaft wird, buchstäblich durch ihre eigene Materie, in diesen Widerstreit hineingezogen. Seine These und Antithese sind gleich stark; er läßt sich daher weder logisch noch naturwissenschaftlich auflösen, allenfalls reflektierend schlichten.

«Satz: Alle Erzeugung materieller Dinge ist nach bloß mechanischen Gesetzen möglich. Gegensatz: Einige Erzeugung derselben ist nach bloß mechanischen Gesetzen nicht möglich.»[58] Mit letzterem sind die Organismen gemeint. Wie Schrödinger zweifelte, daß ausschließlich physikalisch-statistische Regelmäßigkeit in ihnen walte, so Kant, daß die Schlüsselbegriffe der Mechanik, Ursache und Wirkung, Zug und Stoß, ausreichen, um das spezifisch Organische zu charakterisieren. Gewiß müssen auch Organismen mechanischen Gesetzen gehorchen. Aber spätestens bei dem wundersamen Vorgang des Wachsens, bei dem Lebewesen einerseits bloß auswickeln, was in ihnen ist, andrerseits sich überhaupt erst zu dem machen, was sie sind, stößt die mechanische Denkweise an ihre Grenze. Sie verlangt,

58 I. Kant, *Kritik der Urteilskraft*, B 314 f., l. c., S. 500.

daß Ursache und Wirkung strikt aufeinander bezogen und strikt voneinander unterschieden sind; hier aber ist der Punkt erreicht, wo beide ineinanderfallen. Das Kriterium des Organischen erfüllt ein Naturding nämlich nur, «*wenn es von sich selbst* (obgleich in zwiefachem Sinne) *Ursache und Wirkung ist*».[59] Das ist der Grenzfall der mechanischen Terminologie; an ein «organisiertes und sich selbst organisierendes Wesen»[60] reicht sie nicht heran, weshalb Kant alsbald zu einer anderen Terminologie übergeht: «*Ein organisiertes Produkt der Natur ist das, in welchem alles Zweck und wechselseitig auch Mittel ist.*»[61]

Damit ist das entscheidende Wort gefallen: Zweck. Wer untersucht, wie Organismen sich aufbauen und fortpflanzen, kann sich dem Anschein, daß es in ihrem Inneren zweckmäßig zugeht, nicht ernstlich entziehen. Dieser Anschein drängt aber sogleich weitere Fragen auf: Kann die Umgebung von Zwecken schlechterdings zwecklos sein? Können einzelne Organismen und ihre Generationen in sich zweckmäßig sein, ohne daß auch ihre organische Umwelt, ja die Natur insgesamt zweckmäßig strukturiert ist? Womit der naturwissenschaftliche Anfangsverdacht, die mechanische Ordnung sei die allgemeine Naturbasis und die organische bloß eine Art Wucherung daran, in den gegenteiligen Verdacht umschlägt: In der organischen Ordnung komme das allgemeinere, höhere Prinzip zum Vorschein, welches die mechanische Ordnung als die niedere unter sich befasse und sie als tote Außenseite, gleichsam als Larve des Lebendigen, erkennen lasse. Beiden Verdachtspositionen fehlt die wissenschaftliche Beweiskraft; es läßt sich keine vernünftige Wahl zwischen ihnen treffen. Wohl aber zeigen sie, daß die Naturwissenschaft sich drehen und wenden mag, wie sie will; sie kann nicht verhindern, daß die Lehre vom Zweck, griechisch: Teleologie, in ihr nistet.[62] Ohne Teleologie kann sie nicht ein-

59 Op. cit., B 286, l. c., S. 482. Die Klammer im Zitat ist ein Zusatz von Ausgabe B: der Versuch, die mechanische Terminologie nicht implodieren zu lassen.

60 Op. cit., B 292, l. c., S. 486.

61 Op. cit., B 295 f., l. c., S. 488.

62 Auch die Erfindung neuer Begriffe schützt davor nicht. Jacques Monod, einer der philosophisch ambitioniertesten Genetiker, hat es unfreiwillig bewiesen. Jeder Versuch, «der Natur ein Projekt» (J. Monod, l. c., S. 45) zu unterstellen, ist für ihn purer Aberglaube. Es gibt keine höhere Absicht in oder hinter der Welt;

mal ihre elementaren organischen Sachverhalte artikulieren. Andrerseits ragt alle Teleologie über diese Sachverhalte in ungeschütztes Mutmaßen hinaus. Um so dringlicher der sorgsame Umgang mit ihr.

Wer sich die Zweckmäßigkeit der Welt so zusammenreimt, daß er Grashalme als zweckmäßig für Rinder und Rinder als zweckmäßig für Menschen erachtet,[63] der argumentiert fahrlässig; er «räsoniert» bloß, wie Kant sagt: projiziert nach Eigenbedarf Zweckverbindungen in die Natur, wo in ihr selbst keine sind – und überhebt sich, wenn er solch äußerlich hergestellte Zweckmäßigkeit auch noch auf einen weisen Welturheber zurückführt. Jene spezifische Regelmäßigkeit hingegen, die Organismen von ihren Vorfahren empfangen haben, in ihrem eigenen Leben ausfalten und ihren Nachkommen weitergeben: kann die ein Intellekt je anders fassen denn als etwas Zweckmäßiges? Hier ist die Rede vom Zweck kein bloßes Räsonieren, keine bloß äußerliche, auswechselbare Terminologie. Vielmehr steht sie für etwas, was in den Organismen selbst vorgeht, was nicht anders als durch diese Terminologie benennbar, wenn auch nicht wirklich offengelegt wird; ist sie doch außerstande, eine zwecksetzende Intention im Inneren der Organismen dingfest zu machen – und gleichwohl genötigt, das, was darin vorgeht, *wie* eine Intention zu denken. Diese Verwicklung hat Kant zu einem denkwürdigen Offenbarungseid bewogen:

sie ist ein Meer sinnlosen Zufalls. Und dennoch haben sich darin Inseln gebildet, die, wie er so schön sagt, «den Zufall konservieren» (S. 38): stabile «morphogenetische Abläufe» (S. 32). Für diese gleichbleibenden, sich sogar fortpflanzenden Abläufe, die das Spezifikum aller Organismen ausmachen, erfindet Monod einen neuen Namen: «Teleonomie» (S. 32). Sie soll etwas ganz anderes als Teleologie sein, nämlich ein seriöser wissenschaftlicher Begriff, keiner der spekulativen Mutmaßung. Um so erstaunlicher das nahezu umgehend folgende Eingeständnis, daß teleonome Gebilde «in ihren Strukturen und Leistungen ein Projekt verwirklichen» (S. 37). Also doch. Zwar kein Gesamtprojekt der Natur, aber reichlich Einzelprojekte darin. Und diese einzelnen? Sollten sie rein gar nichts Gemeinsames haben? Die merkwürdige Fähigkeit, den Zufall zu konservieren, sollte genauso blind zufällig sein wie das von ihr Konservierte? Solche Fragen lassen die Trennlinie zwischen Teleonomie und Teleologie alsbald verschwimmen. Cf. B. Müller, *Das Glück der Tiere. Einspruch gegen die Evolutionstheorie*, Berlin 2000, S. 180 ff.

63 I. Kant, l. c., B 301, l. c., S. 492.

«Damit nun Physik [hier im generellen Sinne von Naturwissenschaft] sich genau in ihren Grenzen halte, so abstrahiert sie von der Frage, ob die Naturzwecke es *absichtlich* oder *unabsichtlich* sind, gänzlich; denn das würde Einmengung in ein fremdes Geschäft (nämlich das der Metaphysik) sein. [...] Um sich also auch nicht der mindesten Anmaßung, als wollte man etwas, was gar nicht in die Physik gehört, nämlich eine übernatürliche Ursache, unter unsere Erkenntnisgründe mischen, verdächtig zu machen: spricht man in der Teleologie zwar von der Natur, als ob die Zweckmäßigkeit in ihr absichtlich sei, aber doch zugleich so, daß man der Natur, d. i. der Materie, diese Absicht beilegt; [...] Daher spricht man in der Teleologie, sofern sie zur Physik gezogen wird, ganz recht von der Weisheit, der Sparsamkeit, der Vorsorge, der Wohltätigkeit der Natur, ohne dadurch aus ihr ein verständiges Wesen zu machen (weil das ungereimt wäre); aber auch ohne sich zu erkühnen, ein anderes verständiges Wesen über sie, als Werkmeister, setzen zu wollen, weil dieses vermessen sein würde.»[64]

Es fällt nicht schwer, diesen Passus nach allen Regeln der Kunst auseinanderzunehmen. Zuerst sieht die Naturwissenschaft von der Frage der Absichtlichkeit der Naturzwecke ab. Dann spielt sie auf einmal doch herein, man spricht «von der Natur, *als ob* die Zweckmäßigkeit in ihr absichtlich sei», aber solange man bloß «der Natur, d. i. *der Materie* diese Absicht beilegt», sei man fein heraus, denn man behaupte damit ja nicht, daß die Natur diese Absicht wirklich *hat,* und könne so getrost von der Weisheit, Wohltätigkeit etc. der Natur reden, «ohne dadurch aus ihr ein verständiges Wesen zu machen (weil das ungereimt wäre)». Nur ist dieses Argument selbst schon ungereimt. Von weisen, wohltätigen Absichten der Natur reden, *ohne* ihr ein «verständiges Wesen» zu unterstellen, ist wie vom Kreis sprechen, aber nichts von seiner Rundung gesagt haben wollen. Es stimmt hinten und vorne nicht. Und doch wird man der Kritik an Kants Eiertanz nicht recht froh. Man kann zwar klarstellen, daß die Rede von Naturabsichten nie legitim ist, immer schon über ihre Verhältnisse lebt. Aber los wird man sie damit nicht. Es ist zwar richtig, daran zu erinnern, daß sie dort, wo sie tatsächlich unvermeidlich ist, ihre eigene Unangemes-

64 Op. cit., B 307 ff., l. c., S. 496 f.

senheit stets mitthematisieren muß. Aber ist damit viel gewonnen? Dort, wo es ums Entscheidende geht, nämlich ob es eine Zweckmäßigkeit in der Natur, ja sogar *der* Natur gibt oder ob es sie nicht gibt, gerade dort bleibt sie unentschieden. Wo die ganze Wahrheitsemphase des Denkens herausgefordert ist, wird am Ende doch nicht mehr geboten als eine Metapher, ein «Als-ob».

Doch gerade diese offenkundig schwache Stelle ist die Kantische Sicherung – höchst unbefriedigend, aber der Kunstgriff, der vor Schlimmerem bewahrt. Nur solange diese Sicherung hält, läuft der Stromkreis kritischen Denkens. Wer hier mehr will, als Kant bietet, bekommt weniger. Sich vom Gedanken der Zweckmäßigkeit ganz verabschieden, eine neue, rein wissenschaftliche Denkweise erfinden wollen, die endlich frei von jeder metaphysischen Infektion Naturwissenschaft zu treiben gestattet? Das ergibt nur Etikettenschwindel. Das Faszinosum der Biowissenschaft, um dessentwillen sie so tief ins Labyrinth von Nuklein- und Aminosäuren dringt und jene mikrologische Übertragungsprozesse studiert, die verlaufen, *als ob* eine Intention in ihnen am Werk wäre – wie könnte ein von jeder Teleologie gereinigtes Denken dieses Faszinosum überhaupt nur benennen? Der Gedanke des Naturzwecks ist eben mehr als ein Kuhnsches Paradigma. Die Natur selbst ist es, die ihn zu denken verlangt. Sowenig er ihr auch gerecht wird, so unvermeidlich haftet er ihr an. Natürlich ist er ein schillernder Gedanke. Er hat eine Mehrzahl von Aspekten. Sie eröffnen einen Spielraum verschiedener Vorstellungs- und Redeweisen, worin sich unterschiedliche Paradigmata entfalten können. Doch sie sind immer schon *seine* Modifikationen.

So auch das Bedeutungsregime des «genetischen Codes». Ein Code ist ein Sinnzusammenhang, vornehmlich ein sprachlicher, und als solcher nicht einfach dasselbe wie Zweck. Aber weder sprechen noch schreiben läßt sich ohne Intention, ohne sich, im ursprünglichen Wortsinn von *intendere*, auf eine Bedeutung hin auszustrecken, auszuspannen. Bei Handlungen nennt man das, worauf sie aus sind, ihren Zweck. Hier ist Intendieren soviel wie Bezwecken. Beim Code ist Intendieren soviel wie Bedeuten. Bedeuten ist gleichsam die Sprachseite des Bezweckens, Bezwecken umgekehrt stets etwas Sprachähnliches. Insofern war Schrödinger ganz dicht an Kant, als er in den Chromosomen «in einer Art Code das vollständige Muster der zukünftigen Entwicklung des Individuums»[65] enthalten sah. Und vor allem: Bei Schrödinger hielt die Kantische Sicherung. «Der Begriff ‹Code› ist selbstverständlich zu eng. Die Chromosomen [...] sind zugleich Gesetzbuch und ausübende Gewalt, Plan des Architekten und Handwerker des Baumeisters.»[66] Sie leisten mehr, als ein Code je könnte, weshalb die Rede von ihm nur metaphorische Rede sein kann: ein «Als-ob».

Bei ihrem großen Durchbruch, der Entdeckung der Doppelhelix, brannte der Genetik auch die Kantische Sicherung durch. Der wissenschaftliche Siegeszug, der damit begann, war auch ein Durchbrennen von der Wissenschaft zur Theologie. «Im Anfang war das Wort»,[67] vielleicht nicht das transzendente des Johannesevangeliums, wohl aber ein tief in die lebendigen Körperzellen geschriebenes: Das ist allerdings das *Credo* aller, die glauben, unmetaphorisch von einem genetischen Code reden zu dürfen. Achtlos gehen sie über einen fundamentalen Unterschied hinweg: den von «entdecken» und «entschlüsseln». Was entdeckt wird, sei es der Südpol, die Winkelsumme im Dreieck oder die DNS-Struktur, muß zuvor nicht zugedeckt worden sein. Es fehlten lediglich bestimmte subjektive Voraussetzungen, um es zu bemerken. Die Mücke, die der Kurzsichtige nicht erspäht, ist deshalb nicht zugedeckt. Amerika war zu weit entfernt, um von Europäern bemerkt zu werden, aber es lag vor der Ankunft des Kolumbus nicht minder offen da als danach. Es wurde entdeckt, nicht entschlüsselt. Entschlüsseln läßt sich nur, was zuvor eigens verschlüsselt wurde. Da wird immer schon ein ursprünglicher Sinn mitgedacht sowie eine Instanz, die ihn verstellt, also das, was beim Nachrichtendienst Kryptographie heißt: Verwandlung von Schrift in Rätselschrift oder, politisch gesprochen, in Feindbotschaften.

Im 13. Jahrhundert hat sich Bonaventura, der Cheftheologe der Franziskaner, Gedanken darüber gemacht, wie die Feindbotschaft in die Welt kam. Den ersten Menschen, sagt er, war die Natur noch ein offenes Buch. Der Sinn, den ihr der Schöpfer mitgeteilt hatte, lag noch

65 E. Schrödinger, l. c., S. 56.

66 Op. cit., S. 57.

67 Johannes 1, 1.

vollkommen unverstellt und lesbar zutage. Dann erst kam es zur Verschlüsselung. Durch ihren Sündenfall bewirkten die Menschen, daß der Weltsinn sich ihnen verstellte, unlesbar und feindselig wurde. Von nun an «war dieses Buch Welt gleichsam erstorben und ausgelöscht, und es war ein anderes Buch nötig, wodurch jenes erleuchtet würde, den Sinn der Dinge zu empfangen (*ut acciperet metaphoras rerum*). Das aber ist das Buch der Schrift, das die Ähnlichkeiten, die Besonderheiten und den Sinn der Dinge darlegt, wie sie im Buch der Welt geschrieben stehen.»[68] Die Bibel verhält sich hier zum Buch der Welt wie auf dem Stein von Rosetta das Griechische zum Hieroglyphischen – oder wie die Genetik zum unmetaphorisch verstandenen genetischen Code. Den Genetikern wächst denn auch eine ähnliche Aura zu wie den Schriftgelehrten des alten Ägypten oder Israel, nur daß die Schrift, auf die es ankommt, nicht mehr die in Bundestafeln eingegrabene ist, sondern die durch Sequenziermaschinen dargestellte. Die Massenmedien haben das Ihre getan, um das Genom ganz unmetaphorisch als «Buch des Lebens» zu suggerieren. Das amerikanische Fernsehen lancierte das *Human Genome Project* ausdrücklich «als eine Schriftmission. In einer Schlüsselszene nimmt ein sympathisch aussehender Molekularbiologe in weißem Kittel einen Band dieses ‹Buchs des Lebens› aus dem Regal und erklärt, wie sich genetische Druckfehler in den Sequenzen des DNA-Texts auffinden lassen.»[69]

Dagegen ist kaum aufzukommen. Wer darauf beharrt, daß der Zusammenhang zwischen Nukleinsäuren und Aminosäuren zwar weit weniger offen zutage liegt, aber keinen Deut verschlüsselter ist als der Südpol und den Tatbestand eines Codes keineswegs erfüllt, ist wie ein Rufer in der Wüste. «Genetischer Code» ist eine aus der gehobenen Umgangssprache nicht mehr eliminierbare Formel. Sie ist geladen mit Implikationen, von denen sie nicht spricht. Sie strahlt subkutan etwas aus, was Werbefachleute nicht schöner hätten einfädeln können: einerseits die Vorstellung von Schöpfung und Fall, gutem Ursprung und seiner Verdunkelung, damit zugleich aber die Verheißung, daß die Zeit der Verdunkelung, Verschlüsselung, Feindbotschaften ihrem Ende

68 Bonaventura, *Collationes in Hexaemeron*, zit. n. H. Blumenberg, l. c., S. 53.
69 L. E. Kay, l. c., S. 17.

entgegengeht.[70] Auch die hartgesottenen Atheisten unter den Genetikern haben *nolens volens* an dieser Verheißung teil. Auch sie unterstellen einen verschlüsselten Urtext, einen Ursinn, der im Begriff steht, sich zu offenbaren, und dem nichts näherkommt als ihre Forschung. Da wird es zweitrangig, ob der Urtext an sich schon der Ursinn ist oder ob er, wie Monod meint, erst durch Übersetzung, also durch die Genetiker, seinen Sinn bekommt.[71] Jedenfalls stehen sie an der Front der Sinnstiftung, und das Bedürfnis nach Gott verliert seine Dringlichkeit, wenn man derart den Code des Lebens zu atmen glaubt – selbst für den Fall, daß man ihn für einen Text mit Druckfehlern hält, der Menschen nicht nur zur Entschlüsselung, sondern auch zur Korrektur aufgegeben ist.

Genetische Orthographie

In einem gewöhnlichen alphabetischen Text sind Druckfehler die Zeichen, die von den geltenden Regeln der Orthographie und Interpunktion, Grammatik und Syntax abweichen. «Korrigieren» heißt hier, die Abweichungen eliminieren und den Text richtig schreiben. Bei Genen ist es nicht so einfach. Hier ist «Druckfehler» eine Metapher für Krankheit. «Die Doppelhelix ist einem ständigen Bombardement von kosmischen Strahlen, Gammastrahlen, ultravioletter Strahlung und radioaktiven Zerfallsprodukten ausgesetzt»,[72] und wenn unter ihrer Einwirkung bestimmte Basen sich nicht so wie gewöhnlich kombinieren, können Erbkrankheiten auftreten. Berühmt geworden sind die tödliche Lungenkrankheit Mukoviszidose und die neurodegenerative Chorea Huntington; hier gelang es, das Krankheitsbild in Sequenzen darzustellen, worin einige Buchstaben vom Regelfall abwichen, sozusagen von der Orthographie. Die Möglichkeit, genetische Defekte als Schreibfehler darzustellen, eröffnete ganz neue therapeutische Aussichten: «falsche» Buchstaben gegen «richtige» auszutauschen und

70 Insofern ist «genetischer Code» vom selben Schlag wie «Gutenberg-Galaxis», «nichtlinearer Text», «postindustrielle Gesellschaft» oder «*différance*»: eine jener magischen, gegen Argumente immunen Formeln, auf die ein Zeitalter geradezu fliegt: seine ideologische Signatur. Siehe oben, S. 146, Fn. 37.

71 J. Monod, l. c., S. 127.

72 K. Davies, l. c., S. 70.

die morphogenetischen Abläufe in ihren Normalzustand zurückzuversetzen.

Nun erst brach das Genpatentierungsfieber aus. Gene an sich sind ebensowenig patentierbar wie der Wind oder der Mond. Patentieren lassen sich hingegen Sequenzierverfahren von Genbeständen sowie durch Genmanipulation hergestellte Organismen.[73] Am liebsten hätte Venter seine komplette Datensammlung unter Patentschutz gestellt und damit über ihre gesamte weitere wissenschaftliche, therapeutische und vor allem kommerzielle Nutzung verfügt.[74] Das gelang ihm nicht. «Damit das Potential dieser Forschung ausgeschöpft werden kann, müssen die Basisdaten des Humangenoms einschließlich der DNA-Sequenz und ihrer Varianten kostenlos den Wissenschaftlern auf der ganzen Welt zur Verfügung gestellt werden»,[75] erklärten am 14. März 2000 amerikanischer Präsident und britischer Premier, Clinton und Blair, gemeinsam – und gaben damit zu verstehen, daß sie die zukünftige Macht der Genetik kaum geringer veranschlagten als die des Militärs. Hier mußten selbst die weltweit führenden politischen Repräsentanten des Neoliberalismus der privaten Verfügung Grenzen setzen.

Das taten sie allerdings weniger aus Sorge um die globale Freiheit als aus Gründen der Staatsraison. Sequenziermaschinen haben ein unschätzbares Kontrollmittel geschaffen. Etwas Speichel, Blut, Sperma oder Haut genügt, und schon läßt sich die DNS der dazugehörigen Person in eine Buchstabenfolge übertragen, die mit keiner Buchstabenfolge irgendeines anderen Menschen vollkommen identisch ist und ein Individuum ungleich sicherer identifiziert als sein Photo, Paß oder Fingerabdruck. Die Kriminalistik ist der Ort, wo Wiener und Derrida aufs schönste übereinkommen. Hier wird der Mensch tat-

73 1980 wurde in den USA erstmals die Patentierung von Organismen gestattet. Seither gibt es einen nicht enden wollenden juristischen Definitionskampf: Bis zu welchem Punkt ist der Eingriff in genetisches Material «Entdeckung», und ab wann wird er zur «Erfindung»? Cf. J. Rifkin, *Das biotechnische Zeitalter*, München 1998, S. 72 ff.

74 Ähnliches hat Bill Gates mit der Photographie versucht: die Rechte an allen nur irgend relevanten Bilder zu erwerben und so über ihre weitere Verwendung zu bestimmen.

75 K. Davies, l. c., S. 284.

sächlich zur «Nachricht», sein «Schema» im Nu von einer Festplatte zur anderen übertragbar. Und so bedeutend diese Nachricht auch wird, wenn sie durch den Vergleich mit anderen DNS-Nachrichten Auskunft darüber gibt, ob jemand der Täter ist oder nicht – an sich bedeutet sie nichts als das, was sie ist: eine Sequenz, die sich von allen anderen unterscheidet. Hier wird Schrift, ohne daß sie im mindesten aufhört, linear zu sein, zur Differenz schlechthin. Sie sagt über den Menschen, als dessen Code sie firmiert, lediglich, daß er anders ist als alle andern. Dadurch aber identifiziert sie ihn strenger, als alle traditionellen Beschreibungen es je konnten. Die Differenz an sich markiert den Gipfel identifizierenden Denkens. Der Inbegriff dekonstruktivistischer Insubordination wird zum Polizeigriff.[76]

Aber den gesamten Code eines menschlichen Individuums zu patentieren ist vorerst weder statthaft noch lukrativ. Interessant sind nur winzige, kunstvoll hergestellte Ausschnitte daraus, die sich als Know-how, als virtuelle Diagnosen und Therapien verkaufen lassen und vor dem Zugriff der Konkurrenz geschützt werden sollen. Zu sehen bekommt man auch davon wieder nur Buchstabenfolgen, die Krankheitsbilder als Schreibfehler anzeigen und Heilmöglichkeiten als Korrekturen. Um diese Sequenzen allerdings so weit handhabbar zu machen, daß man sie bündig patentieren kann, muß man charakteristische Kürzel für sie erfinden, ihnen ein Design geben, durch das sie sozusagen zur unverwechselbaren Handschrift des jeweiligen Forscherteams werden. Und patentieren heißt in diesem Fall verfahren wie ein Unternehmer, der seinen graphisch gestylten Schriftzug als Markenzeichen eintragen läßt. Auch Gendesigns lassen sich in Marken verwandeln, auch hier wird eine Handschrift zum Logo. Die Logos, die Forscherkonsortien und Biotechnologiefirmen sich äußerlich anheften, verhalten sich zum Genpatent wie Abbilder zum Urbild. Der gesellschaftliche Schauplatz ihrer wissenschafts- und wirtschafts-

76 Und die Kriminalistik greift sogleich noch auf andere Gebiete über. Ist nämlich jemand durch seine DNS als dieser Unverwechselbare, weil von allen anderen Unterschiedene identifiziert, so kann er weiter identifiziert werden: durch all die «Druckfehler», die seine DNS enthält. Dafür interessieren sich zum Beispiel Krankenversicherungen und Personalabteilungen von Firmen und Behörden.

politischen Strategien ist das grobe äußere Gleichnis für die feinen mikrologischen Strategien, durch die der genetische «Schauplatz der Schrift» vermessen und kartographiert wird, durch die einander ergänzende und überschneidende Gendesigns ihr Eigenprofil, das Ansehen von Logos gewinnen und ihren Beitrag zum globalen Bedeutungsregime des «genetischen Codes» leisten.

Logos pflegen Wohlbefinden, Zugehörigkeit, Sicherheit, Halt, Identität zu suggerieren; aber eines wagen sie gewöhnlich nicht: Wahrheit für sich zu reklamieren. Patentierte Gendesigns hingegen werden gehandelt wie Anleihen auf den richtigen Text, Boten der wahren Natur. Nun hat es zwar die ganze Evidenz einer gelungenen Metapher, wenn man einen Defekt in der Nukleinsynthese, der einen Menschen mit furchtbarer Krankheit schlägt, als genetischen Druckfehler bezeichnet. Wann aber wäre der genetische Text eines Menschen «richtig»? Wenn die manifeste Krankheit beseitigt ist? Oder die Anlage zu sämtlichen Erbkrankheiten? Oder die Neigung zu allen Krankheiten? Erbkrankheiten sind Mutationen. Sie weichen von einer genetischen Struktur ab, die für eine bestimmte Spezies den Regelfall darstellt. Aber in diesen Regelfall sind selbst wiederum zahlreiche Mutationen eingegangen, die ihrerseits Abweichungen von vorangegangenen Zuständen darstellen. Ein richtig geschriebener Urtext des Menschen läßt sich nirgends auffinden. Auch in dieser Hinsicht ist der Mensch, wie Nietzsche sagt, das «nicht festgestellte Thier».[77] Und ein wünschbarer Endtext? Nun, wünschen kann man viel, und um hier nicht ins Beliebige abzugleiten, hilft da nicht doch, wenigstens dieses eine Mal, eine neutrale, formale, streng informationstheoretisch gedachte Textdefinition? Etwa so: Richtig geschrieben wäre das menschliche Genom, wenn es sich störungsfrei aufbaute und mitteilte.

Doch diese Definition unterbände nicht einmal das Heikelste: das Klonen. Informationstheoretisch ist es überhaupt nicht zu beanstanden. Wie vielen Unwägbarkeiten ist doch der Fortbestand einer Erbsubstanz im naturwüchsigen Fortpflanzungsprozeß ausgesetzt; wieviel störungsfreier verspricht sie sich fortzusetzen, wenn sie direkt kopiert wird. Ohnehin ist es, biokybernetisch betrachtet, viel wir-

77 F. Nietzsche, *Jenseits von Gut und Böse*, § 62, KSA 4, S. 81.

kungsvoller, das Übel an der Wurzel zu greifen und den Genbestand selbst störungsfrei zu bekommen, als an seinen Unzulänglichkeiten nachträglich medizinisch, psychologisch, pädagogisch herumzukurieren. «Denn», sagt Watson, «der genetische Würfel wird weiterhin allzu viele Individuen und ihre Familien mit einem grausamen Schicksal schlagen, die diese Verdammung nicht verdient haben. Die Anständigkeit verlangt, daß jemand sie aus ihren genetischen Höllen rettet. Wenn wir nicht Gott spielen, wer dann?»[78] Das ist ein Mustersatz biokybernetischer Mentalität. Wer wollte leugnen, daß jede Krankheit zugleich eine Aufforderung ist, sie zu heilen. Dagegen taub sein ist fast schon ein Verstoß gegen den hippokratischen Eid. Aber sofern es gelingt, Erbkrankheiten zu beseitigen, geschieht dennoch lediglich Menschenmögliches. Wer hier von «Gott spielen» spricht, hat mehr vor. Für ihn sind Erbkrankheiten bloß der Anfang, sozusagen die dicksten Druckfehler, mit deren Eliminierung ein gründliches Korrekturlesen des gesamten genetischen Textes beginnen soll. Nun kann zwar niemand Krankheit erfahren, sei es am eigenen Leibe oder bei anderen, ohne Vorstellungen von Gesundheit und Wohlbefinden zu entwickeln. Jeder aber kommt in Verlegenheit, wenn er definieren soll, was vollkommene Gesundheit ausmacht. Bei Krankheit kann Textterminologie zu präzisen Diagnosen führen; bei Gesundheit greift sie nicht mehr.

Das hat etwas mit Machbarkeit zu tun. Profane Texte sind Machwerke. Auch Orthographie ist machbar. Man kann Regeln entwerfen, nach denen sich Schriftzeichen zu richten haben, ja erst von diesen Regeln aus lassen sich Schreibfehler überhaupt als solche erkennen. Man muß schon wissen, was der richtige Text wäre, und Korrektur heißt hier: ihn richtigstellen, in Übereinstimmung mit den Regeln bringen. Genetische Konstellationen hingegen sind Naturprodukte. Jahrmillionen von Naturgeschichte haben sich darin abgelagert, ehe eine bestimmte Spezies so viel Selbstbezüglichkeit gewann, daß sie fähig wurde, ihre äußere Umgebung durch Werkzeuge, ihr Innenleben durch Rituale, Sitten, Gebräuche, Gesetze zu bearbeiten. Kultur ist bearbeitete, verfeinerte, erträglich gemachte Natur, aber sie hört dabei nie auf, Natur zu sein; nie verliert sie ganz ihre Roheit. Mit an-

78 J. D. Watson, *Values from Chicago Upbringing*, zit. n. L. E. Kay, l. c., S. 66.

deren Worten: Es gibt Grenzen ihrer Bearbeitung. Die aber sind unscharf; ihr genauer Verlauf läßt sich nicht vorhersagen. Mit jeder neuen Produktionsweise, Technik, Erfindung schieben sie sich ein Stück weit hinaus. Mit jeder Verschiebung erwecken sie freilich auch den Anschein, als sei ihre Elastizität grenzenlos. Das Tückische an ihnen ist, daß sie sich erst definitiv identifizieren lassen, wenn sie überschritten sind. Erst wenn die Auslaugung natürlicher Ressourcen überhandgenommen hat, schlägt die Natur zurück und beschert das, was man «Umweltprobleme» nennt. Ökologie ist das Frühwarnsystem, das die Grenzen makrologischer Naturbearbeitung anzeigen soll, ehe sie sich durch Überschreitung selbst definieren. Entsprechend müßte eine Mikroökologie, die in gleicher Weise über die Bearbeitung genetischer Strukturen wacht, etwa folgenden Grundsatz haben: Sowenig die Natur an sich gut ist, etwa ein weise in sich zurückgebogener Kreislauf, so sehr sie also sublimierende Bearbeitung verlangt, damit man sie überhaupt aushält, so sehr ist andrerseits darauf zu achten, daß ihre Sublimierung, schrifttheoretisch gesprochen, ihre «Korrektur», nur im Sinne von «Verbesserung», nicht von «richtig schreiben» praktiziert wird.

Die Beseitigung von Erbkrankheiten etwa ist eine unzweifelhafte Verbesserung. Ins menschliche Genom mit der Absicht eingreifen, daß besonders schöne, intelligente, sportliche, flexible, durchsetzungsfähige Menschen entstehen, ist hingegen richtig schreiben wollen; «Gott spielen», wie Watson sagt. Das ist nicht etwa ehrenrührig, weil Gott sich das nicht gefallen ließe. Dazu müßte ja erst einmal ausgemacht sein, daß er existiert. Auch ist die Vorstellung vom perfekten Menschen alles andere als verwerflich. Was spricht denn dagegen, daß die Menschheit all ihre Gebrechen und Mängel los wird? So lange «Weh spricht: Vergeh», so lange *kann* die menschliche Triebnatur gar nicht anders, als solche Vorstellungen aus sich herauszuspinnen. So lange hört deshalb auch die Religion nicht auf. Auch kommt es zu nennenswerter Verbesserung menschlicher Verhältnisse nicht ohne Orientierung an Perfektionsidealen. Und dennoch sind sie immer auch borniert: behaftet mit den Begrenztheiten und Gemeinheiten ihres jeweiligen Kulturkreises, auch wenn sie stets darüber hinausragen; daß Weh vergeht, wollen alle. Und so geistern weltweit vage Vorstellungen vom perfekten Menschen umher, aber niemand kann ihn genau umschreiben. Um so schriller sollte die Alarmglocke läuten, wenn die Siegereigenschaften einer Klasse, einer Rasse, eines Geschlechts oder gar des globalen Neoliberalismus mit dem perfekten Menschen verwechselt werden, von dem sie kaum mehr bieten als ein Zerrbild.

Wer Gott spielt, macht die Rechnung ohne die Natur, überhebt sich im physischen wie im moralischen Sinne, überhöht die eigenen bornierten Bilder makellosen Menschseins zum richtigen Text und Menschen zu seinen Schreibern. Das kann nicht gutgehen. Schwer zu sagen, was man mehr fürchten soll: Wesen, die als gelungene Abzüge solcher Bilder ins Leben treten und damit verurteilt sind, den ganzen Wust von Werbeklischees, Arbeitsmarktanforderungen und Familienerwartungen, der in diese Bilder eingegangen ist, darzustellen und auszubaden; oder Wesen, bei denen der Abzug mißraten ist, die im Sinne der Vorlage, und vielleicht nicht nur in ihrem Sinne, Krüppel sind. Was geht nicht schon alles bei Schönheitsoperationen schief. Bei der Feinmodellierung der Erbmasse aber sollte es ganz ohne Reibungsverluste, informationstheoretisch gesprochen, ohne «Rauschen» abgehen? So gewiß Ärzte fehlbar sind, werden sich neue genetische «Druckfehler» einschleichen beim Versuch, die vorhandenen zu beseitigen. Vor allem aber wird ein ungeheurer Erwartungsdruck auf den genetisch Behandelten lasten, und zwar um so schwerer, je glatter die Behandlung verlief. Gene sind ja bei weitem nicht alles. Sie präformieren, aber sie determinieren nicht. Ihr Informations-«Betrag» ist vom «Rauschen» der gesamten Kultur umgeben. Aussichtslos, daß Biokybernetiker dieses Rauschen jemals gegen Null brächten. Im Gegenteil; sie bringen es selbst mit. Es steckt in allen kulturellen Standards, allen affektiven und semantischen Unwägbarkeiten, die in ihre Präzisionsmessungen eingehen und nicht aufhören, sie zu umspielen. Eingriffe ins genetische Material sind Kulturhandlungen. Sie bestätigen gerade, daß menschliche Charaktere, Eigenschaften, Haltungen und Fertigkeiten ein komplexes Kräfteparallelogramm bilden, bei dem Gene und ihre Umweltbedingungen auf nie ganz steuerbare Weise zusammenwirken. Vermessen der Versuch, Charakterdesigns direkt aus Gendesigns hervortreiben zu wollen. Deshalb – und nicht aus irgendeiner «Ehrfurcht vor dem Leben» oder «dem Schöpfer» – verbietet sich menschliche Fortpflanzung durch Klonen. Wenn es

Selbstüberhebung ist, das menschliche Genom nach bornierten Wunschbildern zu modeln, so erst recht, es selbst zur Matrize zu machen.

Kant gibt ein wunderschönes Gleichnis für die Grenzen der Machbarkeit: «Aus so krummem Holze, als woraus der Mensch gemacht ist, kann nichts ganz Gerades gezimmert werden.»[79] Mit anderen Worten: Man kann die menschliche Natur bloß verbessern, nicht richtigstellen, so gewiß die Verbesserung auch einer Vorstellung des Richtigen bedarf. Aber die Vorstellung ist nicht die Sache selbst. Auch «genetischer Code» ist nur eine Vorstellung, eine Rede- und Darstellungsweise, auch wenn eine unerhört ertragreiche. Wo sie mehr sein soll, nämlich Text der Natur selbst, da dringt das Virus des Machbarkeitswahns in sie ein. Watson hat es erfaßt: Wo der «genetische Code» seine Anführungszeichen verliert, beginnt das «Gott spielen».

79 I. Kant, *Idee zu einer allgemeinen Geschichte in weltbürgerlicher Absicht*, l. c., Bd. XI, S. 41.

Nachwort

SCHRIFTKULT

«Schrift ist dem Kult entsprungen und schlägt in Schriftkult zurück», hieß es im Vorwort. Nach sechs Kapiteln dürfte etwas klarer sein, was damit gemeint ist. Im Rückblick nimmt sich dieser Satz allerdings anders aus als in der Vorschau. Die Bedeutung von «entspringen» verschiebt sich. Zunächst lag ihr Akzent ganz auf dem Woher: dem Ritus des Menschenopfers als der Urumgebung der Schrift. Dort hat sie einst begonnen: als Einschnitt am eigenen Leibe, als Blutschrift, Zeugnis des Grauens. Und doch wurde sie geschrieben, damit Grauen und Blutvergießen aufhören. Von Anfang an war sie gleichsam auf der Flucht vor sich selbst. Und damit tritt die andere Bedeutungsnuance von «entspringen» hervor: das Wohin, das Entrinnen. Weg vom Grauen des Kults, vom lebendigen menschlichen Leibe, hin zu neutralen, leblosen Materialien, in die man, ohne zu quälen, unblutige Zeichen einritzen kann, Zeichen, die nicht mehr im Bann traumatischen Schreckens stehen, nicht mehr so grauenhaft bedeutungsgeladen wie die Urschrift sind, sich vielmehr zu einer Textur vielfältiger Bedeutungen verflochten und eine befreiende Distanz zum Bezeichneten gewonnen haben, kurzum, profan geworden sind. Auch in diesem Sinne ist die Schrift dem Kult «entsprungen»; sie hat den Weg in die Profanität so gründlich angetreten, daß profane Schrift allenthalben mit Schrift überhaupt verwechselt wird.

Als in Mitteleuropa eine warenproduzierende Gesellschaft entstand, die nicht mehr nur sporadisch Produkte auf den Markt brachte, sondern von vornherein für ihn produzierte, so daß die gesamte Erzeugung und Konsumtion materieller Güter über ihn zu laufen begann und er zu jenem sozioökonomischen Leim wurde, der seither die ganze Gesellschaft zusammenhält, da trat in das Verhältnis von sakral und profan eine Irritation, die sich inzwischen global potenziert hat. Nichts scheint profaner als der Tausch: Ware gegen Geld, Geld gegen Ware. Nur ist es dem Tausch nicht anders ergangen als der Schrift.

Auch er ist dem Kult entsprungen. Tausch ist wesentlich Substitution. Wenn traumatisierte, verängstigte Kollektive einzelne ihrer Glieder dahinschlachteten, um als Ganze verschont zu bleiben, so gaben sie Leben, damit ihnen Leben geschenkt werde. Leben gegen Leben: diese Elementarform des Tauschs war eine verzweifelte Notmaßnahme, um das eigene Dasein überhaupt zu ertragen, aber sie war selbst schrecklich – von Anfang an darauf aus, von sich selbst loszukommen. Wie die Schrift hatte auch der Tausch den unbändigen Drang, profan zu werden, und es ist ihm nicht minder gründlich gelungen.[1]

Nichts jedoch kann sich von seinem sakralen Ursprung losreißen, ohne Spuren davon zurückzubehalten. Die sumerischen Buchungstafeln kamen nicht umhin, an das sakrale Ritual des Bundesschlusses zu erinnern; die profane Erzählschrift feierte ihre Frühblüte in der großen epischen Darstellung der Götterwelt. Und so hat sich auch die Sphäre des profanen Tauschs, der Markt, nicht separat gebildet, sondern stets um sakrale Zentren herum, sozusagen als deren Rindenschicht. Die griechische *agorá* war zentraler Kultplatz, ehe sie auch Marktplatz wurde. Das lateinische *missa*, Messe, war zunächst ausschließlich das Wort für den christlichen Gottesdienst, bevor es auf den Markt übergriff, der die christlichen Kultstätten umlagerte. Von der Messe als Kulthandlung zur Messe als kommerzieller Schaustellung: in dieser kleinen Bedeutungsverschiebung kristallisiert sich ein epochaler sozialer Umbruch. Er läßt Messe und Markt ineinanderfallen. Jener moderne Markt, der zum Zusammenhalt der ganzen Gesellschaft wird, umgibt die kirchliche Messe nicht mehr, hat mit der Feier der Eucharistie nichts mehr zu tun, jeglichen Bezug zu einem sakralen Zentrum verloren, ist insofern vollkommen profan geworden, im selben Moment aber an die Stelle dessen getreten, was er jahrtausendelang als Rindenschicht umgeben hatte. *Er* übernimmt nun die Vergesellschaftung, die einst das Heilige leistete. Er spielt dessen Rolle, ohne es zu sein, aber die Rolle ist nicht bloß Spiel.

«Marktkult» ist denn auch mehr als nur eine Metapher. Niemand erwartet zwar ernstlich, daß der Markt von Leiden, Krankheit und Tod errette. Und doch fungiert er als eine Art Schicksalsinstanz, seit nicht nur Güter auf ihm feilgeboten werden, sondern die menschliche

1 Ausführlich hierzu C. Türcke, *Erregte Gesellschaft*, l. c., S. 207 ff.

Arbeitskraft selbst. Sie bringt sich ihm dar, und er verwirft sie oder nimmt sie an wie ein calvinistischer Gott. Läßt er sie liegen, so leidet sie nicht nur materiellen Mangel; sie verfehlt auch ihre Bestimmung als Ware. Sie mag noch so qualifiziert und unschuldig an ihrem Los sein und zudem auch noch die Marktlogik durchschauen; der Fluch, daß unverkäufliche Waren keinen Sinn haben, drückt sie gleichwohl nieder. Wird sie hingegen angenommen, so ist sie keineswegs schon in Abrahams Schoß, vielleicht bloß in einer Tretmühle – und dennoch errettet von dem furchtbaren Schicksal, unverkäuflich zu sein. Die Verwerfungen des Marktes sind real; seine Rettungen sind Surrogate ihrer selbst.

Aber sind sie damit nicht bereits mehr als in traditionellen Religionen? Dort gingen die Rettungen nie über Versprechungen hinaus: Versprechungen eines guten Endes. Der Markt hingegen verspricht nicht nur; auf seine beschränkte Weise rettet er tatsächlich, und zwar weil seiner Funktionsweise das gute Ende fremd ist. Sie ist auf Endlosigkeit eingestellt. Der Austausch, der Warenumlauf, die Expansion: sie müssen unablässig weitergehen, wenn der Markt Markt bleiben soll. Nur eines dürfen sie nicht: ins Stocken geraten. Die Krise ist der Schrecken des Markts. Solange er aber gute Konjunktur hat, *ist* er gewissermaßen schon am guten Ende und stellt nur noch eines in Aussicht: daß die Konjunktur noch besser werde. Entsprechend sehen die Rettungen aus, die er seinen Erwählten bietet: sich gut verkaufen, in Umlauf, in Betrieb, in aller Munde sein. Es sind alles Zustände der Hochkonjunktur. Das optimale, störungsfreie, von keinem «Rauschen» getrübte Bezogensein auf andere ist das Höchste, was Waren und Menschen passieren kann. Es gibt nichts Höheres. Es ist die Sache selbst.

Es war bereits eine «Identifizierung mit dem Angreifer», mit der Übermacht des sich formierenden kapitalistischen Weltmarkts, als Hegel für das, was die Welt im Innersten zusammenhält, das Zauberwort «Vermittlung»[2] einsetzte. Die Vermittlung ist das Absolute, der Weltgeist, Gott, dasjenige, was die gesamte Fülle der Natur- und Kulturerscheinungen durchläuft und dabei doch bloß ein gigantischer

2 G. W. F. Hegel, *Wissenschaft der Logik I*, Werke (ed. E. Moldenhauer/K. M. Michel), Bd. 5, Frankfurt am Main 1969, S. 66 ff.

Weltleerlauf ist: «Bewegung von Nichts zu Nichts und dadurch zu sich selbst zurück».[3] Hegels Gott ist so konkret, so welthaltig gedacht wie keiner zuvor, weil er als universale Weltbewegung konzipiert ist. Er macht die Welt durch, er ist nichts anderes als sie, wobei seine vermittelnde Bewegung auch den vollkommenen Ineinanderfall von heilig und profan leistet. Anders gesagt: Gott ist der zum Weltsinn aufgespreizte Marktsinn. Alles, was Ware ist, drängt sich wohl oder übel nach diesem Sinn.[4] Er zieht magnetisch an – und *ent*zieht sich dabei. Beim Marktsinn ist kein Halten, kein Halt. Er ist bloß der Durchlauf durch alles, an sich aber – nichts. Marx und Engels haben das unübertroffen formuliert. «Die fortwährende Umwälzung der Produktion, die ununterbrochene Erschütterung aller gesellschaftlichen Zustände, die ewige Unsicherheit und Bewegung zeichnet die Bourgeoisepoche vor allen anderen aus. Alle festen eingerosteten Verhältnisse mit ihrem Gefolge von altehrwürdigen Vorstellungen und Anschauungen werden aufgelöst, alle neu gebildeten veralten, ehe sie verknöchern können. Alles Ständische und Stehende verdampft, alles Heilige wird entweiht.»[5]

In dieser Bewegung feiert der Marktsinn sein Bestehen. Sie ist sein Sein. Mit der ganzen normativen Kraft des Faktischen fordert die Marktbewegung dazu auf, die Vermittlung, den Umlauf, das Bezogensein auf anderes als das wahre Sein, die Sache selbst anzunehmen. Andrerseits zermahlt diese Bewegung «alles Ständische und Stehende», entweiht «alles Heilige», ohne selbst irgend Sicherheit zu geben, weswegen sie eine Gegenbewegung hervorgerufen hat, die dem Kapitalismus seither anhaftet wie der Schatten dem Licht: den Fundamentalismus. Der ist ein Kind des 19. Jahrhunderts und bereits durchdrungen von der Erschütterung, die die Marktbewegung auf das traditionelle Heilige ausübt. Fundamentalismus ist geradezu definiert durch die Erfahrung, daß sein sakrales Fundament wegbricht. Deshalb klammert er sich nur um so heftiger daran. Sein Prototyp ist das christliche Unfehlbarkeitsdogma von 1870: Der Papst kann nicht irren, wenn er *ex cathedra* spricht, will sagen, Dogmen verkündet.

3 G. W. F. Hegel, *Wissenschaft der Logik II*, l. c., Bd. 6, S. 24.

4 Cf. C. Türcke, *Vermittlung als Gott*, Lüneburg 1986.

5 K. Marx/F. Engels, *Manifest der Kommunistischen Partei*, l. c., S. 465.

Durch ein Dogma nachträglich die Wahrheit aller vorangegangenen Dogmen beteuern heißt freilich nur zugeben, daß man an eben diese Wahrheit nicht mehr umstandslos glaubt. Fundamentalismus ist erschütterter Glaube, der seine Erschütterung dementiert, übertönt, gelegentlich überschreit – und gerade deshalb eine Disposition dazu hat, fanatisch um sich zu schlagen. Islamisten, die moderne Gesellschaften nach den Gesetzen der Scharia einrichten wollen, spüren nur allzusehr, daß das nicht geht, und versuchen es deshalb um so wütender.

Nach eineinhalb Jahrhunderten ist allerdings der Fundamentalismus selbst längst in die globale Marktbewegung hineingezogen, so daß sich «das Ständische und Stehende» seiner harten Gestalten teils aufgeweicht, teils mit einem Hof weicher Gestalten umgeben, teils erneut verhärtet hat – und vom Marktkult keineswegs mehr trennscharf zu unterscheiden ist. Beide spielen in vielfältigen Schattierungen ineinander.[6] Von beiden aber ist zu reden, wenn begriffen werden soll, warum es die Schrift bei ihrer großen historischen Errungenschaft, der Profanität, nicht aushält. Das hat damit zu tun, daß Schrift selbst in ihrer profansten Gestalt, als bloßes Gestell, immer noch anders Gestell ist als ein Bauwerk oder Gerät. Letzteres, so wurde im 4. Kapitel gezeigt, funktioniert als Gestell, solange das Material stabil ist und die Statik stimmt; Schrift hingegen nur, solange an sie als haltgebendes Gestell, als vitaler Fundus des Denkens *geglaubt* wird. Je mehr jedoch die Marktbewegung um sich griff, desto weniger konnte es ausbleiben, daß sie auch diesen Fundamentalglauben an Schrift erschütterte. Wie sie im 19. Jahrhundert die traditionellen Schriftreligionen brüchig machte, so im 20. Jahrhundert das Schriftgestell selbst.

Und wiederum ist die Reaktionsform klassisch fundamentalistisch: sich klammern an das, was wegbricht. Die High-Tech-Kultur sorgt täglich mehr dafür, daß eine Buchstabenfolge neben einem bewegten Bild, ein Buch neben einem Film, eine Zeitungsseite ohne ein Farbphoto kaum noch bestehen kann. Zugleich aber beginnt sie, Schrift als etwas Höheres zu beschwören: sei es als Hypertext, der als «Dokuversum», als freie Assoziation aller erdenklichen Texte das einzig mögliche Reich der Freiheit auf Erden bilden soll; sei es als Rhizom, wo

6 Ausführlich hierzu C. Türcke, *Fundamentalismus – maskierter Nihilismus*, Springe 2003.

Schriftzüge zu Atemzügen des Universums und ihre Linien zu wahren Lebenslinien des Welttextes mutieren; sei es als Urspur, die als reines Übertragen ihrer selbst, als ihr eigener Aufschub und Vorbehalt, unvordenklich und unauslöschlich allem menschlichen Schreiben immer schon vorausliegt; sei es als genetischer Code, der als die Schrift des Lebens daherkommt; sei es als Markenschrift, das Logo, welches als Orientierungs- und Identitätsstifter tatsächlich immer unentbehrlicher wird.[7]

In solchen Überhöhungen, die sich wechselseitig vielfach durchdringen und verstärken, bekommt Schrift einen Status, der ihr zuvor fremd war. Selbst das Kainszeichen beanspruchte ihn nicht. So drohend es auch klaffen mochte, so entschieden verwies es auf anderes: den Naturschrecken, den es als Schutzmacht beschwor. Wenn Inschriften auf Stelen oder Tempelwänden Schauder der Ehrfurcht auslösten, so stets wegen der höheren Mächte, von denen sie zu zeugen schienen, nie wegen der Zeichen selbst. Die mochten ein anderes bedeuten, intendieren, vielleicht sogar verkörpern, aber es verstand sich von selbst, daß sie es nicht *waren*. Erst auf dem Hochtechnologieniveau des 20. Jahrhunderts wird Schrift zu etwas hypostasiert, was sie

7 Der *iconic turn*, jener kulturwissenschaftliche Trend, der unter dem Eindruck einer Überfülle elektronisch produzierter Bilder in den neunziger Jahren den *linguistic turn* der sechziger Jahre ablöste, ist hierzu kein Gegenbeweis. Vielmehr ist seine Voraussetzung diese: «Die moderne Vorstellung vom abbildenden Bild hat sich, wie schon der alte Begriff der ‹Ähnlichkeit›, in seiner inneren Funktionsweise schließlich als etwas Sprachliches herausgestellt» (W. J. T. Mitchell, *Was ist ein Bild?*, in: V. Bohn [Hg.], *Bildlichkeit*, Frankfurt am Main 1990, S. 55). *Iconic turn* heißt, zur Analyse dieses «Sprachlichen» im Bild eine bildspezifische Orthographie, Grammatik, Syntax zu entwickeln, also die Errungenschaften des *linguistic turn* sozusagen außer Haus fruchtbar zu machen, und dadurch umgekehrt zugleich das Sensorium für die Bildlichkeit innerhalb der Sprache selbst zu schärfen, wie sie etwa Wittgensteins Formel von der «Familienähnlichkeit» der Worte andeutet. Doch zu einem symmetrischen Austausch zwischen Sprache und Bild kommt es nicht. Gerade Mitchell, der für die Eigenständigkeit des Bildes und gegen seine vorschnelle Subsumtion unter Sprachkriterien optiert, stößt bei jedem Vergleich von Bild und Sprache unfreiwillig auf die Dominanz von letzterer. Denkt man das Verhältnis zwischen beiden wie «die Beziehung zwischen zwei Sprachen», «die über eine lange Zeit wechselseitig aufeinan-

nicht einmal in ihren finstersten sakralen Anfängen war: zur Sache selbst.

Erst damit ist der Tatbestand des Schriftkults erfüllt. Er hat einen ebenso archaisch-fundamentalistischen Zug wie einen dezidiert modernen. Denn er wäre nicht ohne den Marktkult. Er bewegt sich in dessen Fußstapfen, ist eine seiner Facetten, verdankt ihm sein entscheidendes geistiges Rüstzeug: die Vergötzung der Konjunktur oder, philosophisch ausgedrückt, die Verabsolutierung des Medialen. Hegel hat sie auf ebenso geniale wie überspannte Weise vorexerziert, indem er sie in ein ganzes Weltsystem, die Zwangsjacke einer allumfassenden Identität preßte. Aber dieses System lediglich aufsprengen heißt noch längst nicht, die Verabsolutierung des Medialen loswerden. Sie wird dadurch zunächst einmal bloß *ver*sprengt: in Partikel ihrer selbst, die nun wie Saatkörner auf den verschiedensten Feldern des kapitalistischen Alltags wuchern – so disparat rhizomatisch und dabei einander auch wiederum so ähnlich, wie sie in den letzten drei Kapiteln dieses Buches angetroffen wurden. Im Slogan «Das Medium ist die Botschaft» ist die Verabsolutierung des Medialen ebenso offensichtlich wie in der reinen kybernetischen Information, die nur noch die Über-

der einwirkten und ineinander übersetzt wurden», so wirkt sich diese Analogie «sofort verfälschend zugunsten der Sprache aus». Bezieht man Wort und Bild aufeinander wie «Algebra und Geometrie, von denen die eine mit willkürlichen phonetischen Zeichen arbeitet, die nacheinander gelesen werden, während die andere willkürliche Figuren im Raum betrachtet», so konstruiert man ein Verhältnis, das «einem illustrierten Text ziemlich ähnlich ist», so daß auch hier «dieses Wechselspiel hauptsächlich in einer Richtung» funktioniert: «beim Verstehen des Bildes, das man als manifesten, offen zutage liegenden sachlichen Inhalt oder ‹Stoff› begreift, beruft man sich auf das Wort, unter dem man eine latente, unter der Oberfläche der Abbildung verborgene Bedeutung versteht» (S. 57). Der *iconic turn* hat weniger zu einer Abkehr vom Text zugunsten des Bildes geführt als zu einem Sieg des Textes im Bild. Der kulturwissenschaftliche Jargon hallt davon wider. Wer auf sich hält, «liest» Bilder selbstverständlich, ermittelt, was in ihnen «codiert» ist, und «decodiert» sie seinerseits, wie überhaupt reichlich kulturwissenschaftliche Detektive unterwegs sind, die überall Spuren entdecken, die «sich eingeschrieben» haben, und unentwegt dekonstruieren und dechiffrieren, auch wo gar nichts konstruiert oder chiffriert wurde, als seien sie von Geheimcodes und Feindbotschaften geradezu umzingelt.

tragung ihrer selbst ist.[8] Aber sie findet überall statt, wo ein Relatives, ein auf anderes Bezogenes – heiße es nun Wiederholung, Differenz, Spur oder Code – zur Sache selbst aufgespreizt wird oder, anders gesagt, wo ein *ens per aliud* als *ens per se* daherkommt. So gesehen, ist der dekonstruktivistische Aufstand gegen das Identitätsdenken bloß losgelassener, wild gewordener Hegelianismus, der die Verabsolutierung des Medialen bis ins kleinste diffundieren läßt, sich dabei weitaus marktkonformer verhält, als sein Widerborstigkeitsgestus zugibt, und der medialen Revolution am entscheidenden Punkt nichts entgegenzusetzen hat: Wo das Medium oder die Metapher als die Sache selbst gilt, wird gerade nicht mehr medial oder metaphorisch gedacht. Das aber ist der gemeinsame Nenner, man könnte auch sagen, der blinde Fleck, auf dem sich Deleuze und Derrida mit McLuhan und Flusser, Bush und Wiener, Watson und Venter zum Stelldichein der Vordenker des mikroelektronisch-biotechnologischen Kapitalismus treffen. Medium, Information, Text, Schrift, Code: so heißen dessen Idole. Wunderliche Zeiten, wo das Beharren auf der einfachen Wahrheit, daß ein Medium bloß medial ist und Schrift nie die Sache selbst, bereits die Qualität der Entmystifizierung und des Nonkonformismus bekommt, um nicht zu sagen, des geistigen Widerstands gegen die Verabsolutierung des Medialen, die die kapitalistische Marktbewegung bis in die elementaren menschlichen Mitteilungsformen, ja bis in die genetische Substanz hinein vorantreibt.

Der Schriftkult rettet die Schrift nicht; er fetischisiert sie. Damit bringt er sie gerade um ihr Bestes: daß sie sich auf anderes bezieht, etwas bedeutet. Schrift als Sache selbst ist bedeutungslos, leer, das schlechte Ende der Schrift. Zur Bedeutung der Schrift gehört aber gerade das Gegenteil: ihr Drang nach einem guten Ende. Schrift hat eine utopische Dimension, die sich aber erst erschließt, wenn man zu Ende

8 Eine weitere Variante dieses Denkmusters ist die These, im Bann der Medien sei die Realität zu ihrem eigenen Simulacrum geworden (J. Baudrillard, *Agonie des Realen*, Berlin 1978). Das Simulacrum wird hier zur Sache selbst. Wo aber alles Simulacrum ist, ist nichts mehr Simulacrum. Der superkritische Gestus schlägt um ins Pseudokritische. Daß das Medium die Botschaft sei, ist für Baudrillard denn auch, ohne jede Ironie, «der erste große Satz in dieser neuen Ära» (S. 48).

denkt, was «bedeuten» heißt. Daß Schrift auf etwas verweist, besagt ja zunächst, daß sie von sich wegweist. Insofern ist ihr dasjenige, was sie bedeutet, äußerlich. Andrerseits ist ihr Bedeuten *intendere*: sich ausstrecken nach dem, worauf sie zeigt – eins sein wollen mit dem Intendierten. Und so ist das Bedeuten der Schrift auch ihr Drang, ihre Äußerlichkeit aufzuheben und dort zu verschwinden, wo sie als blutige Spur einst begonnen hat: im menschlichen Körper.

«Nur eine Waffe taugt – / die Wunde schließt / der Speer nur, der sie schlug», heißt es in Wagners *Parsifal*.[9] Darin leuchtet, wenn auch vom Autor gewiß nicht beabsichtigt, eine alte jüdische Prophetenvision auf. Der Speer, hebräisch *qajin*, ist der Archetyp aller Schreibwerkzeuge. Der ritzende Griffel aber, sein kultivierter Ableger, wird bei Jeremia sowohl zum stilisierten Gedächtnis aller Wunden als auch zum verkörperten Drang, sie zu schließen. «Siehe, es kommen Tage, da schließe ich mit dem Hause Israel und dem Hause Juda einen neuen Bund [...] Ich werde mein Gesetz in ihr Inneres legen und es ihnen ins Herz schreiben; ich werde ihr Gott sein, und sie werden mein Volk sein.»[10] Erst die Schrift, die nicht mehr beherzigt werden muß, weil sie schon ins Herz geschrieben ist, wäre am Ziel: dort, wohin alle empirische Schrift nur zeigt, aber selbst nicht ankommt. Die Herzensschrift ist im genauen Wortsinn utopisch. Sie hat in dieser Welt keinen Ort. Aber erst sie wäre ganz innerlich geworden: eine Schrift, die nichts mehr befiehlt, intendiert, bedeutet. Mit einem Wort, sie wäre erfüllt – das Gegenteil von fetischisiert. Und wie ein vollkommen gestillter Trieb kein Trieb mehr wäre, so die erfüllte Schrift keine Schrift mehr. Sie wäre verschwunden im Zustand des universalen «Bundes», der alle Wunden schließt. Solange Schrift noch irgend etwas bedeutet, hört sie nicht auf, auf ihre Erfüllung zu verweisen. Ihr utopischer Fluchtpunkt läßt sich auch dann nicht ausradieren, wenn es den Gott, den Jeremia ins Herz schreiben sah, nicht gibt.

9 R. Wagner, *Parsifal. Ein Bühnenweihfestspiel*, 1877, Dritter Aufzug, in: ders., *Dichtungen und Schriften*, Frankfurt am Main 1983, Bd. 4, S. 330.

10 Jeremia 31, 3 ff.

DANK

an Wolfgang Bock und Burkhardt Lindner für die gründliche Lektüre und hilfreiche Kommentierung des Manuskripts!

BILDNACHWEIS

Abb. 1: Bildarchiv Preußischer Kulturbesitz, Berlin
Abb. 2: aus: H. Haarmann, Die Geschichte der Sintflut, C. H. Beck, München 2003, S. 100 f.
Abb. 3: aus: K. Földes-Papp, Vom Felsbild zum Alphabet, Belser, Stuttgart/Zürich 1987, S. 37 (nach E. Piette in: H. Obermaier, Der Mensch der Vorzeit, Wien 1912, S. 217 ff.)
Abb. 4: Archiv Karl Gröning, aus: K. Gröning (Hrsg.), Geschmückte Haut, Frederking und Thaler, München 1997, S. 137
Abb. 5: aus: H. Haarmann, Universalgeschichte der Schrift, Campus, Frankfurt am Main/New York 1991, S. 152
Abb. 6 u. 7: aus: H. Haarmann, Universalgeschichte der Schrift, Campus, Frankfurt am Main/New York 1991, S. 154
Abb. 8 u. 9: aus: H. Haarmann, Universalgeschichte der Schrift, Campus, Frankfurt am Main/New York 1991, S. 175
Abb. 10 a: Ägyptisches Museum, Kairo; Foto Marburg
Abb. 10 b: aus: H. Haarmann, Universalgeschichte der Schrift, Campus, Frankfurt am Main/New York, 1991, S. 213

PERSONENREGISTER